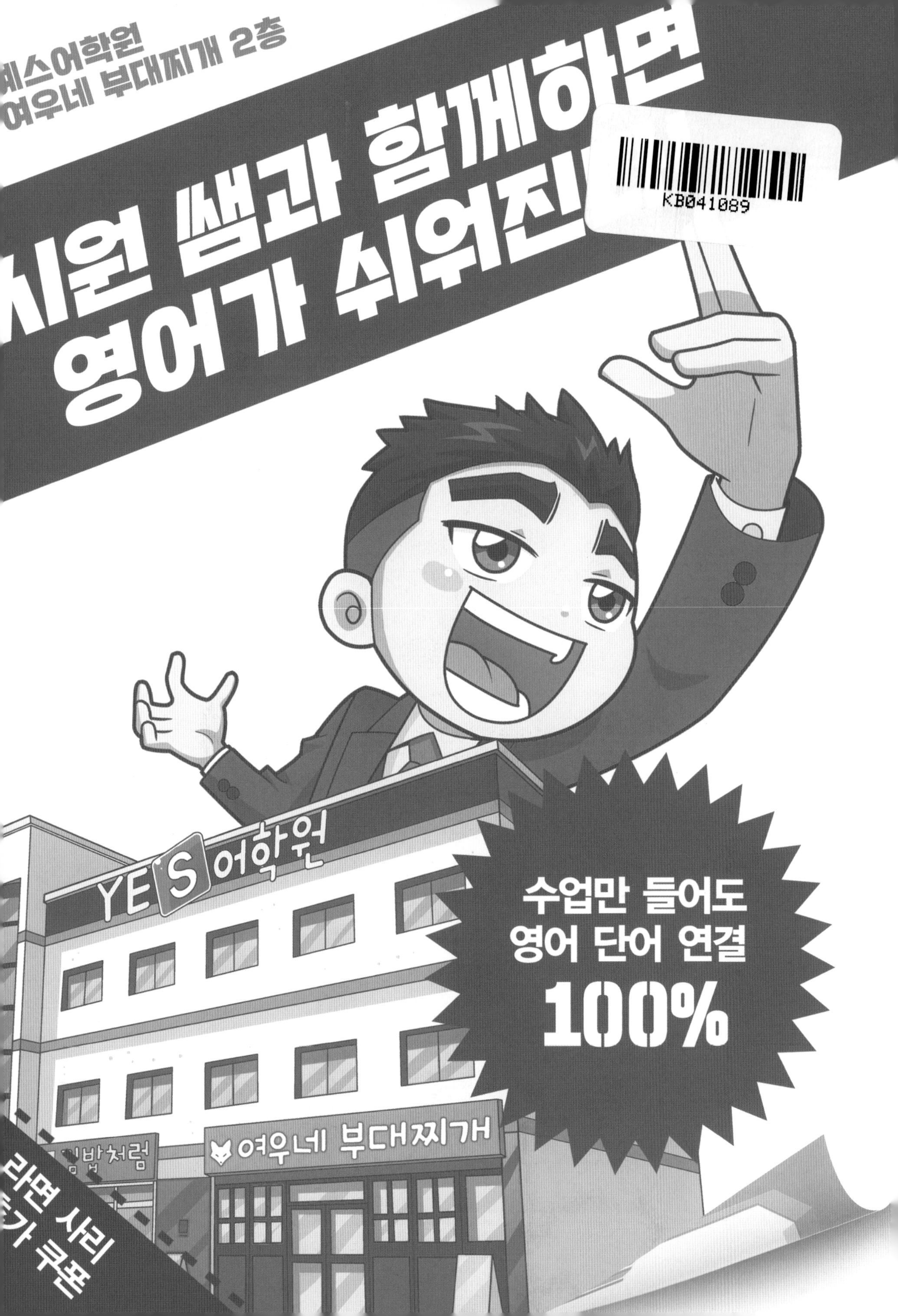

예스어학원
여우네 부대찌개 2층
시원 쌤과 함께하면
영어가 쉬워진
YES어학원
밥처럼
여우네 부대찌개
수업만 들어도
영어 단어 연결
100%
라면 사리
가 쿠폰

예스잉글리시
신입 단원 모집

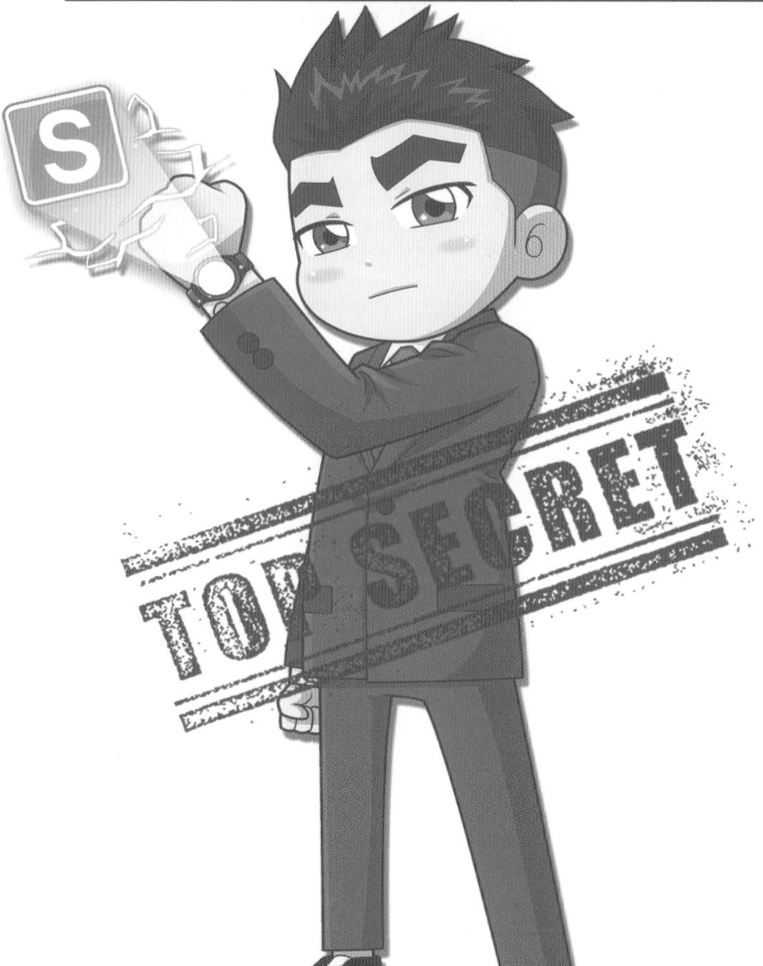
S
TOP SECRET

코드 네임 : 에스원 요원과
영어 유니버스를 구하라!

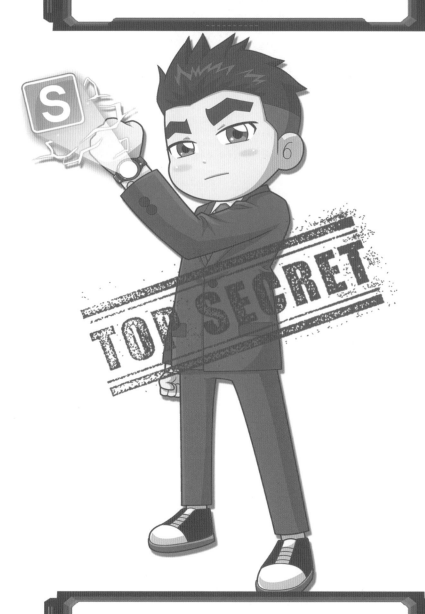

English Adventure
이시원의 영어 대모험

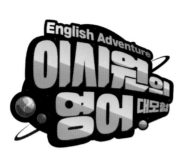

일러두기

이 책의 만화에 나오는 영어 문장 중 일부는 이야기의 자연스러운 이해를 위해 의역했습니다.
그 외의 영어 문장은 학습적인 이해를 돕기 위해 직역했습니다.

이시원의 영어 대모험 ①
인칭 대명사

기획 시원스쿨 | 글 박시연 | 그림 이태영

1판 1쇄 발행 | 2020년 1월 8일
1판 3쇄 발행 | 2024년 7월 1일

펴낸이 | 김영곤
이사 | 은지영
키즈스토리본부장 | 김지은
키즈스토리2팀장 | 심다혜
기획개발 | 최지수 강혜인
아동마케팅영업본부장 | 변유경
아동마케팅1팀 | 김영남 손용우 최윤아 송혜수
아동마케팅2팀 | 황혜선 이규림 이주은
아동영업팀 | 강경남 김규희 최유성
e-커머스팀 | 장철용 양슬기 황성진 전연우
디자인 | 리처드파커 이미지웍스 **윤문** | 이선지

펴낸곳 | (주)북이십일 아울북
등록번호 | 제406-2003-061호
등록일자 | 2000년 5월 6일
주소 | 경기도 파주시 회동길 201(문발동) (우 10881)
전화 | 031-955-2155(기획개발), 031-955-2100(마케팅·영업·독자문의)
브랜드 사업 문의 | license21@book21.co.kr
팩시밀리 | 031-955-2177
홈페이지 | www.book21.com

ISBN 978-89-509-8492-2
ISBN 978-89-509-8491-5(세트)

• 잘못 만들어진 책은 **구입하신 서점**에서 교환해 드립니다.
• 가격은 책 뒤표지에 있습니다.
⚠ 주의 1. 책 모서리가 날카로워 다칠 수 있으니 사람을 향해 던지거나 떨어뜨리지 마십시오.
　　　 2. 보관 시 직사광선이나 습기 찬 곳을 피해 주십시오.

•제조자명 : (주)북이십일
•주소 및 전화번호 : 경기도 파주시 회동길 201(문발동) / 031-955-2100
•제조연월 : 2024.7.1
•제조국명 : 대한민국
•사용연령 : 3세 이상 어린이 제품

만 화 로 시 작 하 는 이 시 원 표 초 등 영 어

English Adventure
이시원의 영어 대모험 1

기획 시원스쿨
글 박시연
그림 이태영

인칭 대명사

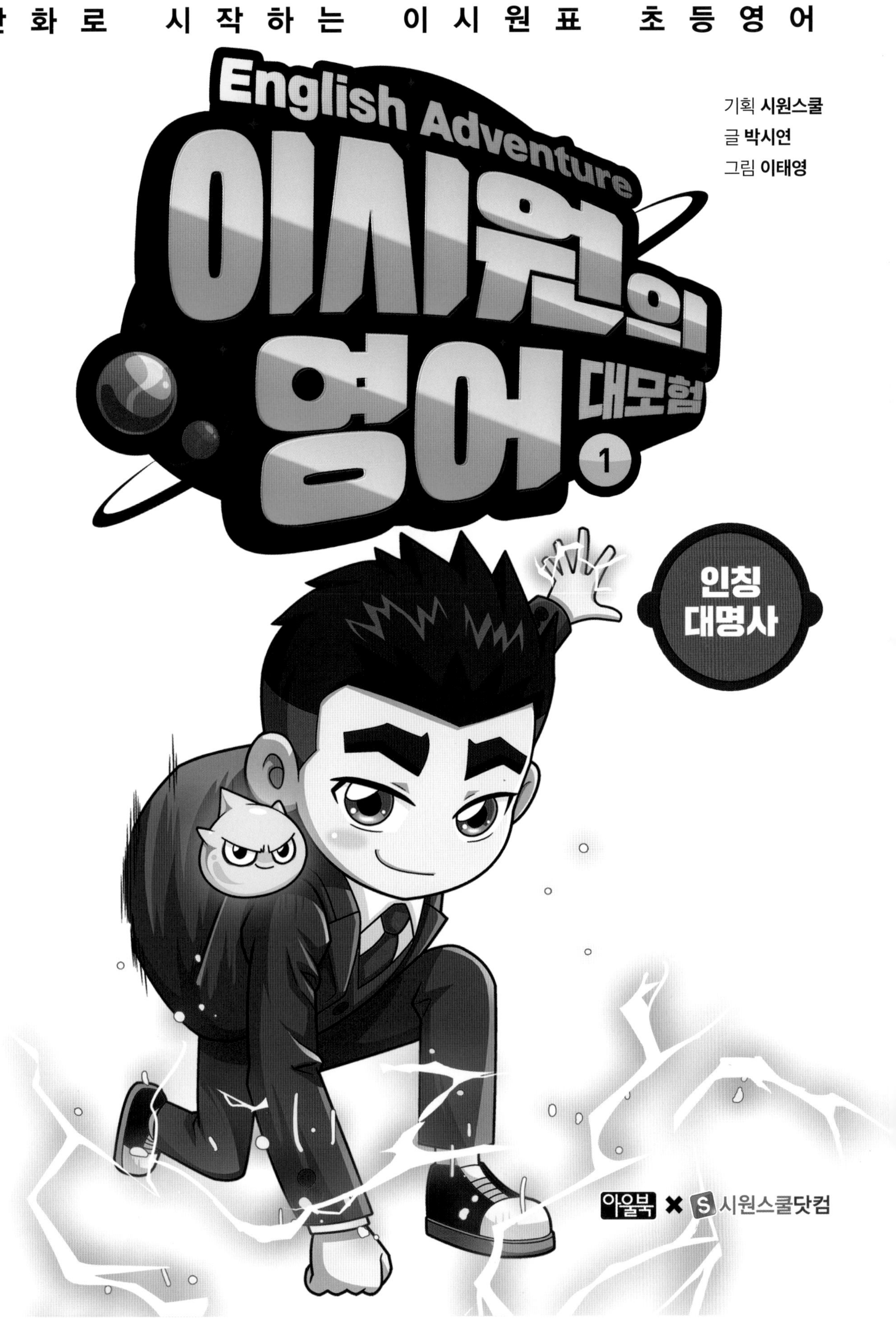

아울북 × S 시원스쿨닷컴

작가의 말

안녕하세요? 시원스쿨 대표 강사 이시원 선생님이에요. 여러분은 영어를 좋아하나요? 아니면 영어가 어렵고 두려운가요? 혹시 영어만 생각하면 속이 울렁거리고 머리가 아프진 않나요? 만약 그렇다면 지금부터 선생님이 영어와 친해지는 방법을 가르쳐 줄게요.

하나, 지금까지 배운 방식과 지식을 모두 지워요!

보기만 해도 스트레스를 받고, 나를 힘들게 만드는 영어는 이제 잊어버려요. 선생님과 함께 새로운 마음으로 영어를 다시 시작해 봐요.

둘, 하나를 배우더라도 정확하게 습득해 나가요!

눈으로만 배우고 지나가는 영어는 급할 때 절대로 입에서 나오지 않아요. 하나를 배우더라도 완벽하게 습득해야 어디서든 자신 있게 영어로 말할 수 있어요.

셋, 생활 속에서 자주 쓰이는 표현을 배워요!

우리 생활에서 쓸 일이 별로 없는 단어를 오래 기억할 수 있을까요? 자주 사용하는 단어 위주로 영어를 배워야 쓰기도 쉽고 잊어버리지도 않겠죠? 자연스럽게 영어가 튀어나올 수 있도록 여러 번 말하고, 써 보면서 잊지 않게 하는 것이 중요해요.

이 세 가지만 지키면 어느새 영어가 정말 쉽고, 재밌게 느껴질 거예요. 그리고 이 세 가지를 충족시키는 힘이 바로 이 책에 숨어 있어요. 여러분이 〈이시원의 영어 대모험〉을 읽는 것만으로도 최소한 영어 한 문장을 습득할 수 있어요.

단어와 단어를 연결하는 방법도 자연스럽게 익히게 될 거예요. 게다가 영어에 관련된 흥미로운 이야기들을 알게 되면 영어가 좀 더 친숙하고 재미있게 다가올 거라 믿어요!

자, 그럼 만화 속 '시원 쌤'과 신나는 영어 훈련을 하면서 모두 함께 영어의 세계로 떠나 볼까요?

시원스쿨 기초영어 대표 강사 **이시원**

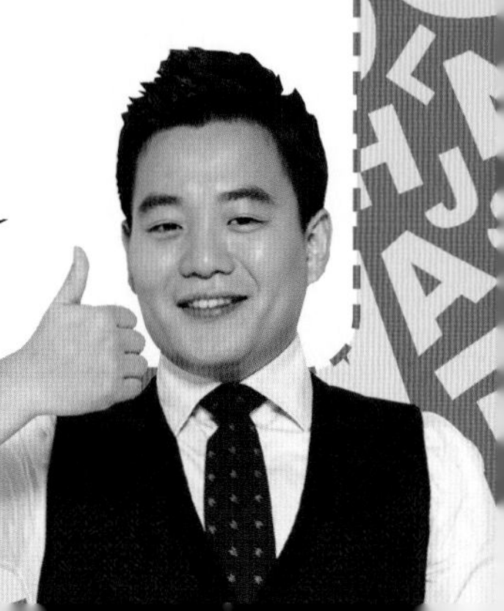

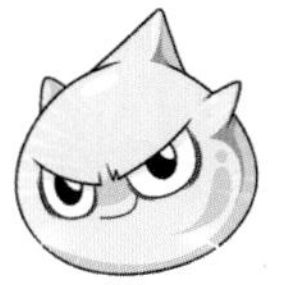

영어와 친해지는 영어학습만화

영어는 이 자리에 오기까지 수많은 경쟁과 위험을 물리쳤답니다. 영어에는 다른 언어와 부딪치고 합쳐지며 발전해 나간 강력한 힘이 숨겨져 있어요. 섬나라인 영국 땅에서 시작된 이 언어가 어느 나라에서든 통하는 세계 공용어가 되기까지는 마치 멋진 히어로의 성장 과정처럼 드라마틱하고 매력적인 모험담이 있었답니다. 이 모험담을 듣게 되는 것만으로도 우리 어린이들은 영어를 좀 더 좋아하게 될지도 몰라요.

영어는 이렇듯 강력하고 매력적인 언어지만 친해지기는 쉽지 않아요. 우리 어린이들에게 영어는 어렵고 힘든 시험 문제를 연상시키지요. 영어를 잘하면 장점이 많다는 것은 알지만 영어를 공부하는 과정은 어렵고 힘들어요. 이 책에서 시원 쌤은 우리 어린이 주인공들과 영어 유니버스라는 새로운 세계로 신나는 모험을 떠난답니다.

여러분도 엄청난 비밀을 지닌 시원 쌤과 미지의 영어 유니버스로 모험을 떠나 보지 않을래요? 영어 유니버스의 어디에선가 영어를 좋아하게 된 자신의 모습을 발견하게 될지도 몰라요.

글 작가 **박시연**

영어의 세계에 빠져드는 만화

영어 공부를 시작하는 어린이들은 모두 자기만의 목표를 가지고 있을 거예요. 영어를 잘해서 선생님께 칭찬받는 모습부터 외국 친구들과 자유롭게 영어로 소통하는 모습, 세계적인 유명인이 되어서 영어로 멋지게 인터뷰하는 꿈까지도요.

이 책에서는 어린이들이 공감할 수 있도록 영어를 배우며 느끼는 기분, 상상한 모습들을 귀엽고 발랄한 만화로 표현했어요. 이 책을 손에 든 어린이들은 만화 속 인물들에게 무한히 공감하며 이야기에 빠져들 수 있을 거예요. 마치 내가 시원 쌤과 함께 멋진 모험을 떠나는 것 같은 기분을 느낄 수 있도록요.

보는 재미와 읽는 재미를 함께 느낄 수 있는 만화를 통해 영어의 재미도 발견하기를 바라요!

그림 작가 **이태영**

차례

Chapter 1 시원 쌤과 빌런의 탄생 · 12

Chapter 2 기상천외 신입생들 · 36

Chapter 3 405 유니버스와 방귀 기사의 등장 · 60

Chapter 4 전사의 코디 · 76

Chapter 5 쭈루쭈루 빅캣 · 100

Chapter 6 전사의 정신 · 120

Good job!

예스어학원 수업 시간 · 140

1교시 · **단어** Vocabulary 🔊

2교시 · **문법 1, 2, 3** Grammar 1, 2, 3 ▶

3교시 · **게임** Recess

4교시 · **읽고 쓰기** Reading & Writing

5교시 · **유니버스 이야기** Story

6교시 · **말하기** Speaking

7교시 · **쪽지 시험** Quiz

등장인물

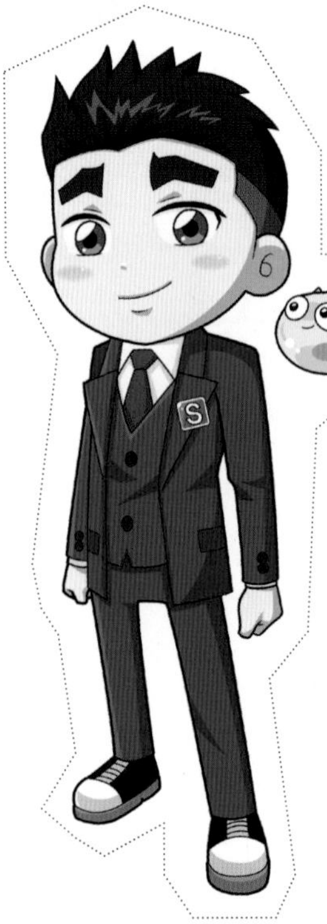
영어를 싫어하는 자,
모두 다 나에게로 오라!
굿 잡!

시원 쌤

비밀 요원명 에스원(S1)
직업 영어 선생님
좋아하는 것 영어, 늦잠, 햄버거, 구기 종목
싫어하는 것 노잉글리시단
취미 변장하고 예스어학원 홍보하기
특기 디제잉, 굿 잡 외치기
성격 귀차니스트 같지만 완벽주의자
좌우명 영어는 내 인생!

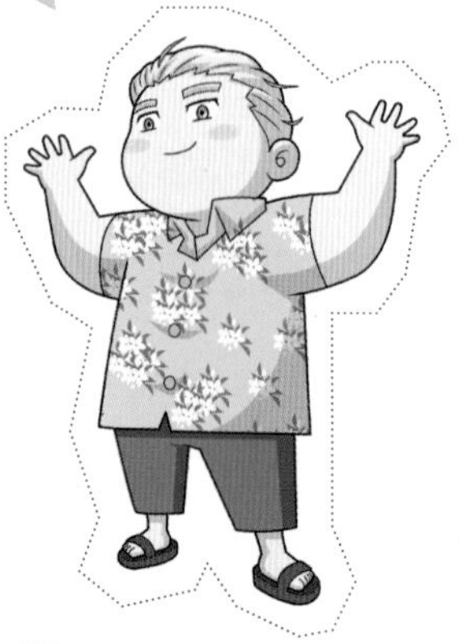
부대찌개 먹으러
우리 가게에 와용,
오케이?

폭스

비밀 요원명 에프원(F1)
직업 여우네 부대찌개 사장님

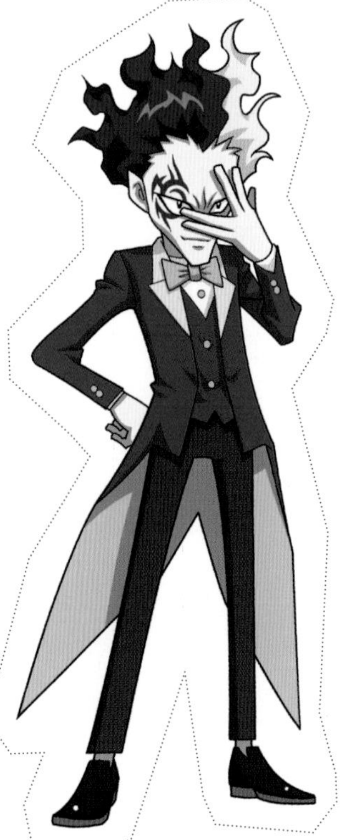
영어가 싫다고?!
내가 더더더 싫어지게
만들어 주마!

트릭커

직업 한두 개가 아님
좋아하는 것 영어 싫어하는 아이들
싫어하는 것 영어, 예스잉글리시단
취미 영어책 찢기
특기 사람들 괴롭히기
성격 이간질 대마왕
좌우명 영어 없는 세상을 위하여!

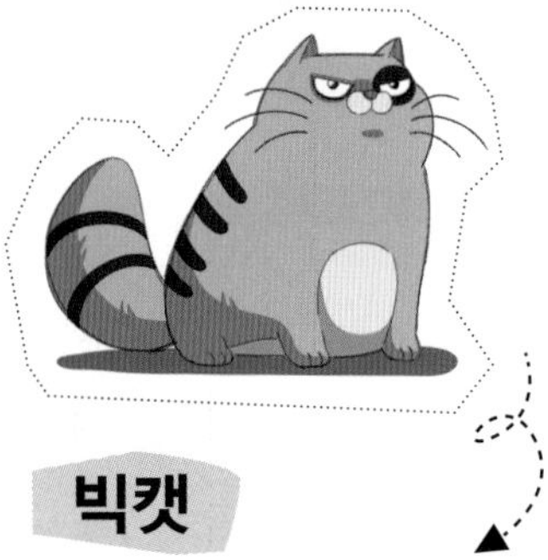
냥냥라이드에 태워 줄 테니
쭈루 하나만 줄래냥~!

빅캣

좋아하는 것 쭈루, 털 긁기
싫어하는 것 레몬, 돼냥이

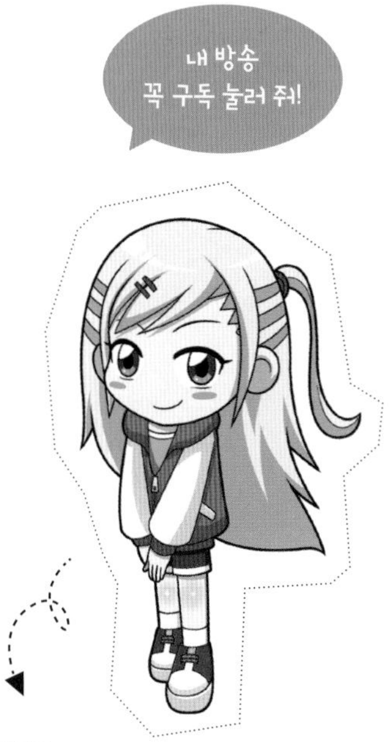
내 방송
꼭 구독 눌러 줘!

루시

좋아하는 것 너튜브 방송
싫어하는 것 나우
좌우명 일단 찍고 보자!

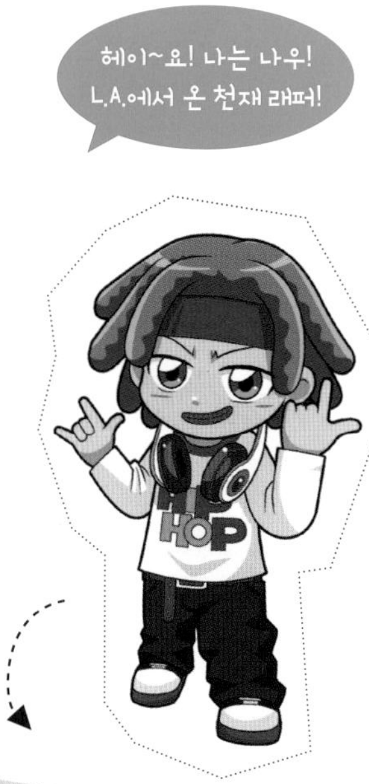
헤이~요! 나는 나우!
L.A.에서 온 천재 래퍼!
HIP HOP

나우

좋아하는 것 랩, 힙합,
루시 골탕 먹이기
싫어하는 것 영어로 말하기,
사투리 쓰기
좌우명 인생은 오로지 힙합!

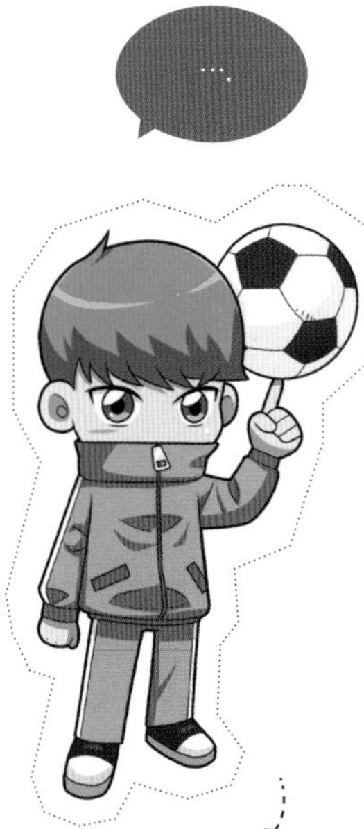
….

후

좋아하는 것 축구
싫어하는 것 말하기
좌우명 침묵은 금이다

레이첼

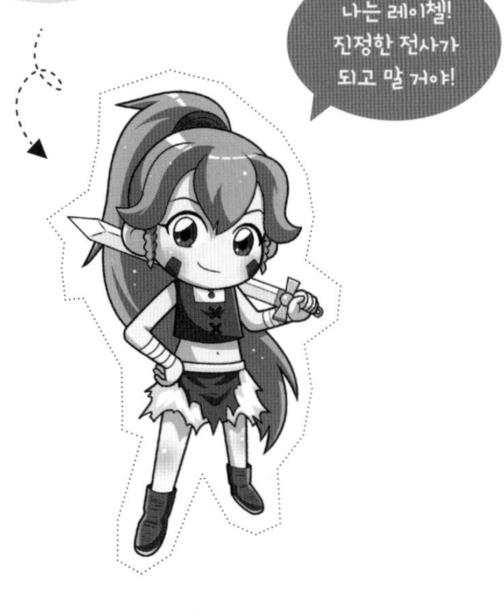
나는 레이첼!
진정한 전사가
되고 말 거야!

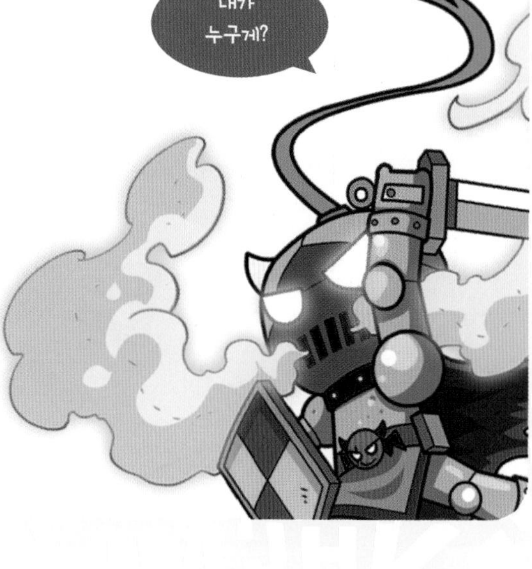
내가
누구게?

Chapter 1

시원 쌤과 빌런의 탄생

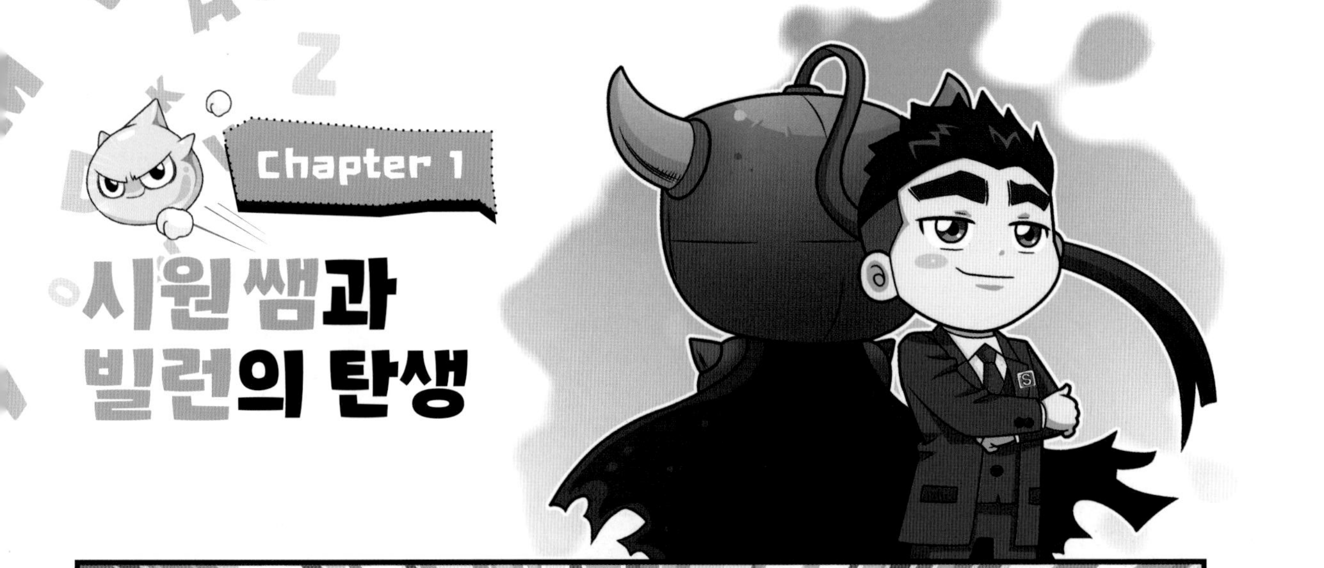

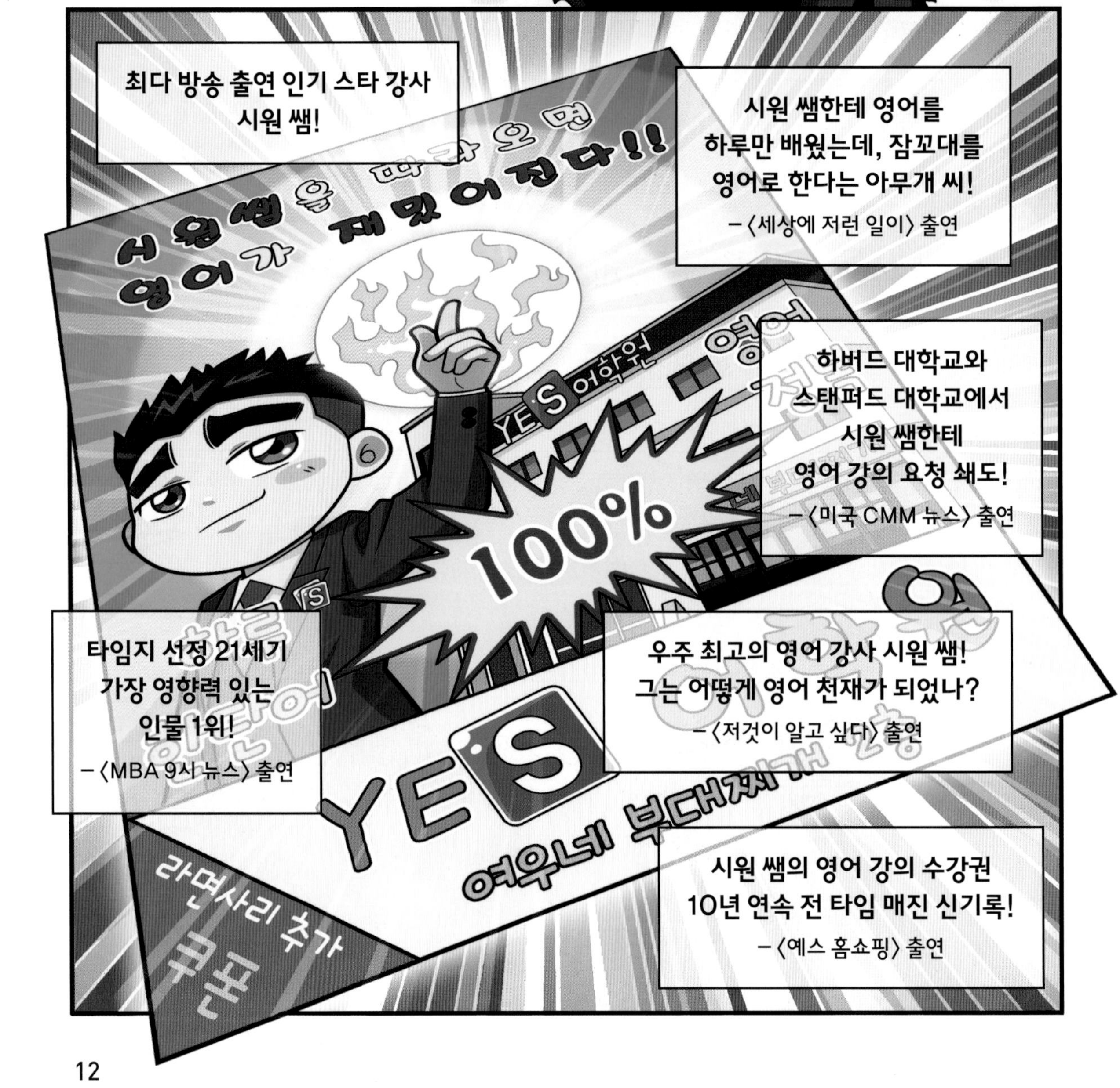

최다 방송 출연 인기 스타 강사
시원 쌤!
시원 쌤한테 영어를
하루만 배웠는데, 잠꼬대를
영어로 한다는 아무개 씨!
－〈세상에 저런 일이〉 출연
하버드 대학교와
스탠퍼드 대학교에서
시원 쌤한테
영어 강의 요청 쇄도!
－〈미국 CMM 뉴스〉 출연
100%
타임지 선정 21세기
가장 영향력 있는
인물 1위!
－〈MBA 9시 뉴스〉 출연
우주 최고의 영어 강사 시원 쌤!
그는 어떻게 영어 천재가 되었나?
－〈저것이 알고 싶다〉 출연
YES
라면사리 추가
쿠폰
시원 쌤의 영어 강의 수강권
10년 연속 전 타임 매진 신기록!
－〈예스 홈쇼핑〉 출연

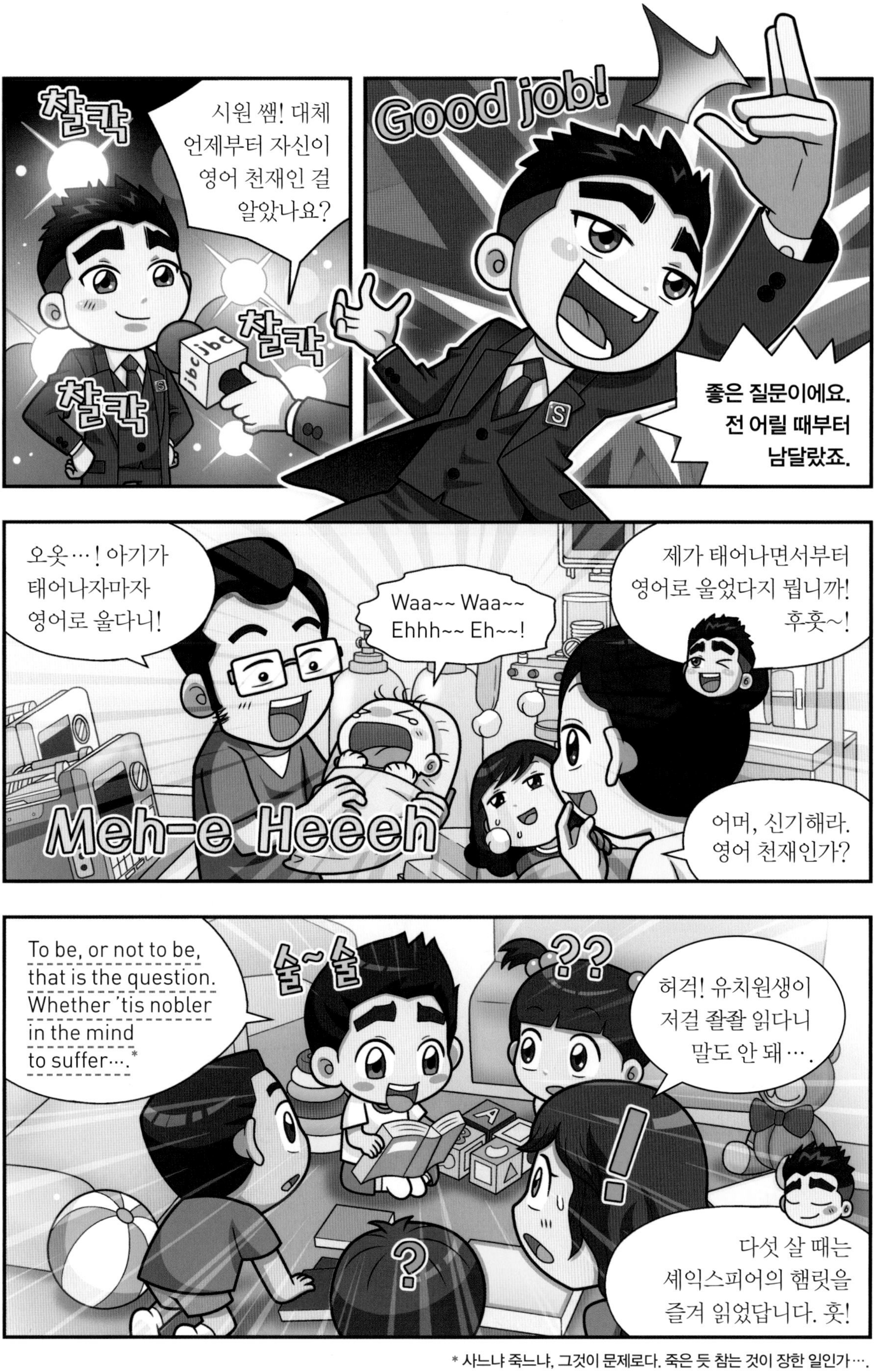
찰칵
시원 쌤! 대체 언제부터 자신이 영어 천재인 걸 알았나요?
jbc
찰칵
찰칵
Good job!
좋은 질문이에요. 전 어릴 때부터 남달랐죠.
오옷…! 아기가 태어나자마자 영어로 울다니!
Waa~~ Waa~~ Ehhh~~ Eh~~!
제가 태어나면서부터 영어로 울었다지 뭡니까! 후훗~!
Meh-e Heeeh
어머, 신기해라. 영어 천재인가?
To be, or not to be, that is the question. Whether 'tis nobler in the mind to suffer….*
술~술
??
허걱! 유치원생이 저걸 좔좔 읽다니 말도 안 돼….
!
?
다섯 살 때는 셰익스피어의 햄릿을 즐겨 읽었답니다. 훗!

* 사느냐 죽느냐, 그것이 문제로다. 죽은 듯 참는 것이 장한 일인가….

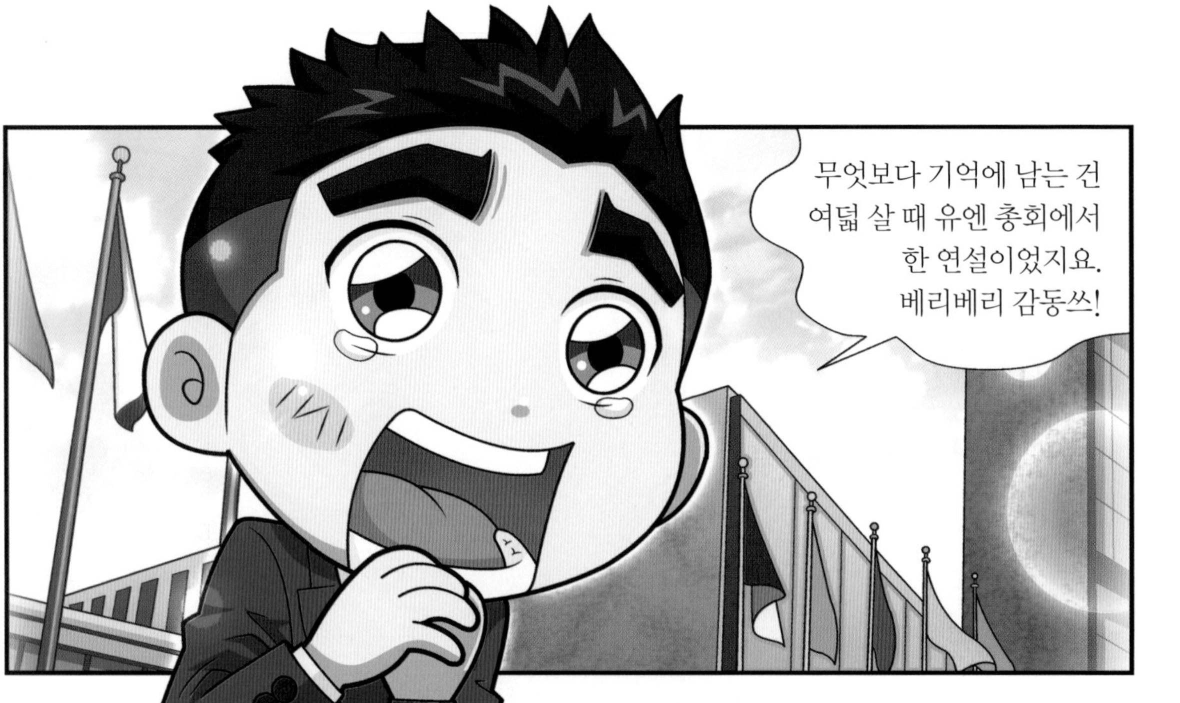
무엇보다 기억에 남는 건
여덟 살 때 유엔 총회에서
한 연설이었지요.
베리베리 감동쓰!

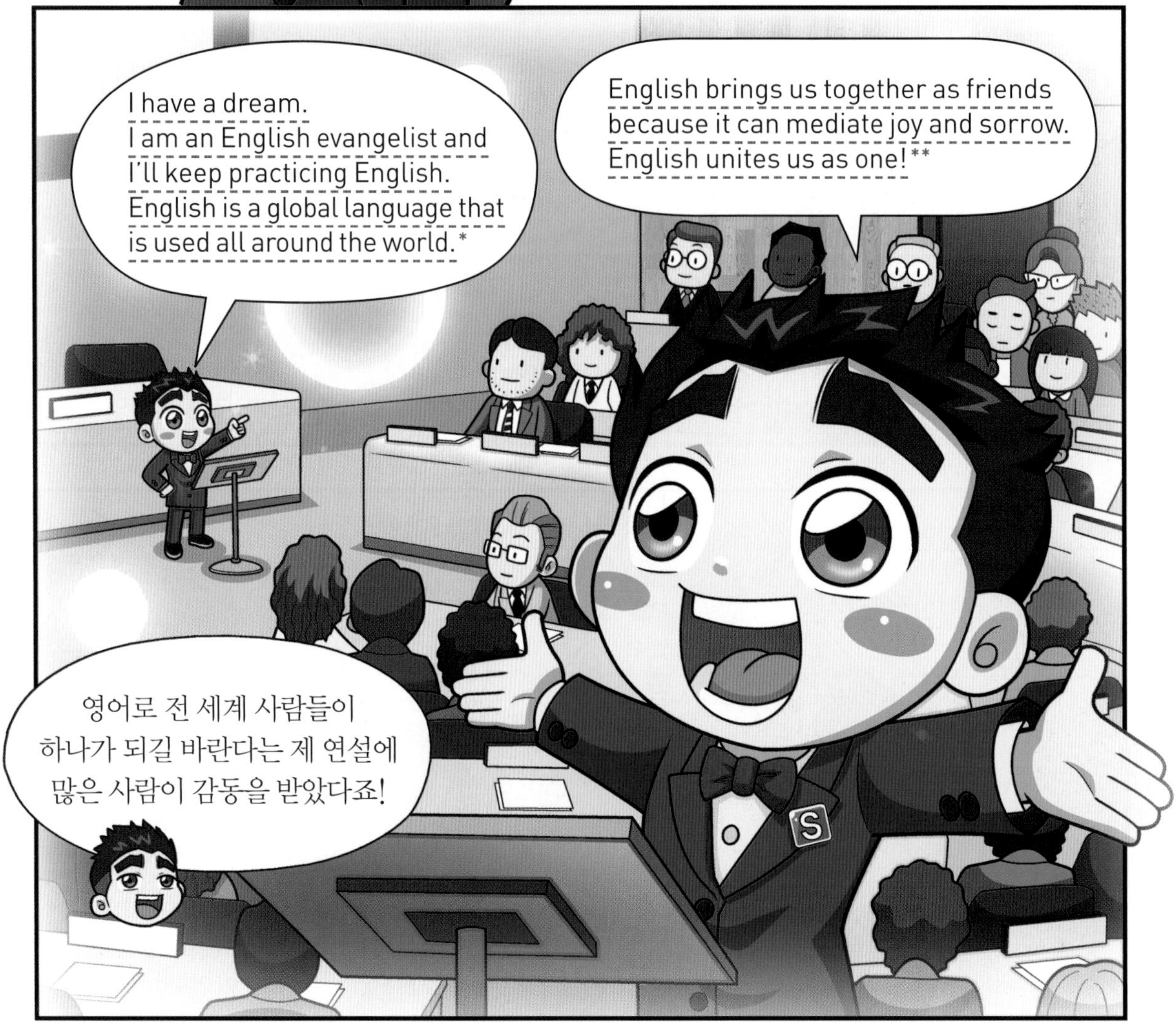
I have a dream. I am an English evangelist and I'll keep practicing English. English is a global language that is used all around the world.*
English brings us together as friends because it can mediate joy and sorrow. English unites us as one!**
영어로 전 세계 사람들이 하나가 되길 바란다는 제 연설에 많은 사람이 감동을 받았다죠!

* 저에게는 꿈이 있습니다. 저는 영어 전도사이며, 영어 실력을 계속 갈고닦을 거예요. 영어는 전 세계에서 쓰이니까요.

** 영어로 기쁨과 슬픔을 함께 나누면, 우리는 친구가 될 수 있습니다. 영어는 우리를 하나로 만들어 줍니다.

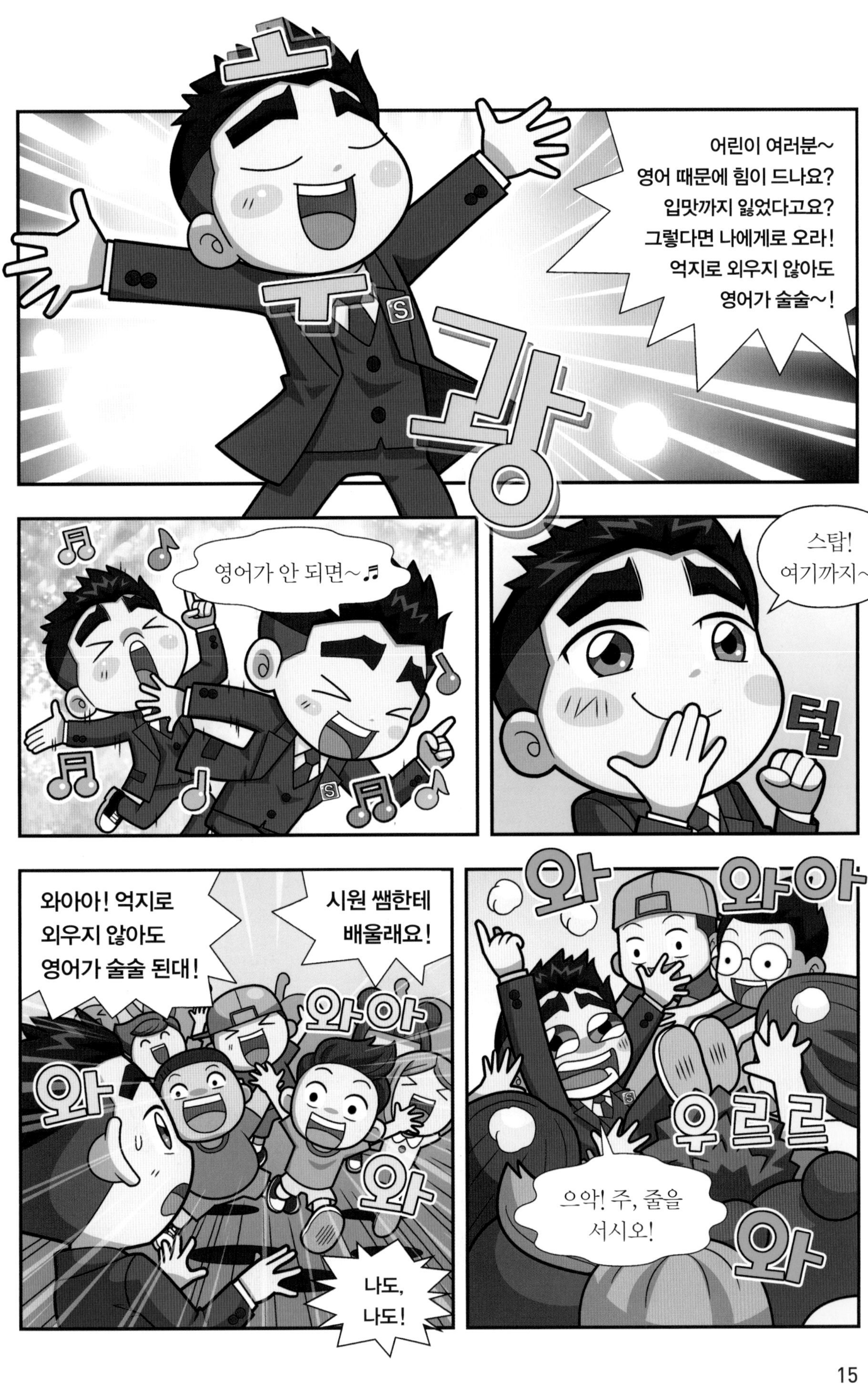

짜
잔
어린이 여러분~
영어 때문에 힘이 드나요?
입맛까지 잃었다고요?
그렇다면 나에게로 오라!
억지로 외우지 않아도
영어가 술술~!
광
영어가 안 되면~♬
스탑!
여기까지~!
텁
와아아! 억지로
외우지 않아도
영어가 술술 된대!
시원 쌤한테
배울래요!
와아
와
와
나도,
나도!
와
와아아
우르르
으악! 주, 줄을
서시오!
와

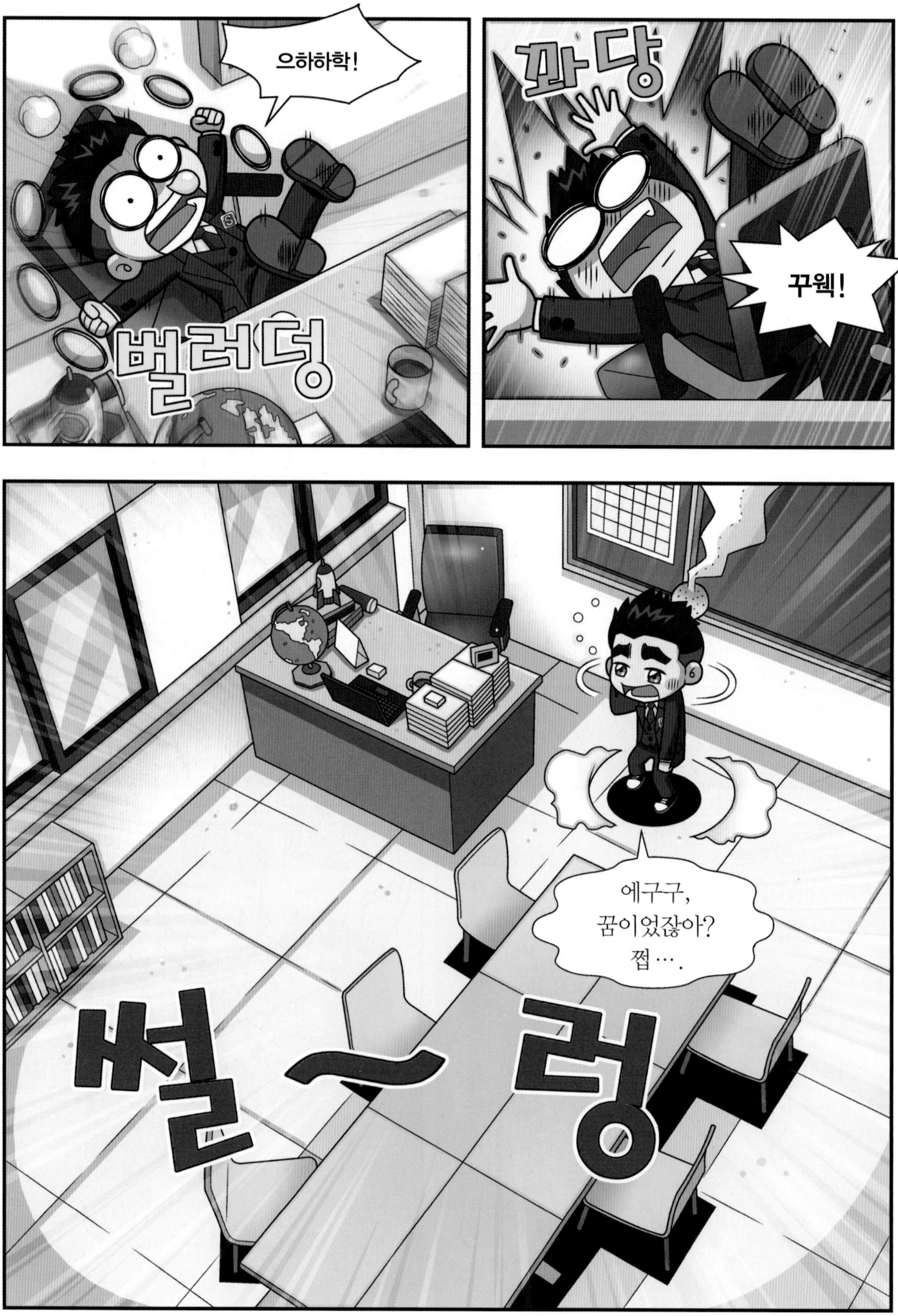
으하하학!
벌러덩
꽈당
꾸웩!
에구구,
꿈이었잖아?
쩝….
썰~렁

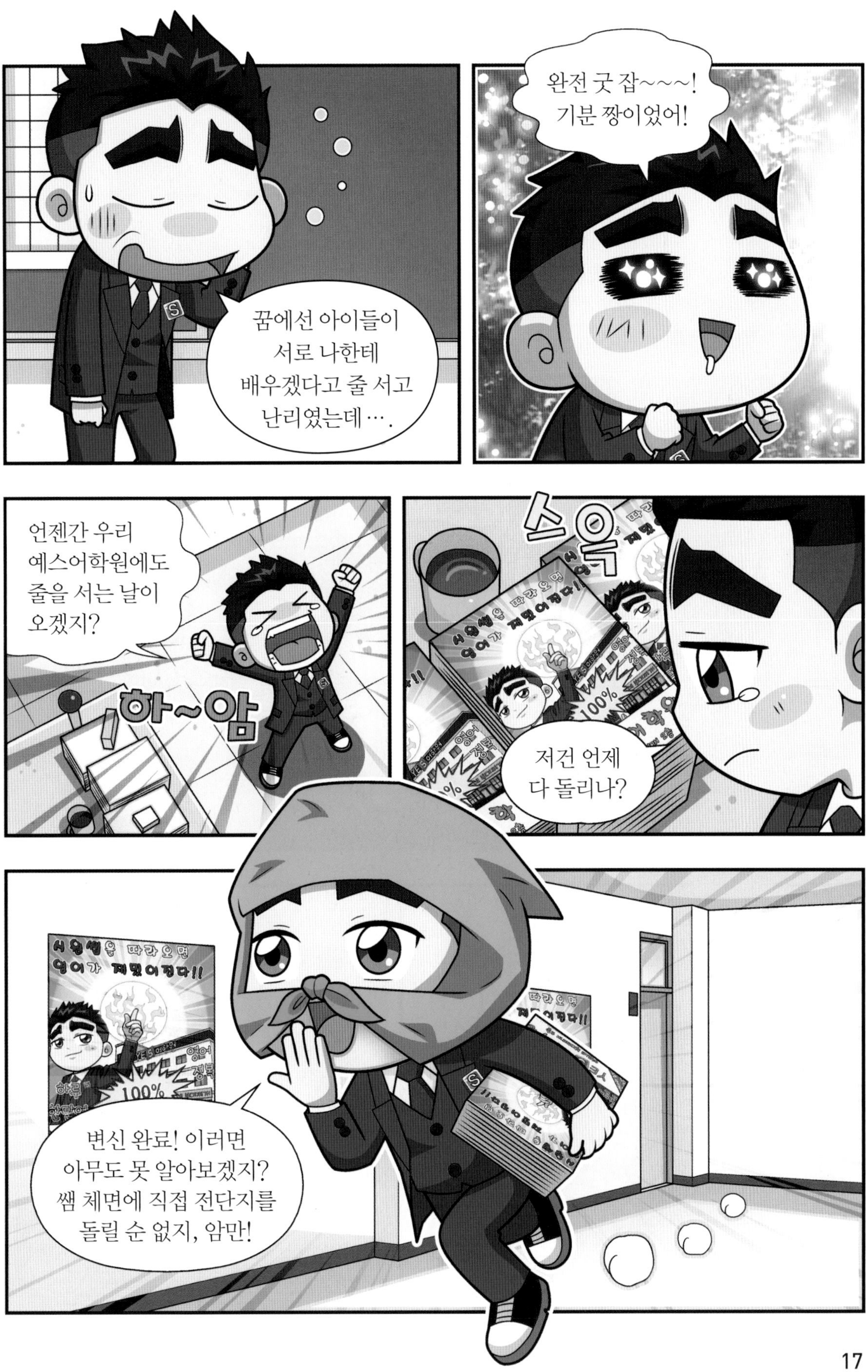
꿈에선 아이들이 서로 나한테 배우겠다고 줄 서고 난리였는데….
완전 굿 잡~~~! 기분 짱이었어!
언젠간 우리 예스어학원에도 줄을 서는 날이 오겠지?
하~암
스윽
저건 언제 다 돌리나?
변신 완료! 이러면 아무도 못 알아보겠지? 쌤 체면에 직접 전단지를 돌릴 순 없지, 암만!

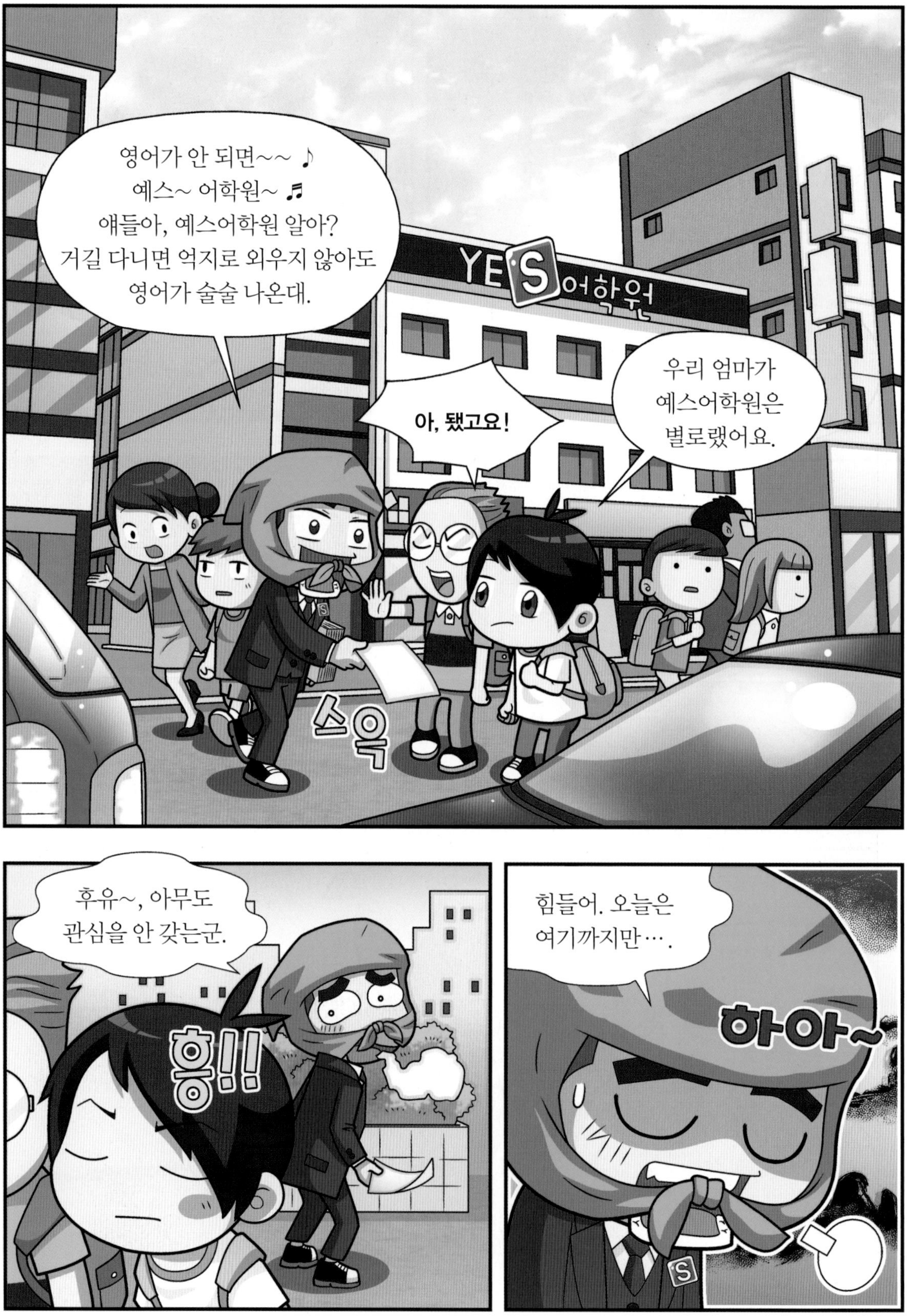
YES 어학원
영어가 안 되면~~ ♪ 예스~ 어학원~ ♬ 얘들아, 예스어학원 알아? 거길 다니면 억지로 외우지 않아도 영어가 술술 나온대.
아, 됐고요!
우리 엄마가 예스어학원은 별로랬어요.
스윽
후유~, 아무도 관심을 안 갖는군.
흥!!
힘들어. 오늘은 여기까지만….
하아~

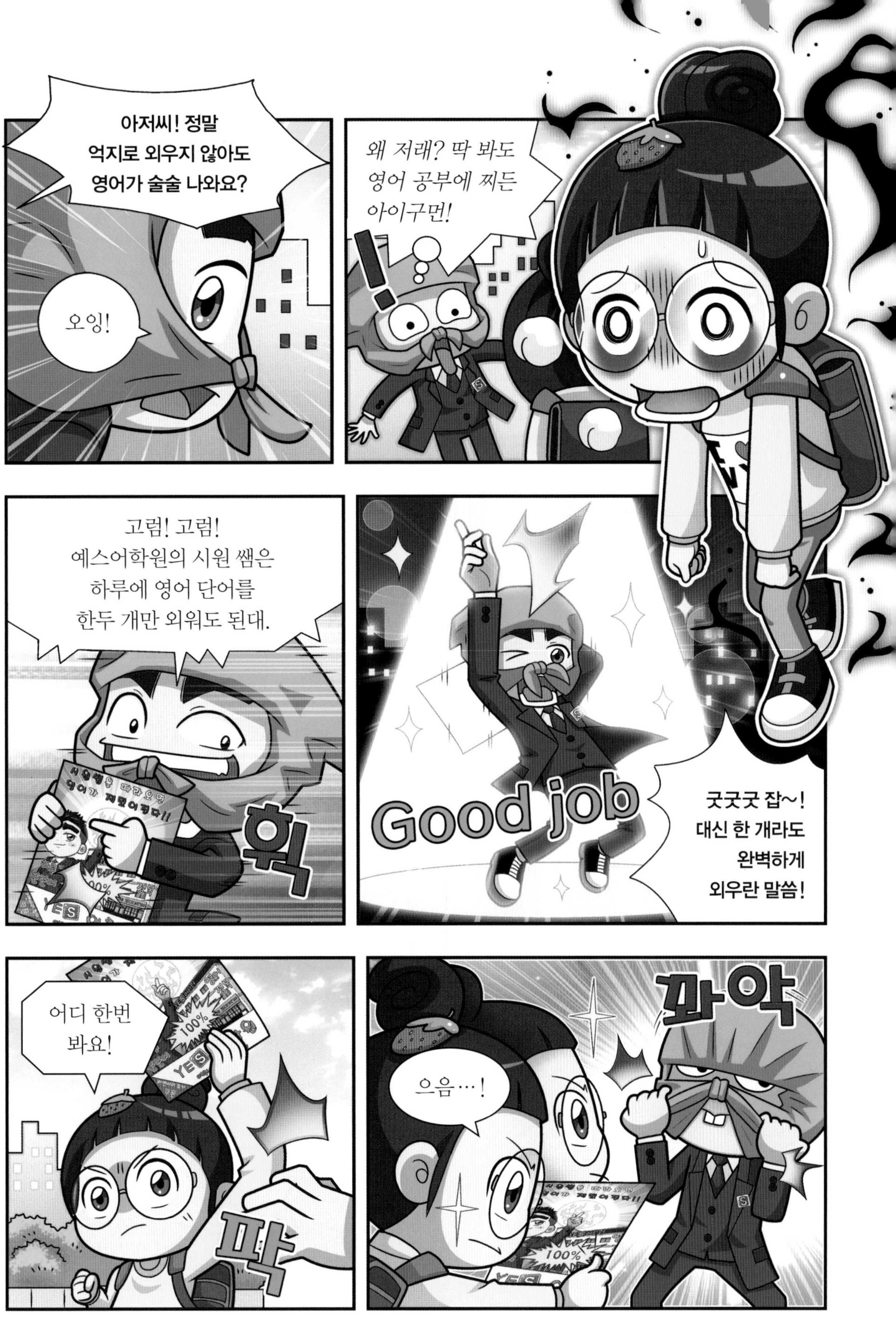
아저씨! 정말 억지로 외우지 않아도 영어가 술술 나와요?
오잉!
왜 저래? 딱 봐도 영어 공부에 찌든 아이구먼!
!
고럼! 고럼! 예스어학원의 시원 쌤은 하루에 영어 단어를 한두 개만 외워도 된대.
휙
Good job
굿굿굿 잡~! 대신 한 개라도 완벽하게 외우란 말씀!
어디 한번 봐요!
팍
꽈악
으음…!

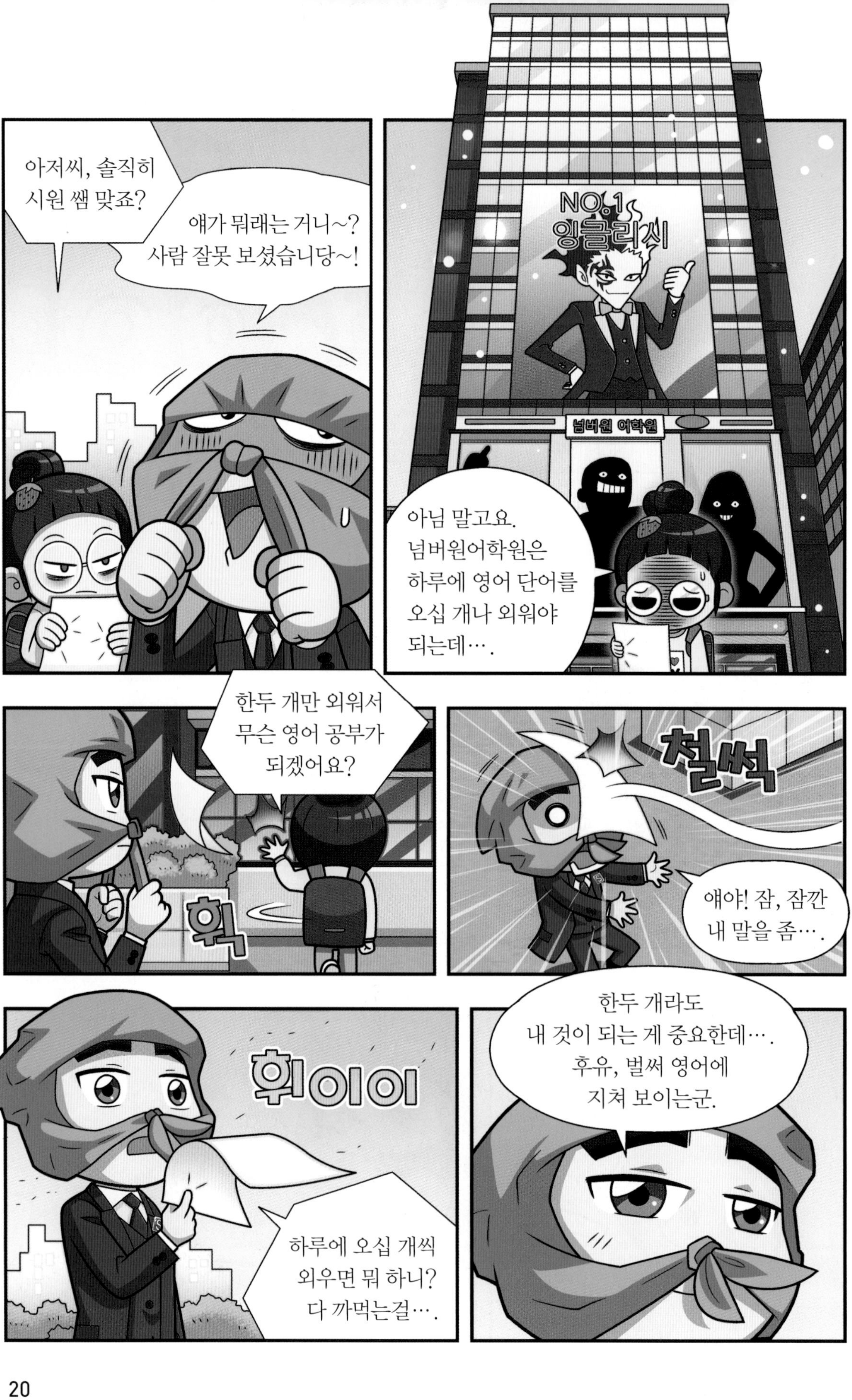
아저씨, 솔직히 시원 쌤 맞죠?
얘가 뭐래는 거니~? 사람 잘못 보셨습니당~!
NO.1 잉글리씨
넘버원 어학원
아님 말고요. 넘버원어학원은 하루에 영어 단어를 오십 개나 외워야 되는데….
한두 개만 외워서 무슨 영어 공부가 되겠어요?
휙
철썩
얘야! 잠, 잠깐 내 말을 좀….
휘이이
하루에 오십 개씩 외우면 뭐 하니? 다 까먹는걸….
한두 개라도 내 것이 되는 게 중요한데…. 후유, 벌써 영어에 지쳐 보이는군.

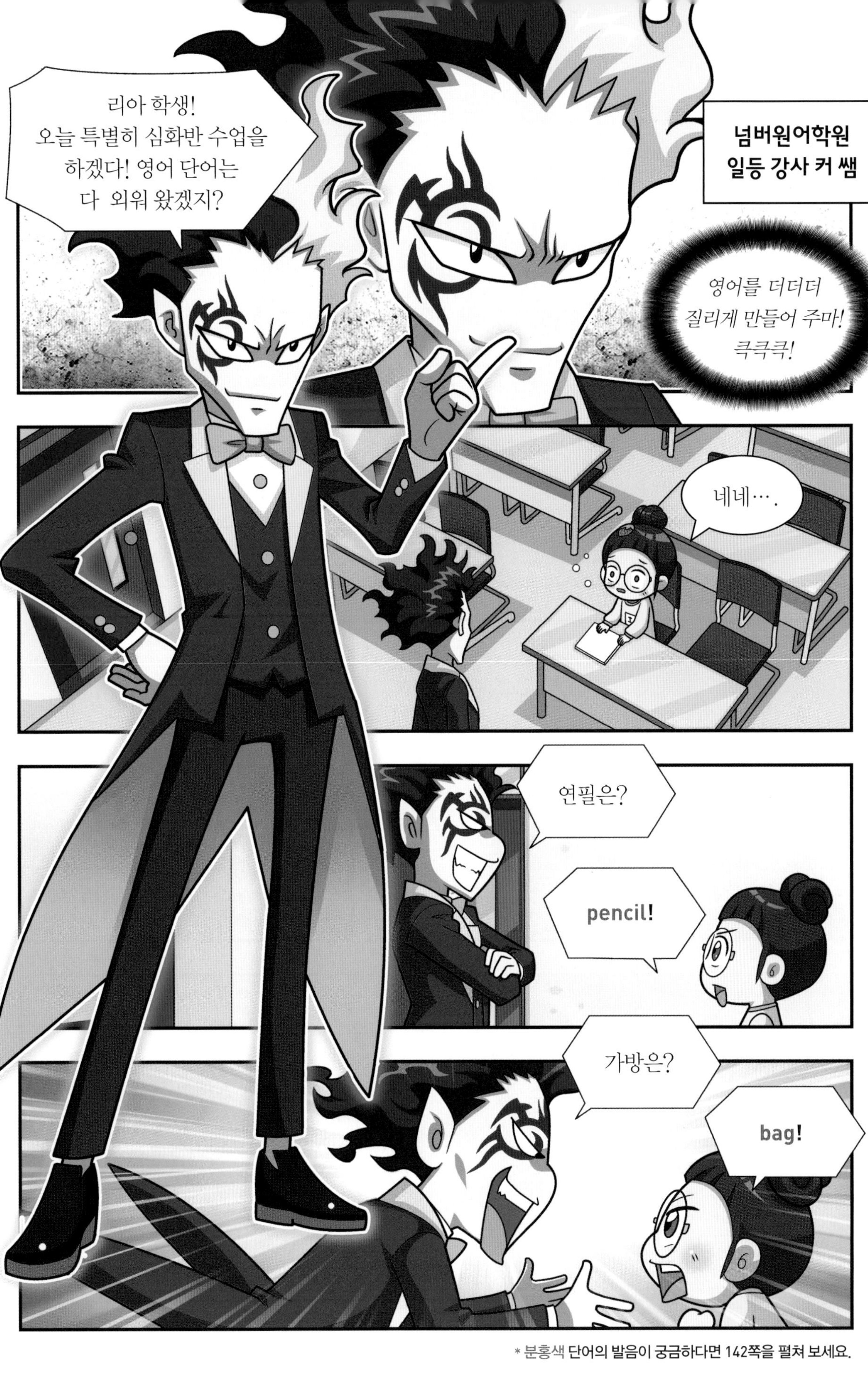
리아 학생!
오늘 특별히 심화반 수업을
하겠다! 영어 단어는
다 외워 왔겠지?
넘버원어학원
일등 강사 커 쌤
영어를 더더더
질리게 만들어 주마!
큭큭큭!
네네….
연필은?
pencil!
가방은?
bag!

* 분홍색 단어의 발음이 궁금하다면 142쪽을 펼쳐 보세요.

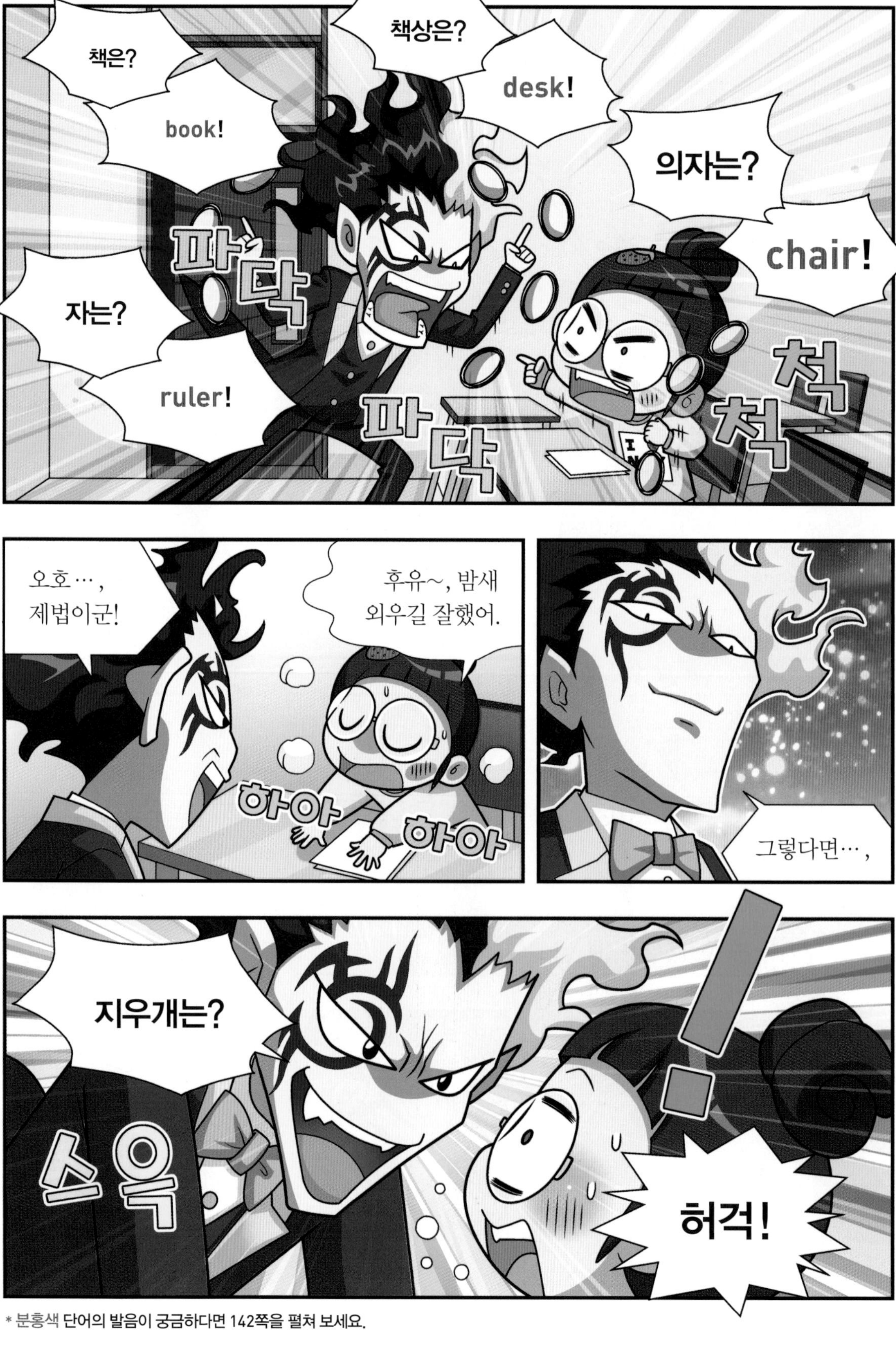
책은?
book!
책상은?
desk!
의자는?
chair!
자는?
ruler!
파닥
파닥
척
척
오호…,
제법이군!
후유~, 밤새
외우길 잘했어.
하아
하아
그렇다면…,
지우개는?
!
스윽
허걱!

* 분홍색 단어의 발음이 궁금하다면 142쪽을 펼쳐 보세요.

어, 어? 지우개가 뭐였더라? 틀림없이 외웠는데….

꽉 꽉

척

딱 오 초 주겠다! 오 … 사 … 삼 … 이 …,

땡! 다 못 외웠으니 빅캣 타임!

척

헉! 제발 빅캣만은…!

덜덜덜

빅캣, 입장!

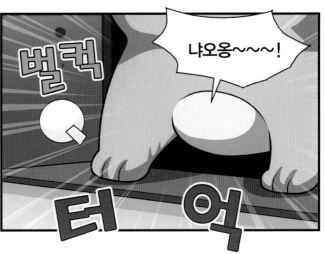

냐오옹~~~!

벌컥

터 억

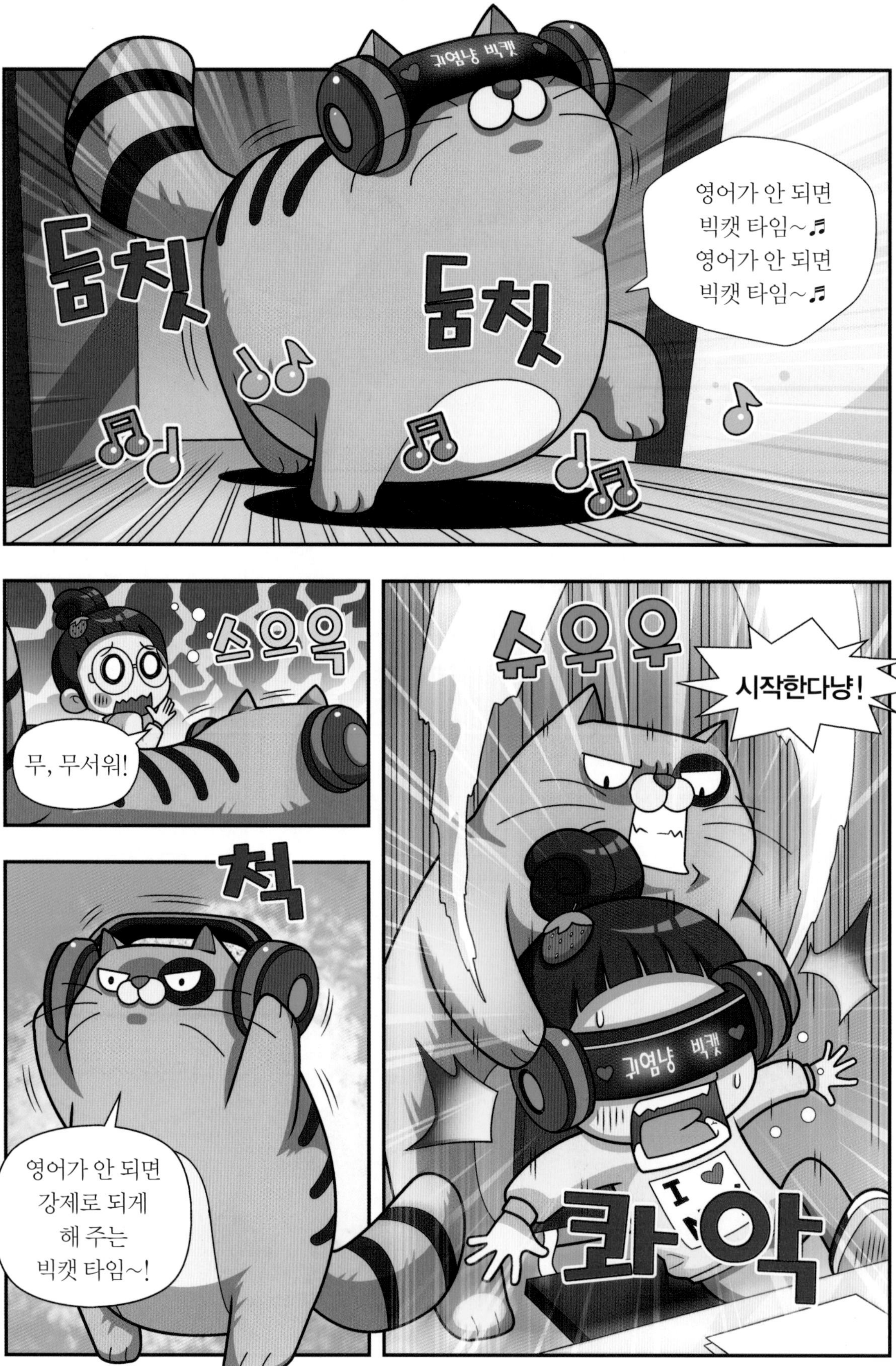

귀염냥 빅캣
둠칫
둠칫
영어가 안 되면 빅캣 타임~♬ 영어가 안 되면 빅캣 타임~♬
스으윽
무, 무서워!
척
영어가 안 되면 강제로 되게 해 주는 빅캣 타임~!
슈우우
시작한다냥!
귀염냥 빅캣
콰악

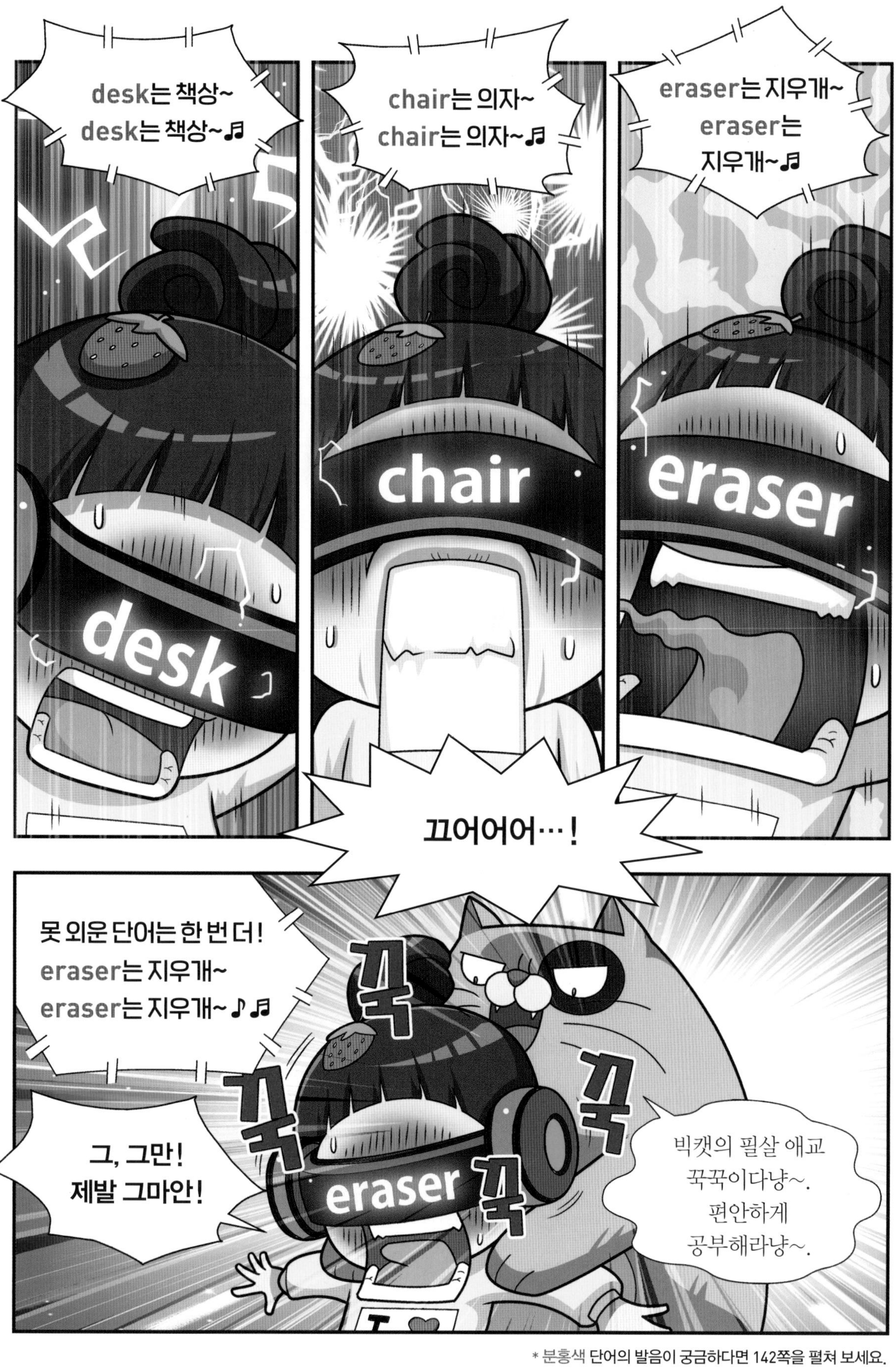
desk는 책상~
desk는 책상~♬
chair는 의자~
chair는 의자~♬
eraser는 지우개~
eraser는
지우개~♬
desk
chair
eraser
끄어어어…!
못 외운 단어는 한 번 더!
eraser는 지우개~
eraser는 지우개~♪♬
꾹
꾹
꾹
꾹
eraser
그, 그만!
제발 그마안!
빅캣의 필살 애교
꾹꾹이다냥~.
편안하게
공부해라냥~.

* 분홍색 단어의 발음이 궁금하다면 142쪽을 펼쳐 보세요.

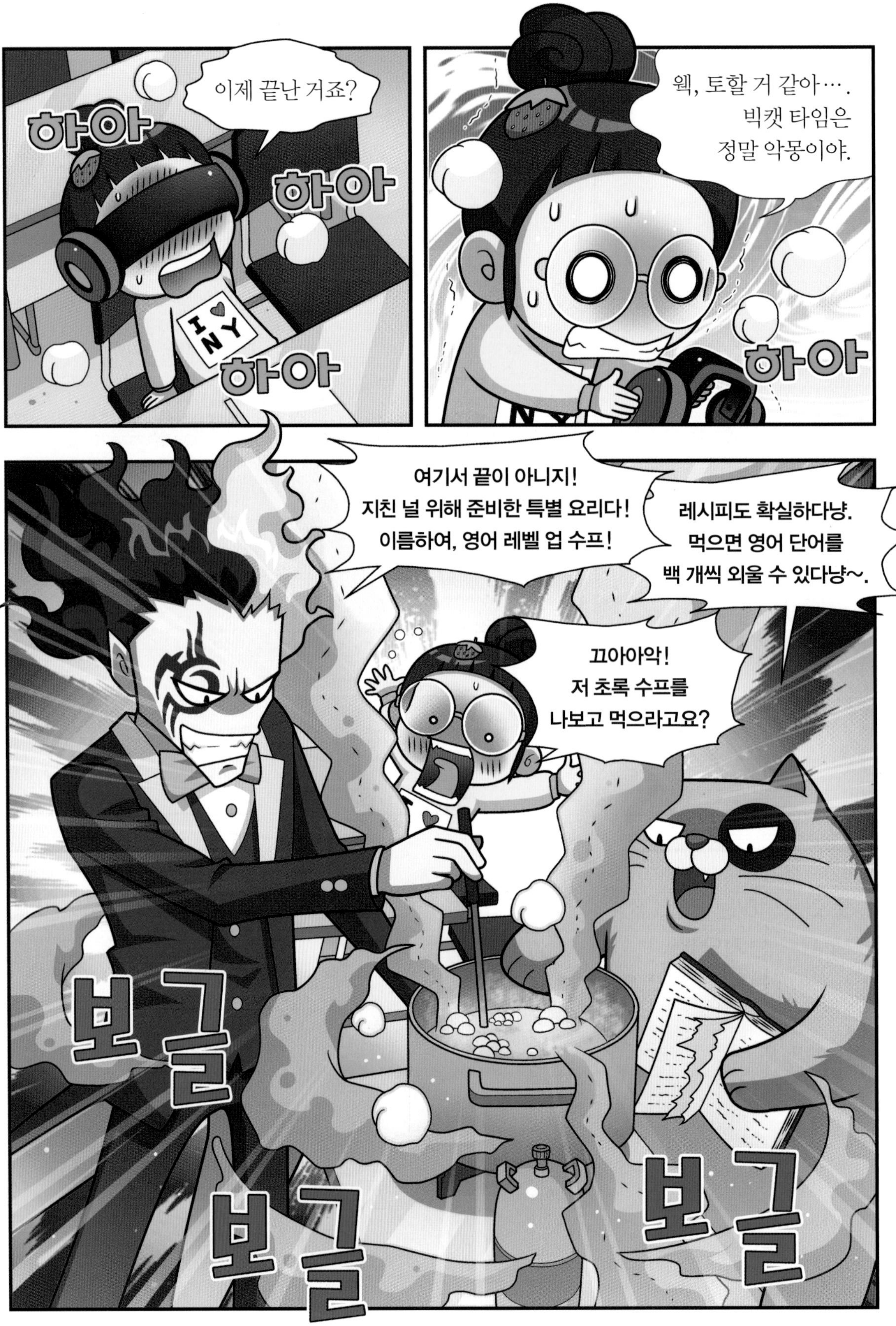
이제 끝난 거죠?
하아
하아
하아
웩, 토할 거 같아….
빅캣 타임은
정말 악몽이야.
하아
여기서 끝이 아니지!
지친 널 위해 준비한 특별 요리다!
이름하여, 영어 레벨 업 수프!
레시피도 확실하다냥.
먹으면 영어 단어를
백 개씩 외울 수 있다냥~.
끄아아악!
저 초록 수프를
나보고 먹으라고요?
보글
보글
보글

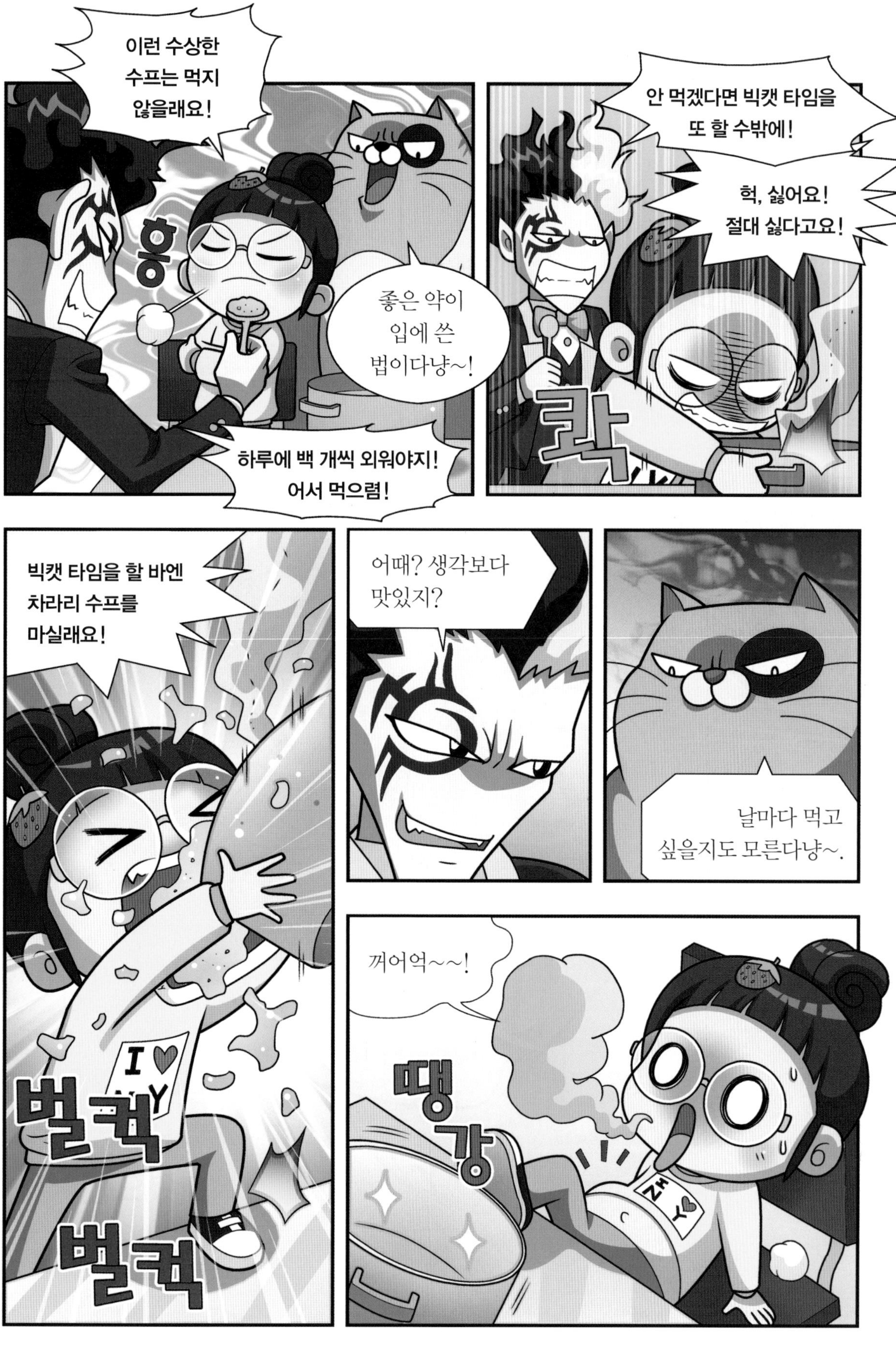

이런 수상한 수프는 먹지 않을래요!
흥
좋은 약이 입에 쓴 법이다냥~!
하루에 백 개씩 외워야지! 어서 먹으렴!
안 먹겠다면 빅캣 타임을 또 할 수밖에!
헉, 싫어요! 절대 싫다고요!
콱
빅캣 타임을 할 바엔 차라리 수프를 마실래요!
벌컥
벌컥
어때? 생각보다 맛있지?
날마다 먹고 싶을지도 모른다냥~.
꺼어억~~!
땡강

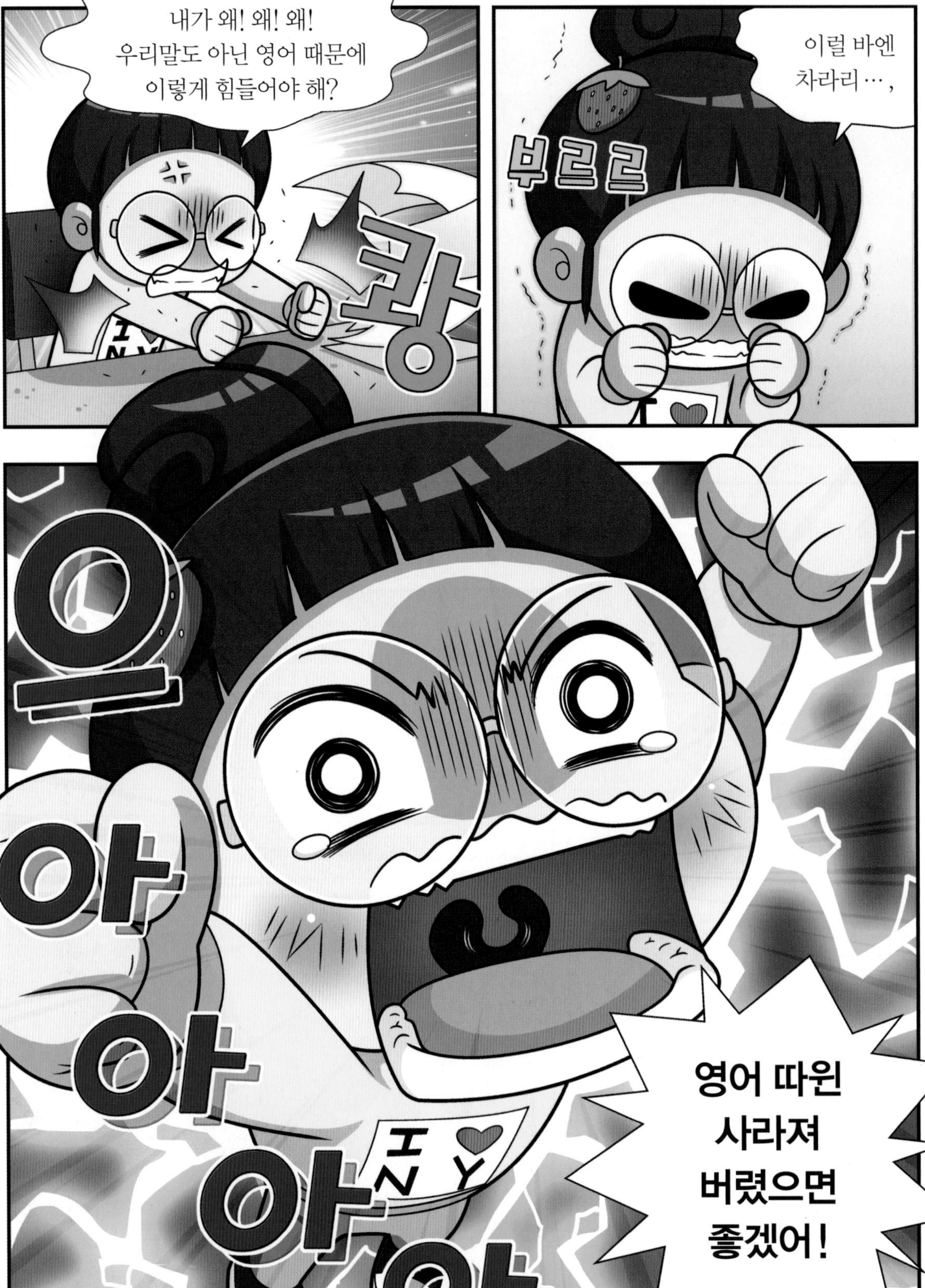
이건 말도 안 돼.
내가 왜! 왜! 왜!
우리말도 아닌 영어 때문에
이렇게 힘들어야 해?
콰
I NY
부르르
이럴 바엔
차라리…,
으아아아아
I NY
영어 따윈
사라져
버렸으면
좋겠어!

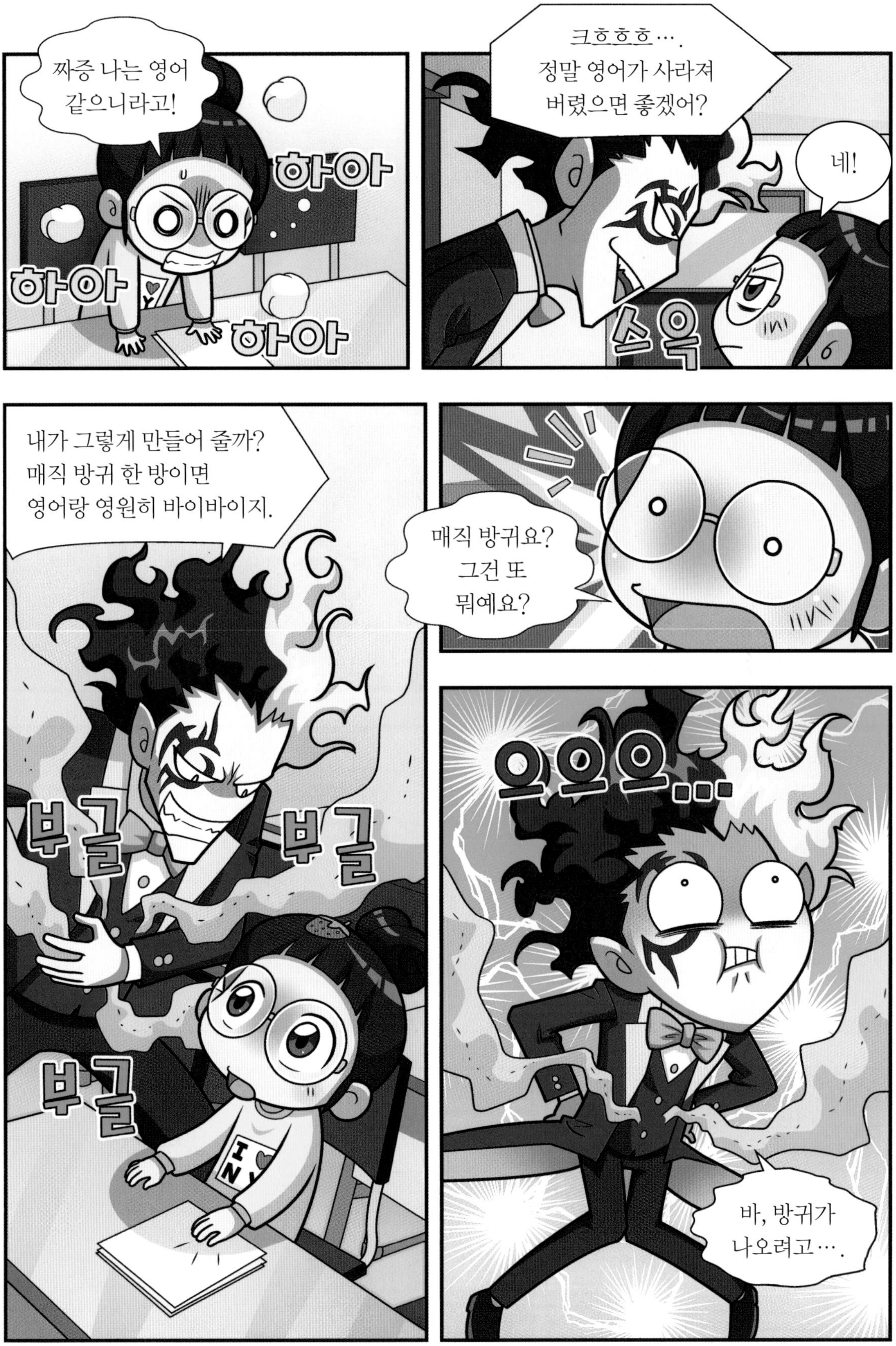
짜증 나는 영어 같으니라고!
하아
하아
하아
크흐흐흐….
정말 영어가 사라져 버렸으면 좋겠어?
네!
스윽
내가 그렇게 만들어 줄까?
매직 방귀 한 방이면
영어랑 영원히 바이바이지.
부글
부글
부글
매직 방귀요? 그건 또 뭐예요?
으으으…
바, 방귀가 나오려고….

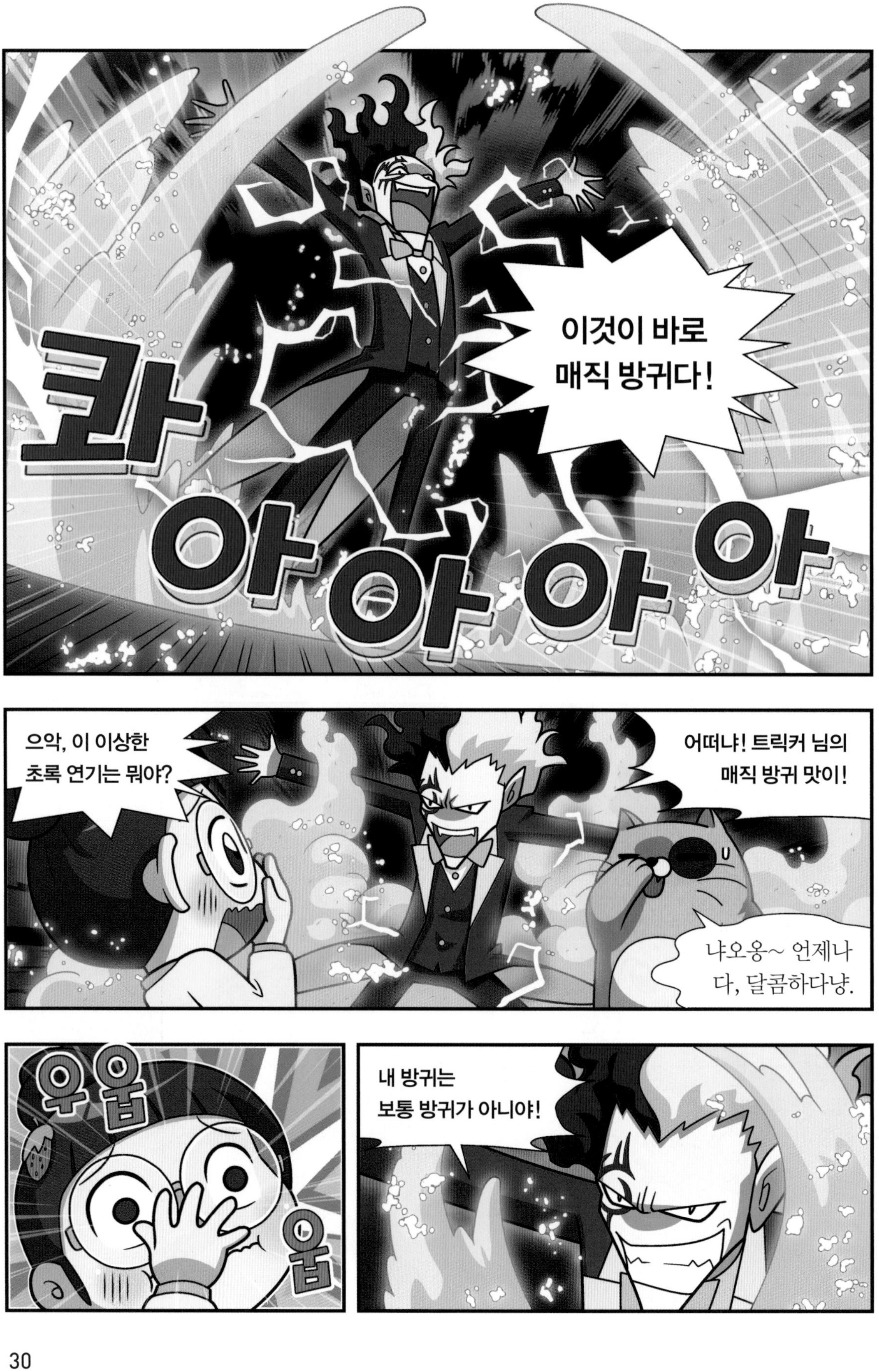
이것이 바로
매직 방귀다!
콰아아아아
으악, 이 이상한
초록 연기는 뭐야?
어떠냐! 트릭커 님의
매직 방귀 맛이!
냐오옹~ 언제나
다, 달콤하다냥.
우웁
웁
내 방귀는
보통 방귀가 아니야!

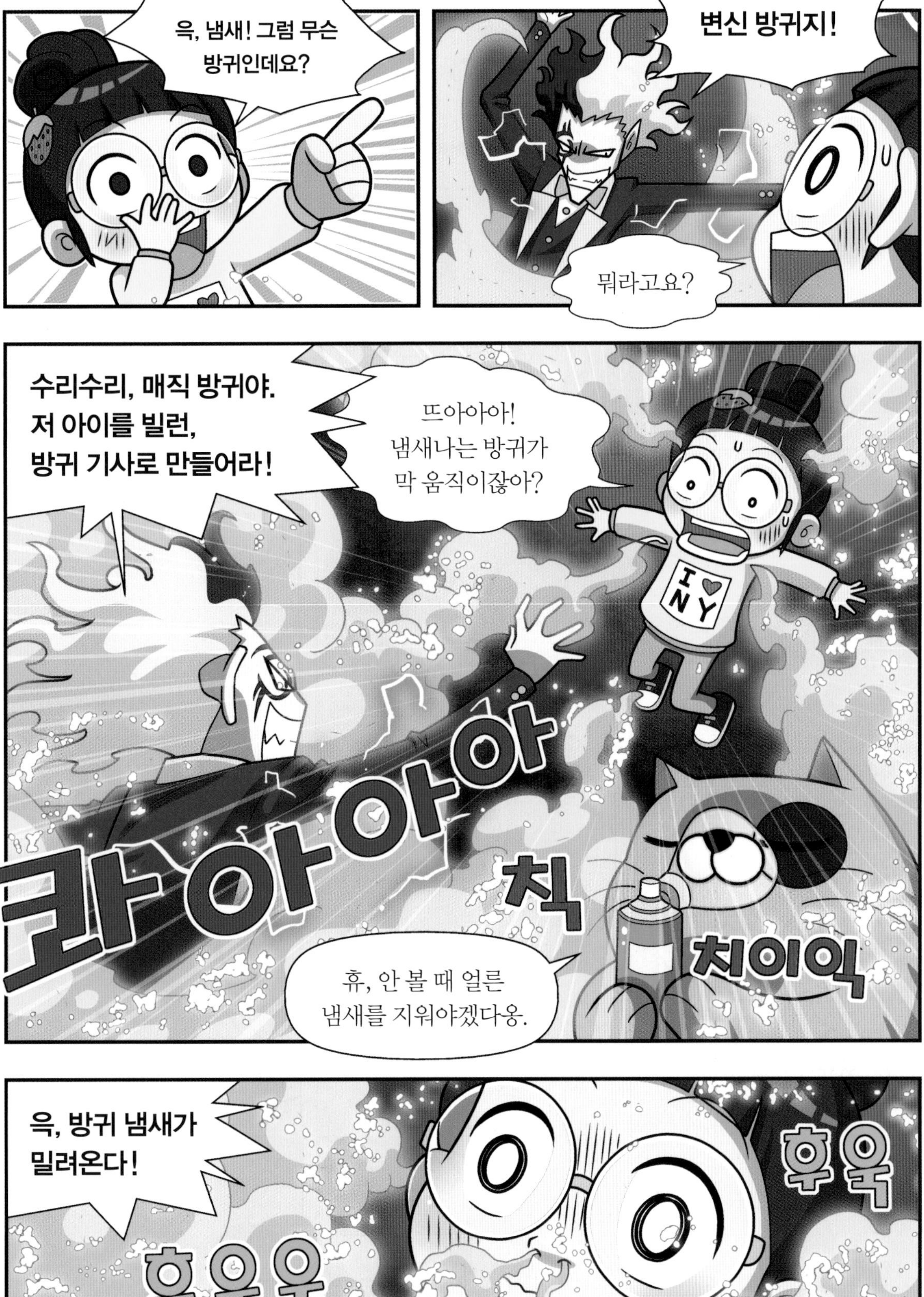

윽, 냄새! 그럼 무슨 방귀인데요?
변신 방귀지!
뭐라고요?
수리수리, 매직 방귀야. 저 아이를 빌런, 방귀 기사로 만들어라!
뜨아아아! 냄새나는 방귀가 막 움직이잖아?
I ♥ NY
콰아아아
칙
치이익
휴, 안 볼 때 얼른 냄새를 지워야겠다옹.
윽, 방귀 냄새가 밀려온다!
후욱
후우욱

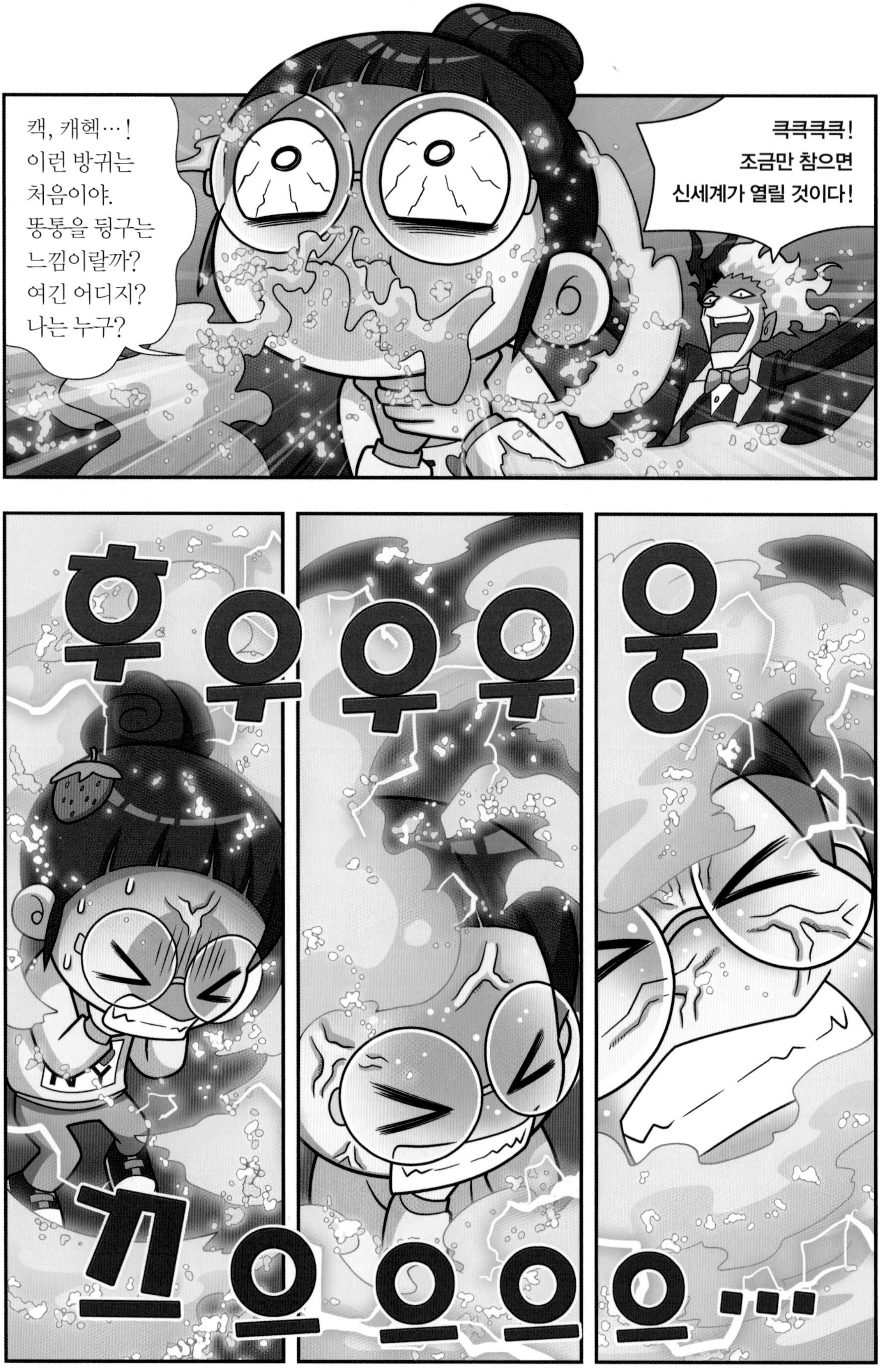
캑, 캐헥…! 이런 방귀는 처음이야. 똥통을 뒹구는 느낌이랄까? 여긴 어디지? 나는 누구?
크크크크! 조금만 참으면 신세계가 열릴 것이다!
후우우우웅
끄으으으으…

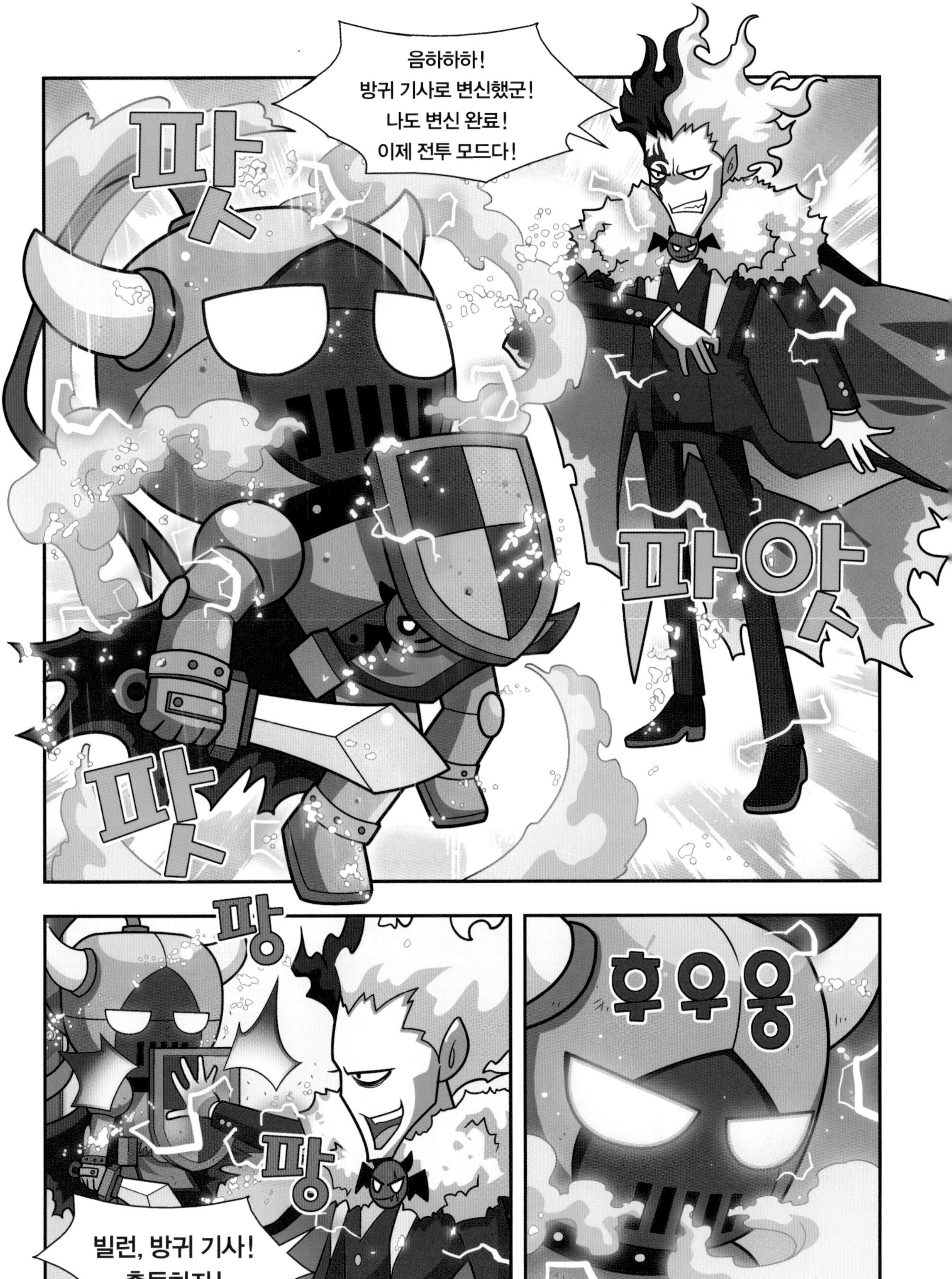
음하하하!
방귀 기사로 변신했군!
나도 변신 완료!
이제 전투 모드다!
파앗
파앗
파아앗
팡
팡
빌런, 방귀 기사!
출동하자!
후우웅

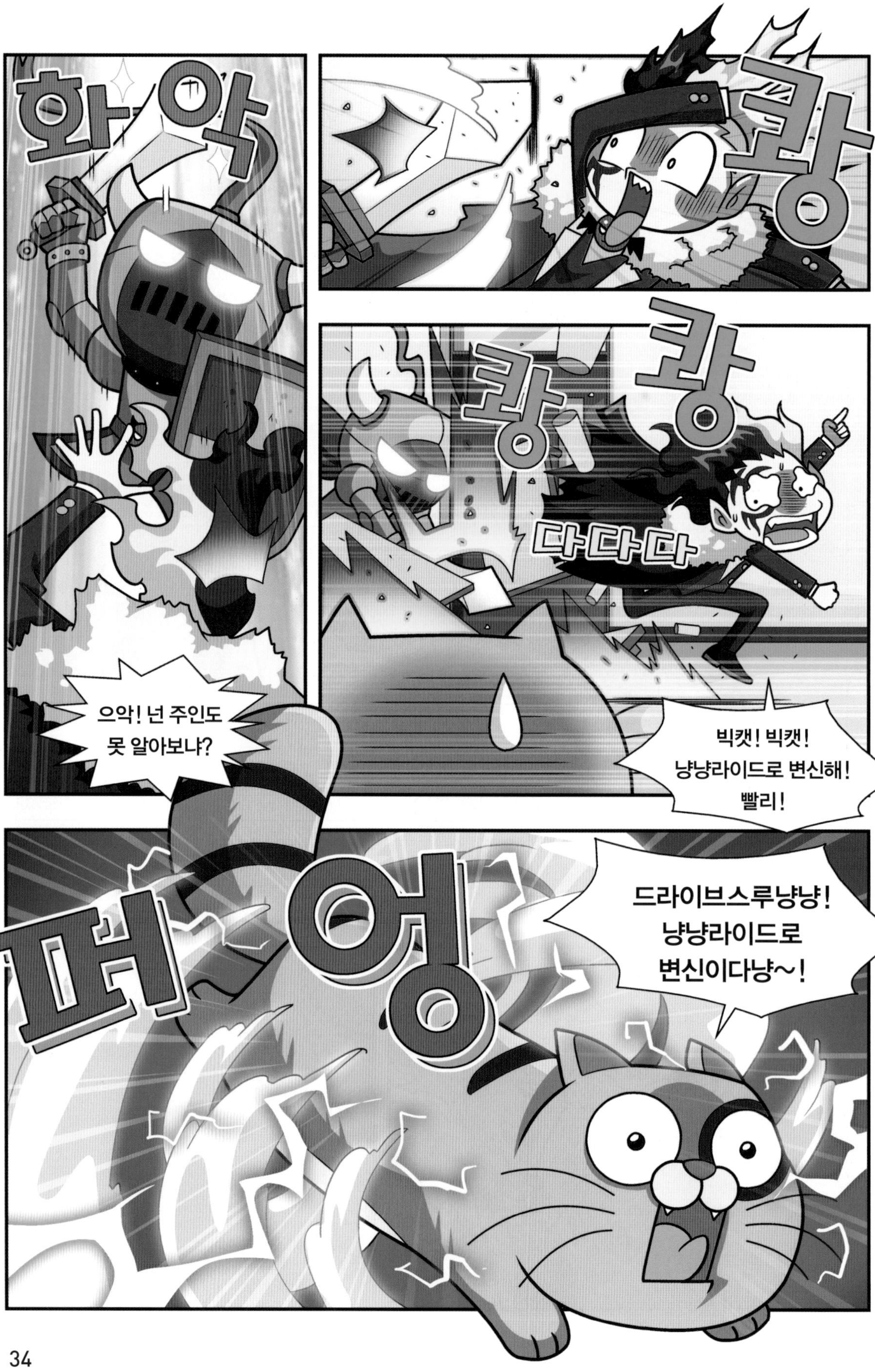
화악
쾅
쾅
쾅
다다다
으악! 넌 주인도
못 알아보냐?
빅캣! 빅캣!
냥냥라이드로 변신해!
빨리!
펑
드라이브스루냥냥!
냥냥라이드로
변신이다냥~!

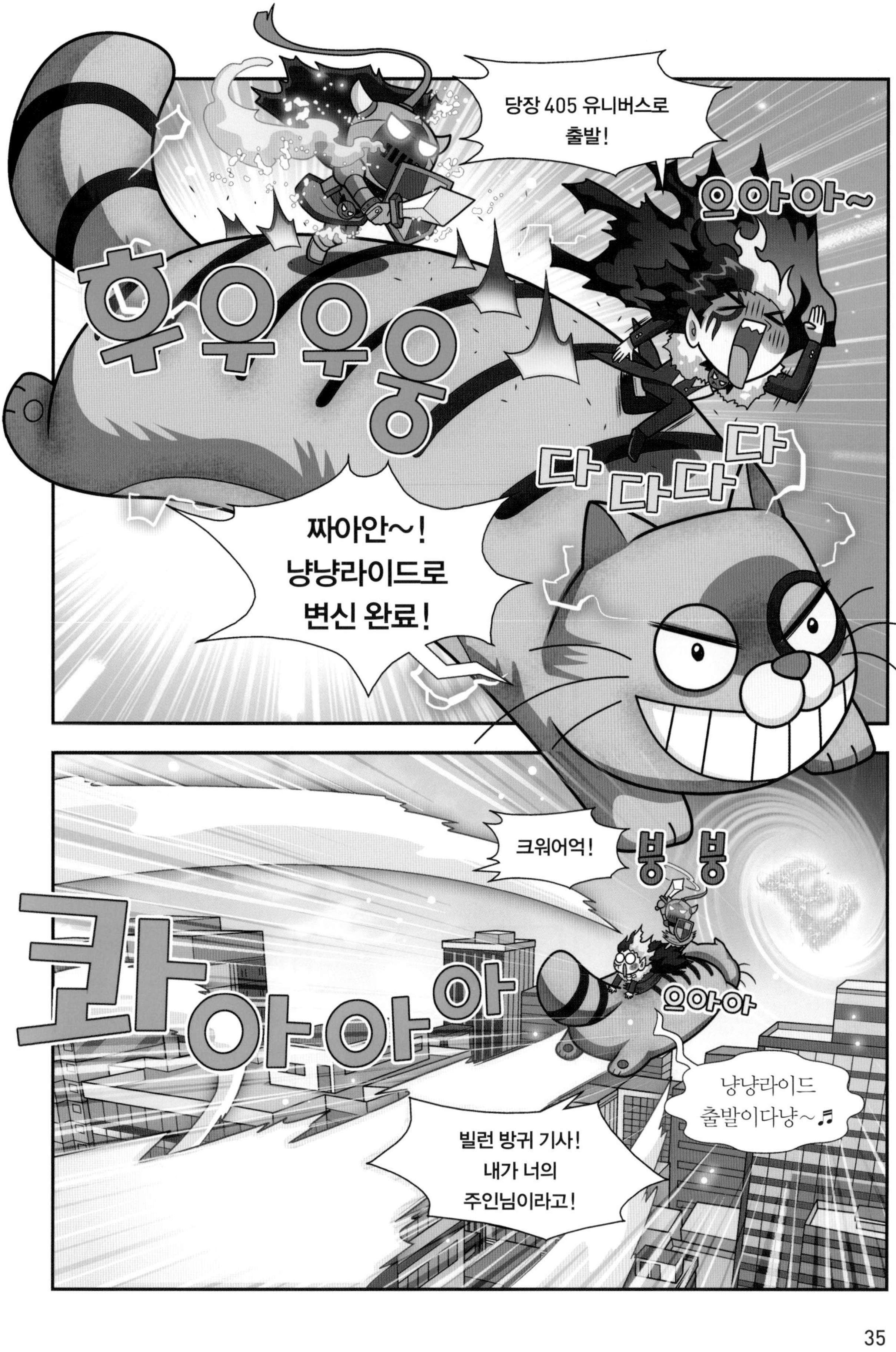
당장 405 유니버스로
출발!
으아아~
후우우웅
다
다다다
짜아안~!
냥냥라이드로
변신 완료!
크워어억!
붕 붕
콰아아아
으아아
냥냥라이드
출발이다냥~♬
빌런 방귀 기사!
내가 너의
주인님이라고!

Chapter 2

기상천외 신입생들

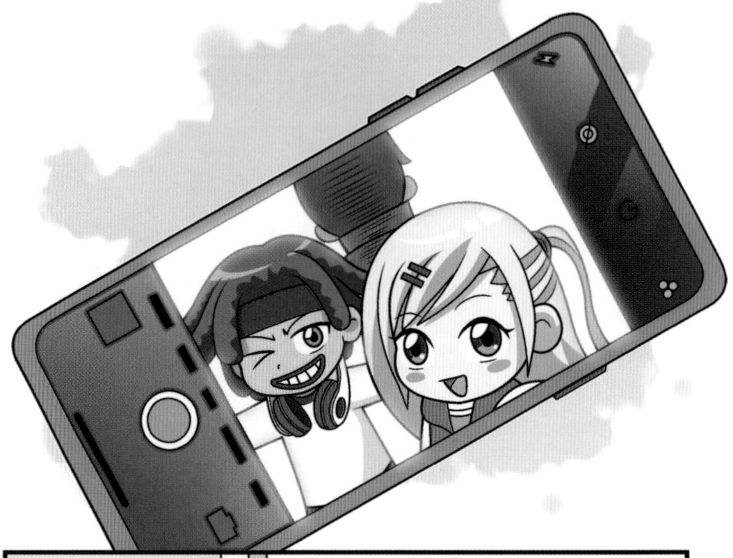

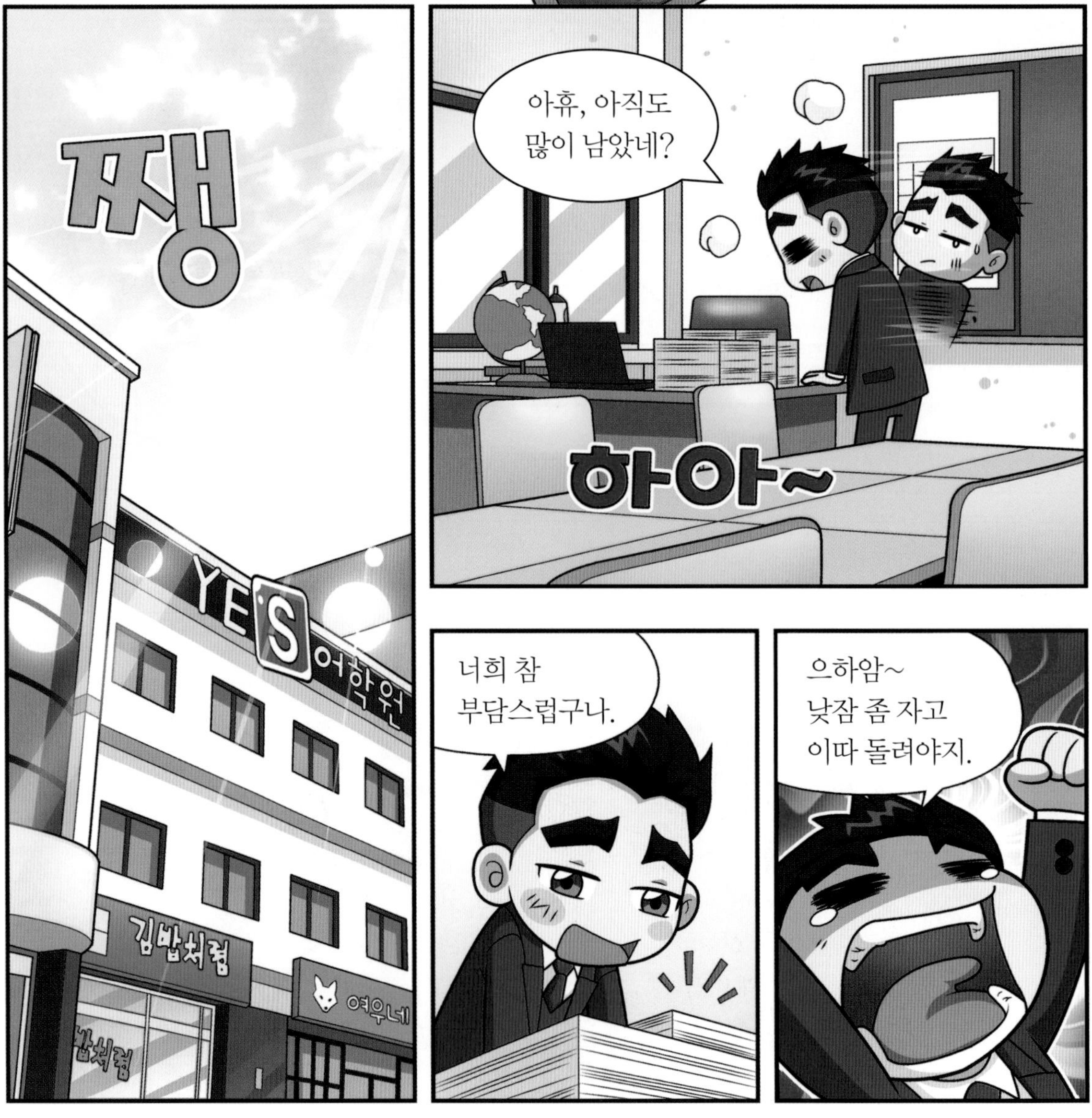

쨍
YES 어학원
김밥처럼
여우네
아휴, 아직도 많이 남았네?
하아~
너희 참 부담스럽구나.
으하암~ 낮잠 좀 자고 이따 돌려야지.

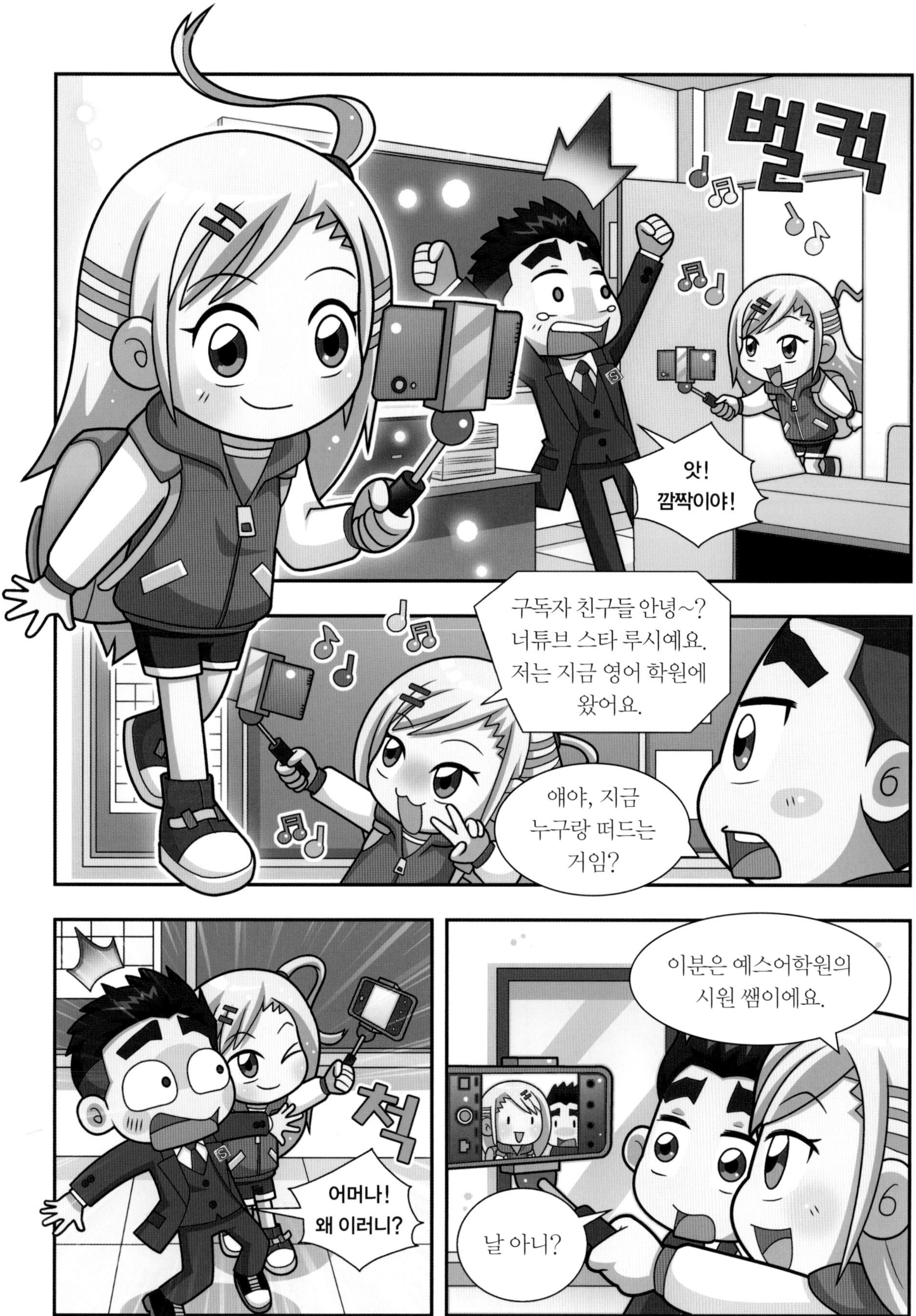
벌컥
앗! 깜짝이야!
구독자 친구들 안녕~? 너튜브 스타 루시예요. 저는 지금 영어 학원에 왔어요.
얘야, 지금 누구랑 떠드는 거임?
척
어머나! 왜 이러니?
이분은 예스어학원의 시원 쌤이에요.
날 아니?

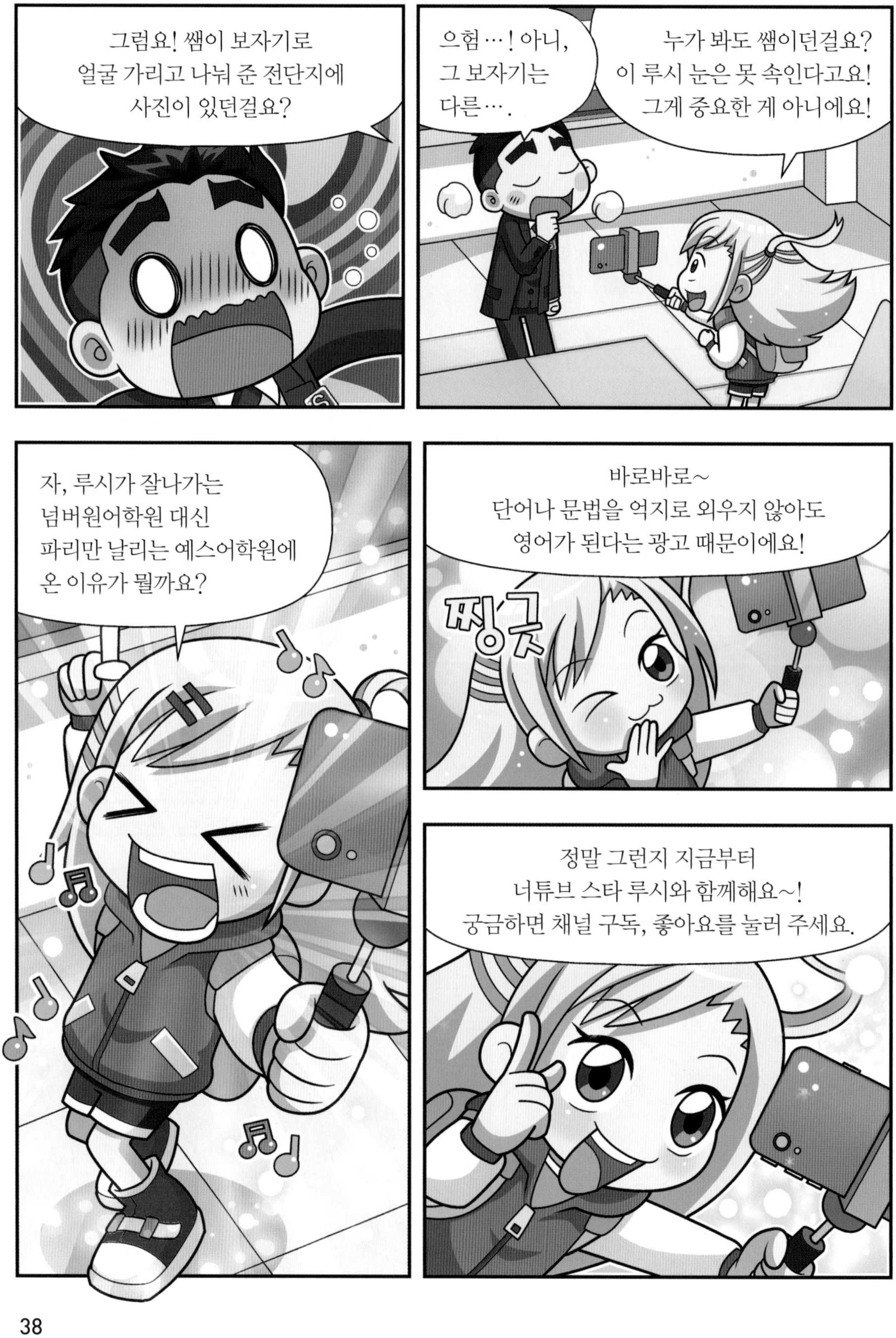
그럼요! 쌤이 보자기로 얼굴 가리고 나눠 준 전단지에 사진이 있던걸요?
으험…! 아니, 그 보자기는 다른….
누가 봐도 쌤이던걸요? 이 루시 눈은 못 속인다고요! 그게 중요한 게 아니에요!
자, 루시가 잘나가는 넘버원어학원 대신 파리만 날리는 예스어학원에 온 이유가 뭘까요?
바로바로~ 단어나 문법을 억지로 외우지 않아도 영어가 된다는 광고 때문이에요!
찡긋
정말 그런지 지금부터 너튜브 스타 루시와 함께해요~! 궁금하면 채널 구독, 좋아요를 눌러 주세요.

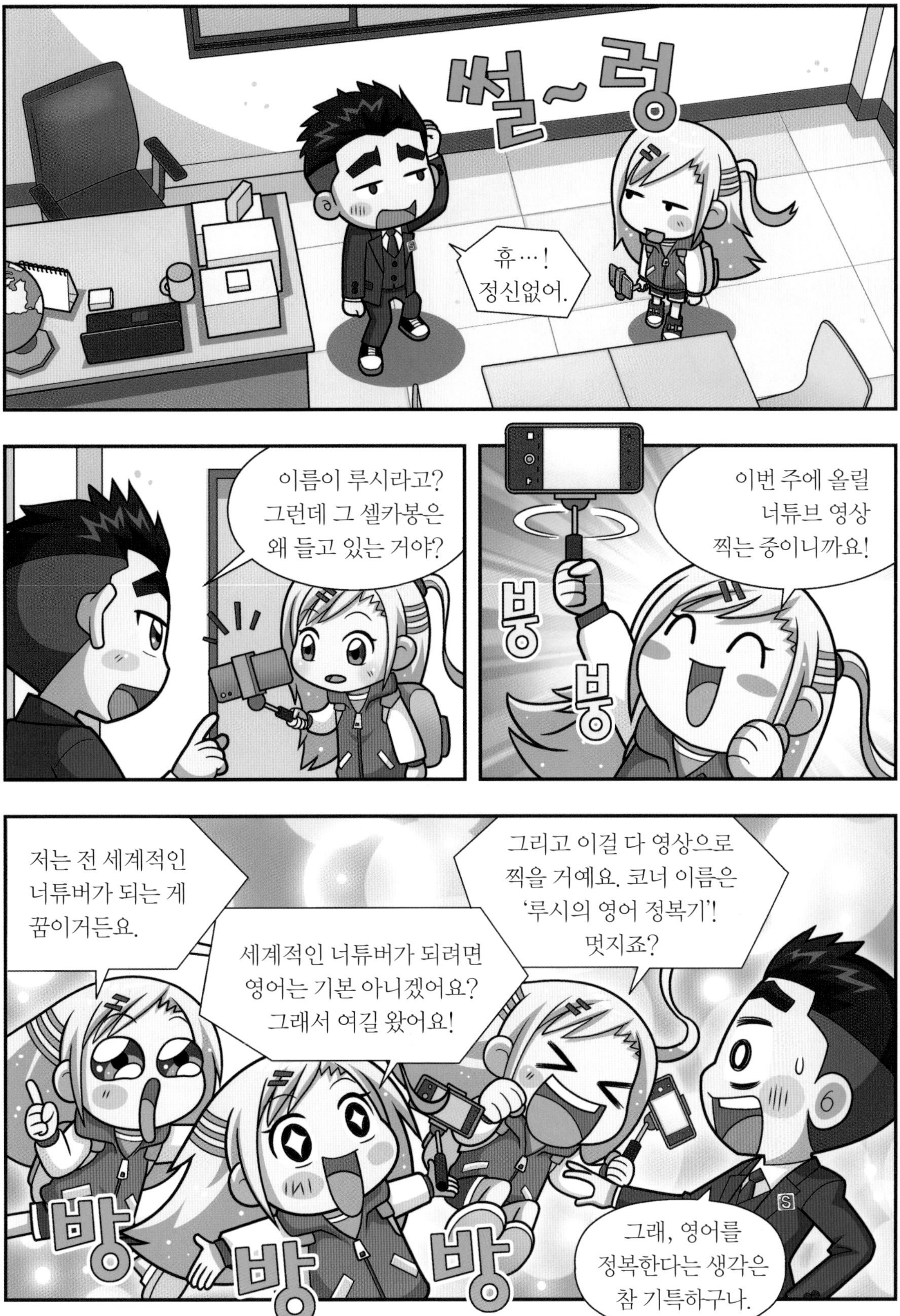
썰~렁
휴…! 정신없어.
이름이 루시라고? 그런데 그 셀카봉은 왜 들고 있는 거야?
이번 주에 올릴 너튜브 영상 찍는 중이니까요!
붕
붕
저는 전 세계적인 너튜버가 되는 게 꿈이거든요.
세계적인 너튜버가 되려면 영어는 기본 아니겠어요? 그래서 여길 왔어요!
그리고 이걸 다 영상으로 찍을 거예요. 코너 이름은 '루시의 영어 정복기'! 멋지죠?
방
방
방
그래, 영어를 정복한다는 생각은 참 기특하구나.

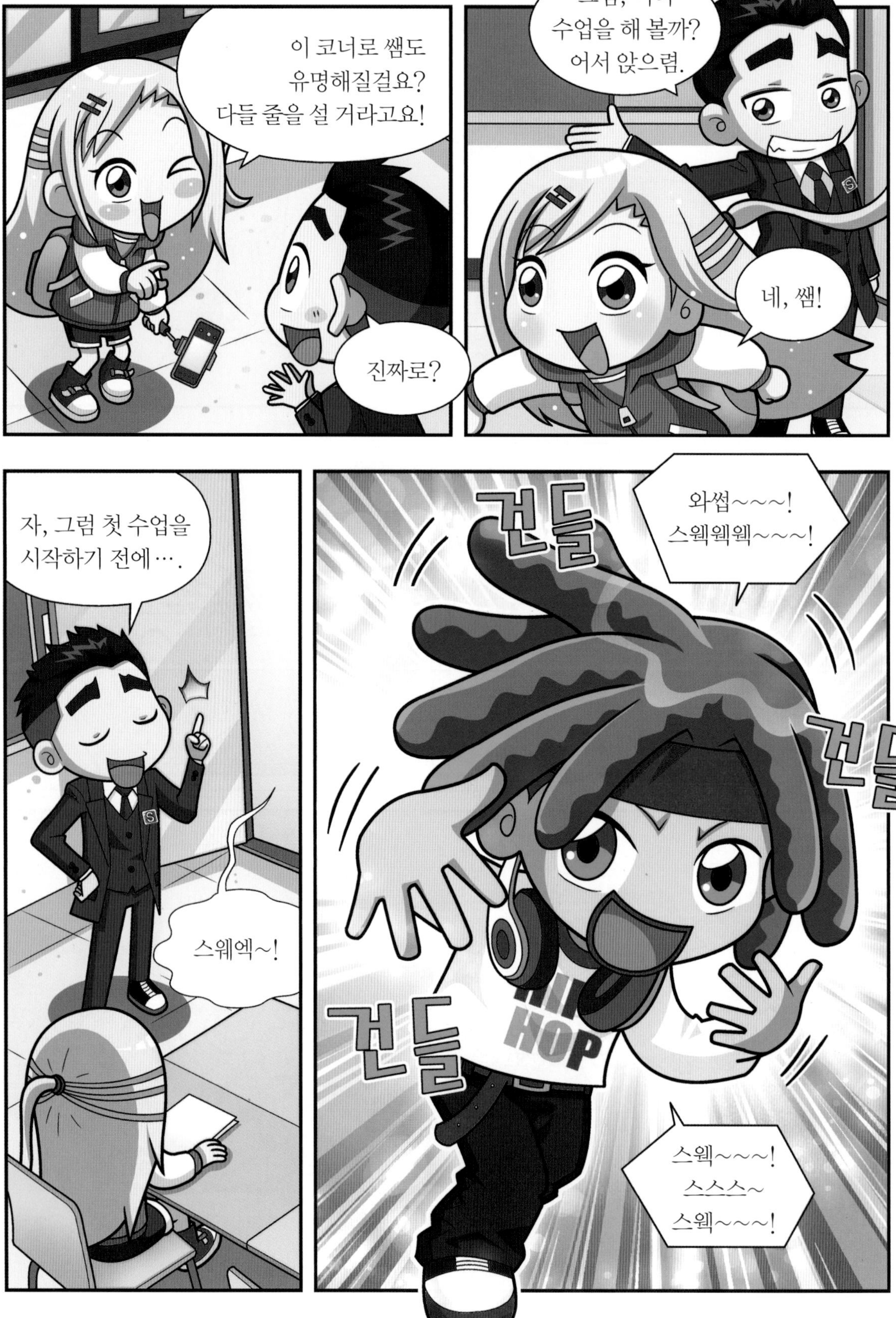
이 코너로 쌤도
유명해질걸요?
다들 줄을 설 거라고요!
진짜로?
그럼, 어디
수업을 해 볼까?
어서 앉으렴.
네, 쌤!
자, 그럼 첫 수업을
시작하기 전에….
스웨엑~!
건들
와썹~~~!
스웩웩웩~~~!
건들
HIP
HOP
건들
스웩~~~!
스스스~
스웩~~~!

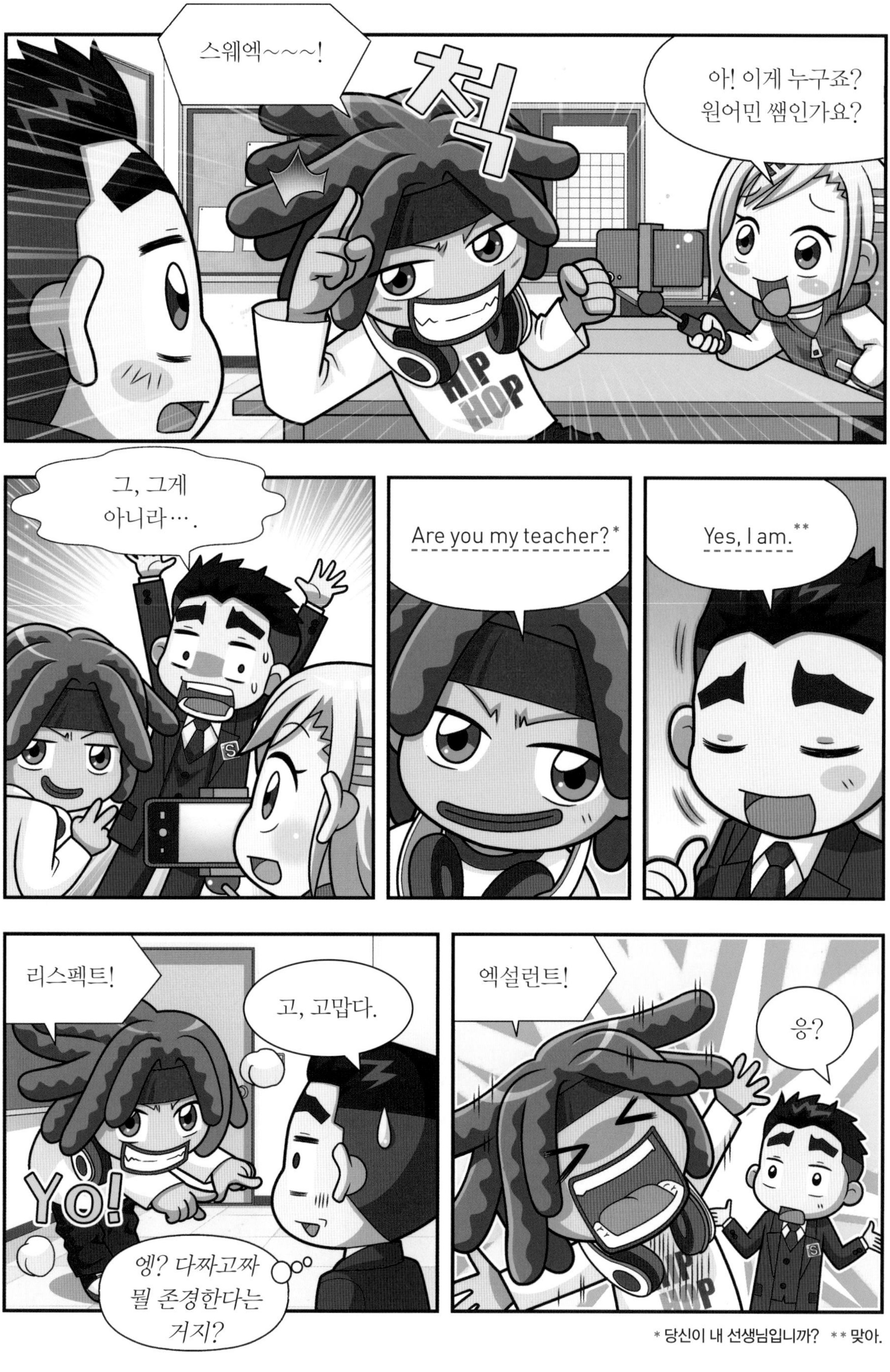

스웨액~~~!
척
아! 이게 누구죠?
원어민 쌤인가요?
HIP HOP
그, 그게
아니라….
Are you my teacher?*
Yes, I am.**
리스펙트!
고, 고맙다.
YO!
엥? 다짜고짜
뭘 존경한다는
거지?
엑설런트!
응?

* 당신이 내 선생님입니까? ** 맞아.

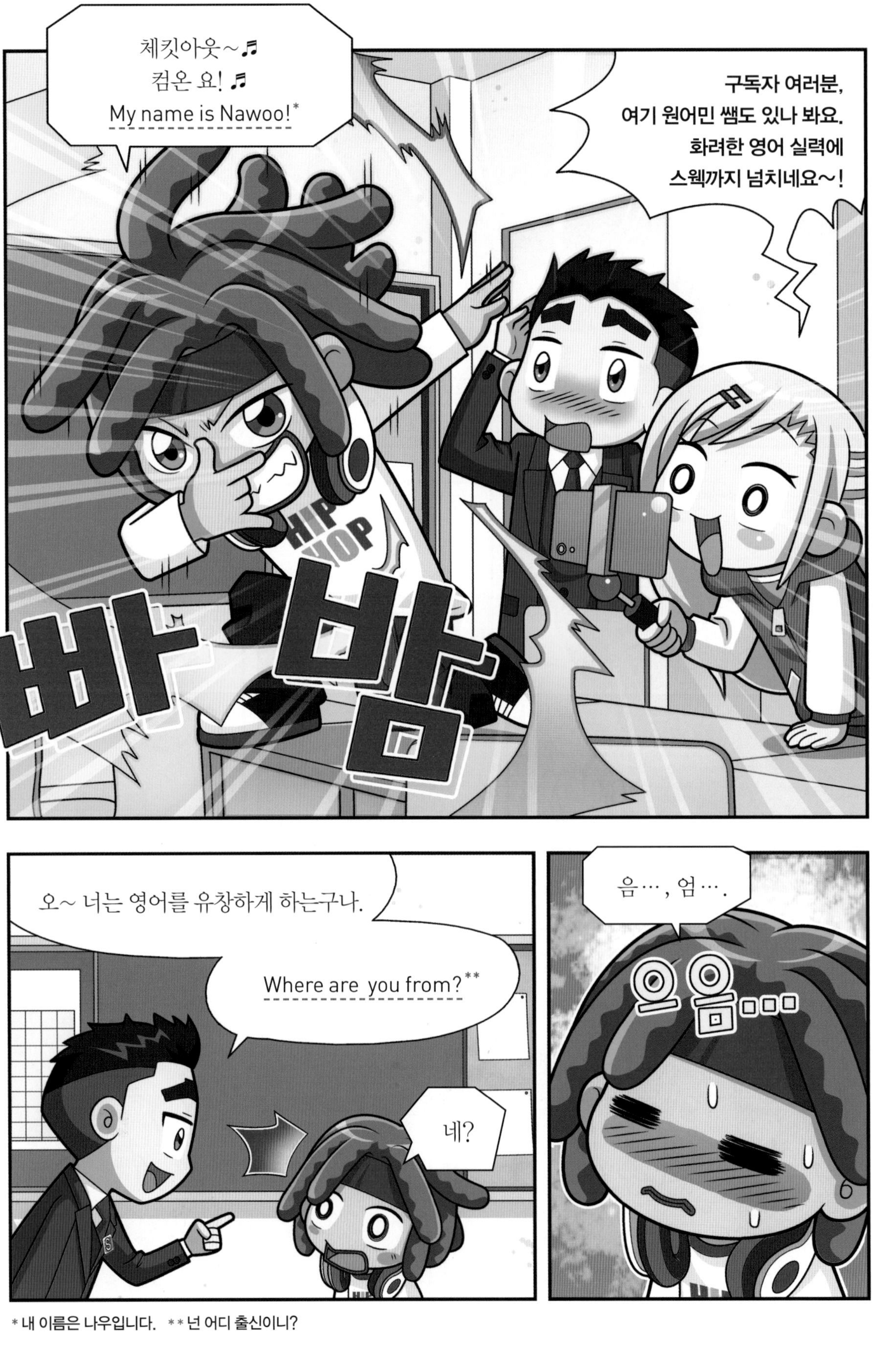

체킷아웃~♬
컴온 요! ♬
My name is Nawoo!*
구독자 여러분,
여기 원어민 쌤도 있나 봐요.
화려한 영어 실력에
스웩까지 넘치네요~!
빠밤
오~ 너는 영어를 유창하게 하는구나.
Where are you from?**
네?
음…, 엄….
으음…

* 내 이름은 나우입니다. ** 넌 어디 출신이니?

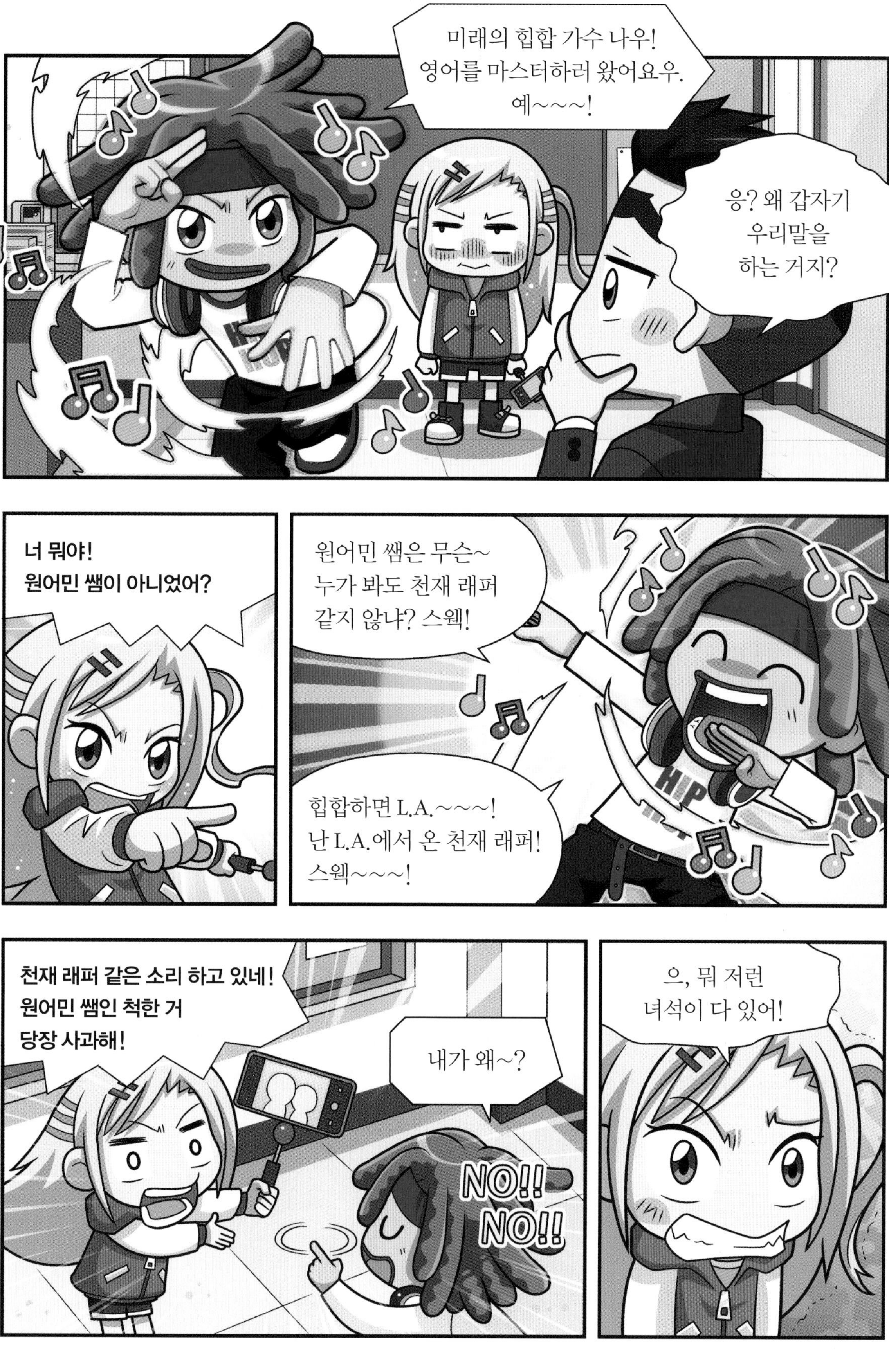

미래의 힙합 가수 나우! 영어를 마스터하러 왔어요우. 예~~~!
응? 왜 갑자기 우리말을 하는 거지?
너 뭐야! 원어민 쌤이 아니었어?
원어민 쌤은 무슨~ 누가 봐도 천재 래퍼 같지 않냐? 스웩!
힙합하면 L.A.~~~! 난 L.A.에서 온 천재 래퍼! 스웩~~~!
천재 래퍼 같은 소리 하고 있네! 원어민 쌤인 척한 거 당장 사과해!
내가 왜~?
NO!! NO!!
으, 뭐 저런 녀석이 다 있어!

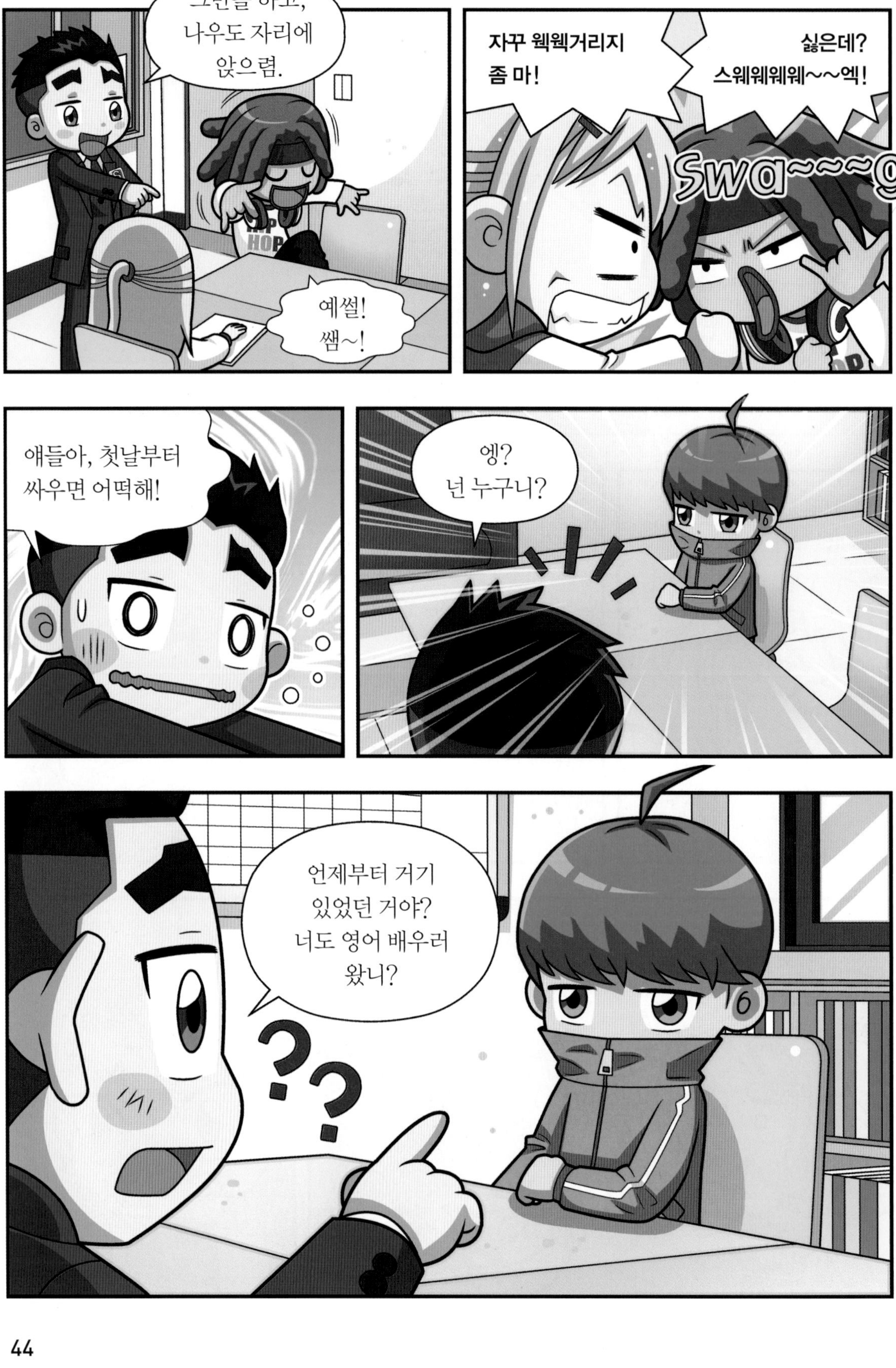
그만들 하고, 나우도 자리에 앉으렴.
예썰! 쌤~!
자꾸 웩웩거리지 좀 마!
싫은데? 스웨웨웨웨~~엑!
Swa~~~g
얘들아, 첫날부터 싸우면 어떡해!
엥? 넌 누구니?
언제부터 거기 있었던 거야? 너도 영어 배우러 왔니?

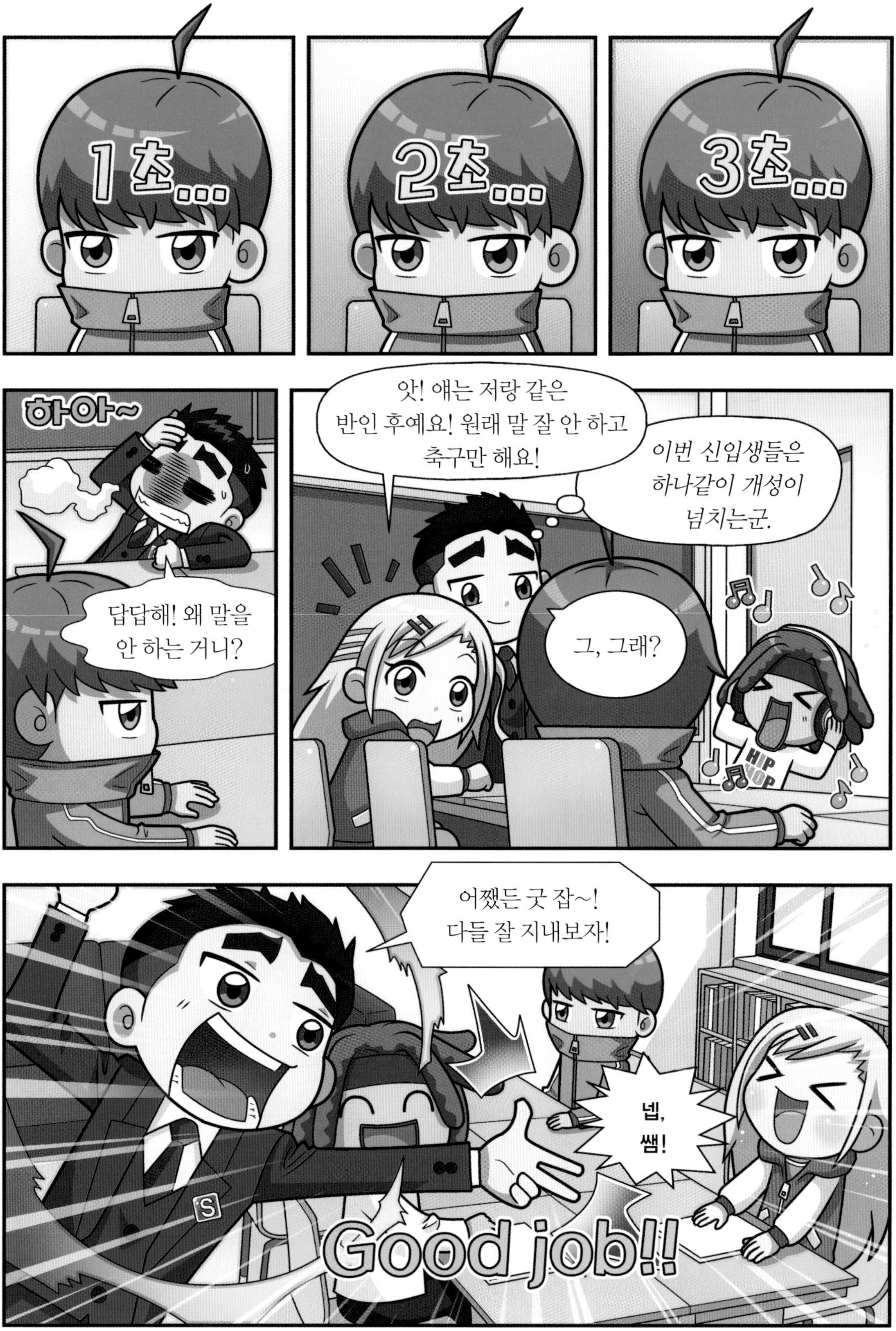
1초...
2초...
3초...
하아~
답답해! 왜 말을 안 하는 거니?
앗! 얘는 저랑 같은 반인 후예요! 원래 말 잘 안 하고 축구만 해요!
이번 신입생들은 하나같이 개성이 넘치는군.
그, 그래?
HIP HOP
어쨌든 굿 잡~! 다들 잘 지내보자!
넵, 쌤!
Good job!!

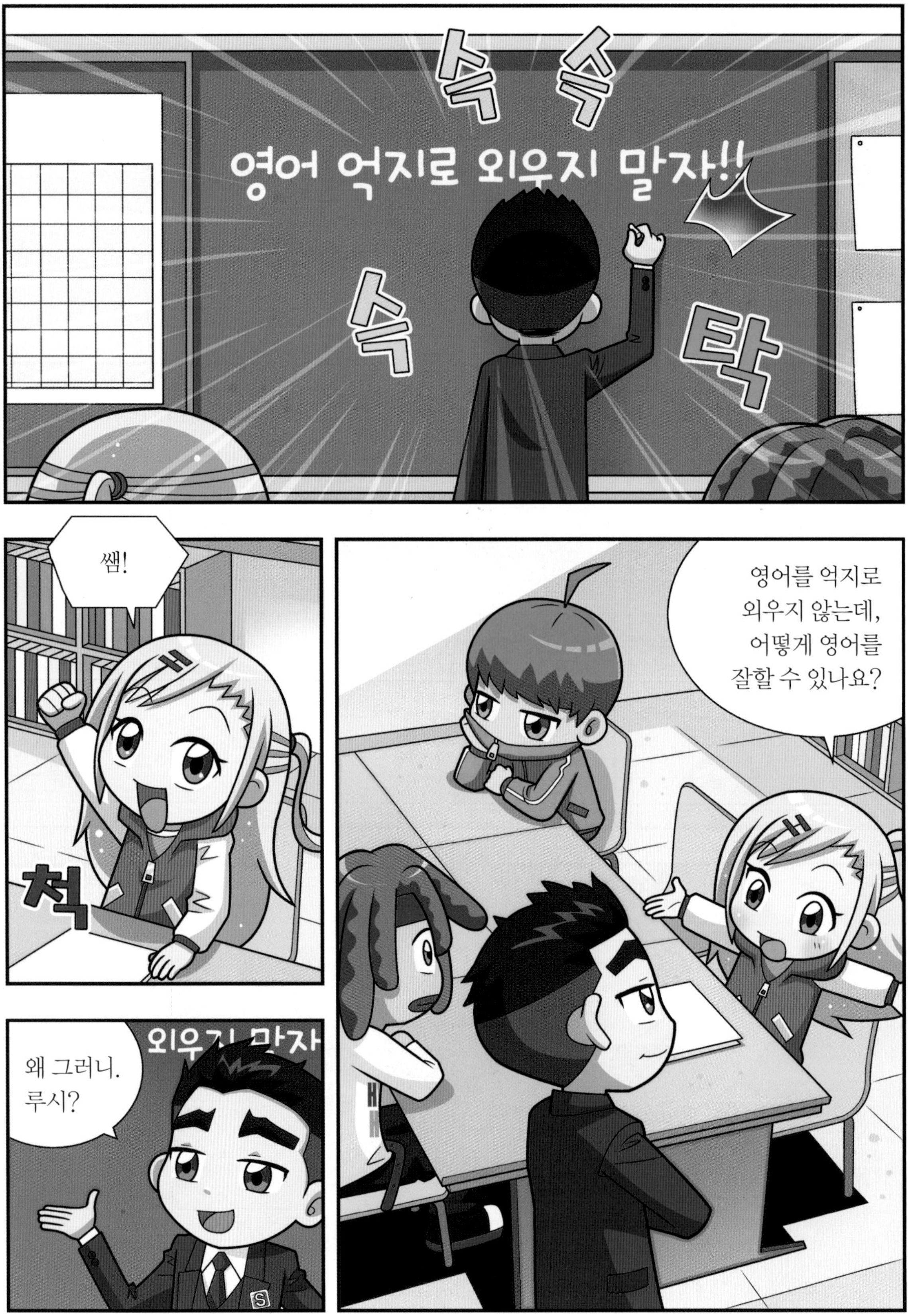
슥 슥
영어 억지로 외우지 말자!!
슥
탁
쌤!
척
외우지 말자
왜 그러니. 루시?
영어를 억지로 외우지 않는데, 어떻게 영어를 잘할 수 있나요?

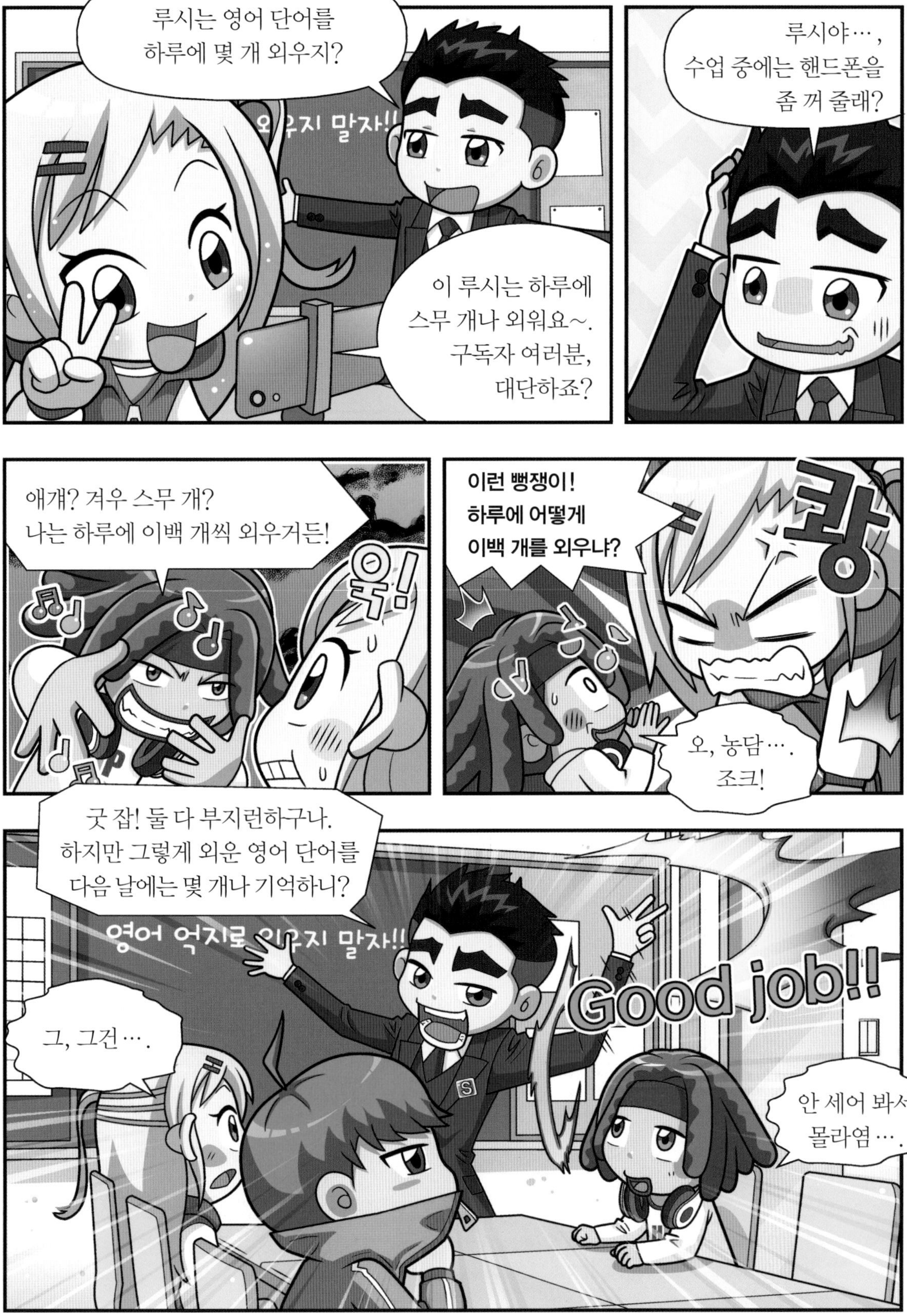
루시는 영어 단어를
하루에 몇 개 외우지?
외우지 말자!!
이 루시는 하루에
스무 개나 외워요~.
구독자 여러분,
대단하죠?
루시야…,
수업 중에는 핸드폰을
좀 꺼 줄래?
애걔? 겨우 스무 개?
나는 하루에 이백 개씩 외우거든!
욱!
이런 뺑쟁이!
하루에 어떻게
이백 개를 외우냐?
쾅
오, 농담….
조크!
굿 잡! 둘 다 부지런하구나.
하지만 그렇게 외운 영어 단어를
다음 날에는 몇 개나 기억하니?
영어 억지로 외우지 말자!!
Good job!!
그, 그건….
안 세어 봐서
몰라염….

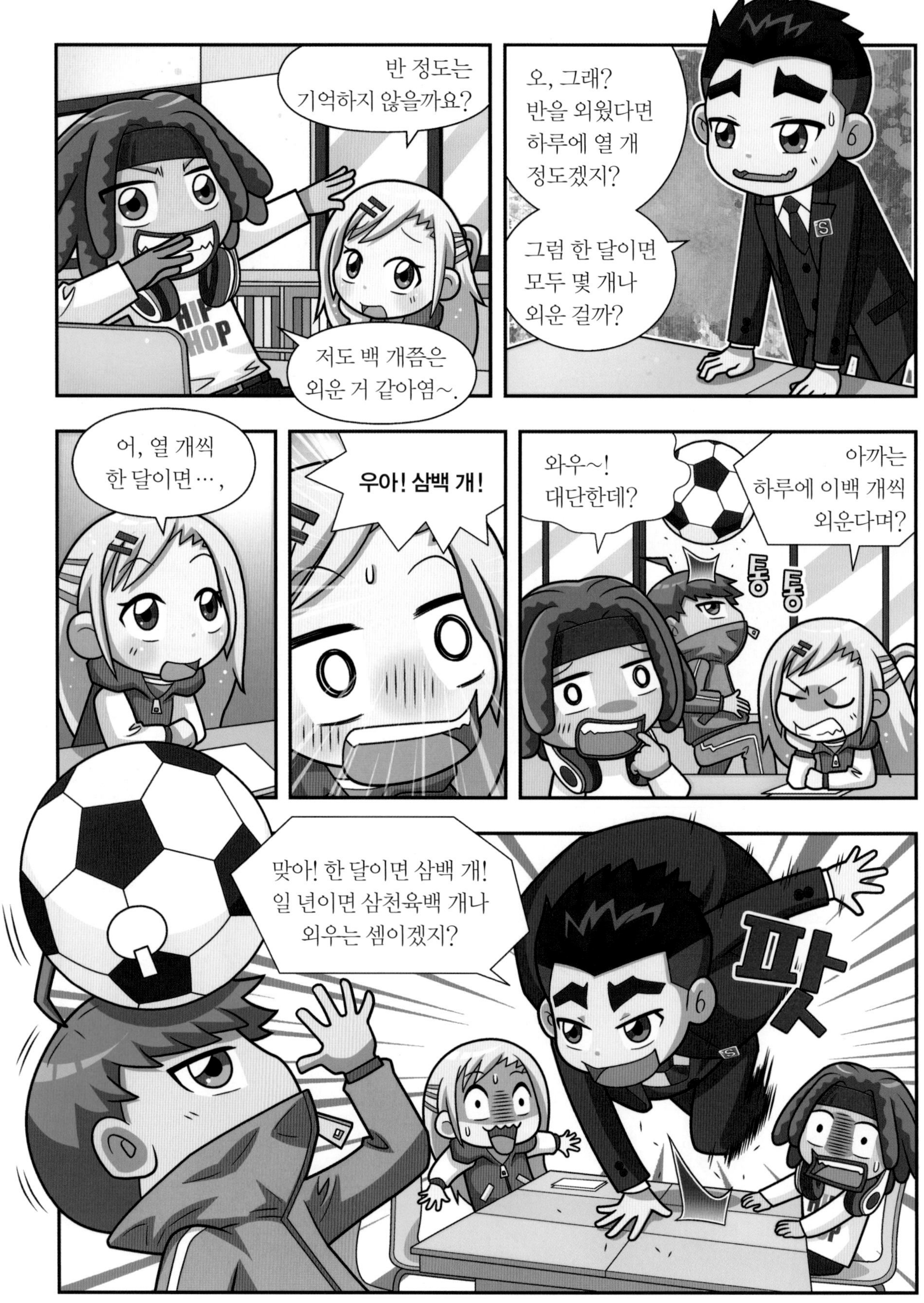
반 정도는 기억하지 않을까요?
저도 백 개쯤은 외운 거 같아염~.
오, 그래? 반을 외웠다면 하루에 열 개 정도겠지?
그럼 한 달이면 모두 몇 개나 외운 걸까?
어, 열 개씩 한 달이면…,
우아! 삼백 개!
와우~! 대단한데?
아까는 하루에 이백 개씩 외운다며?
통 통
맞아! 한 달이면 삼백 개! 일 년이면 삼천육백 개나 외우는 셈이겠지?
팟

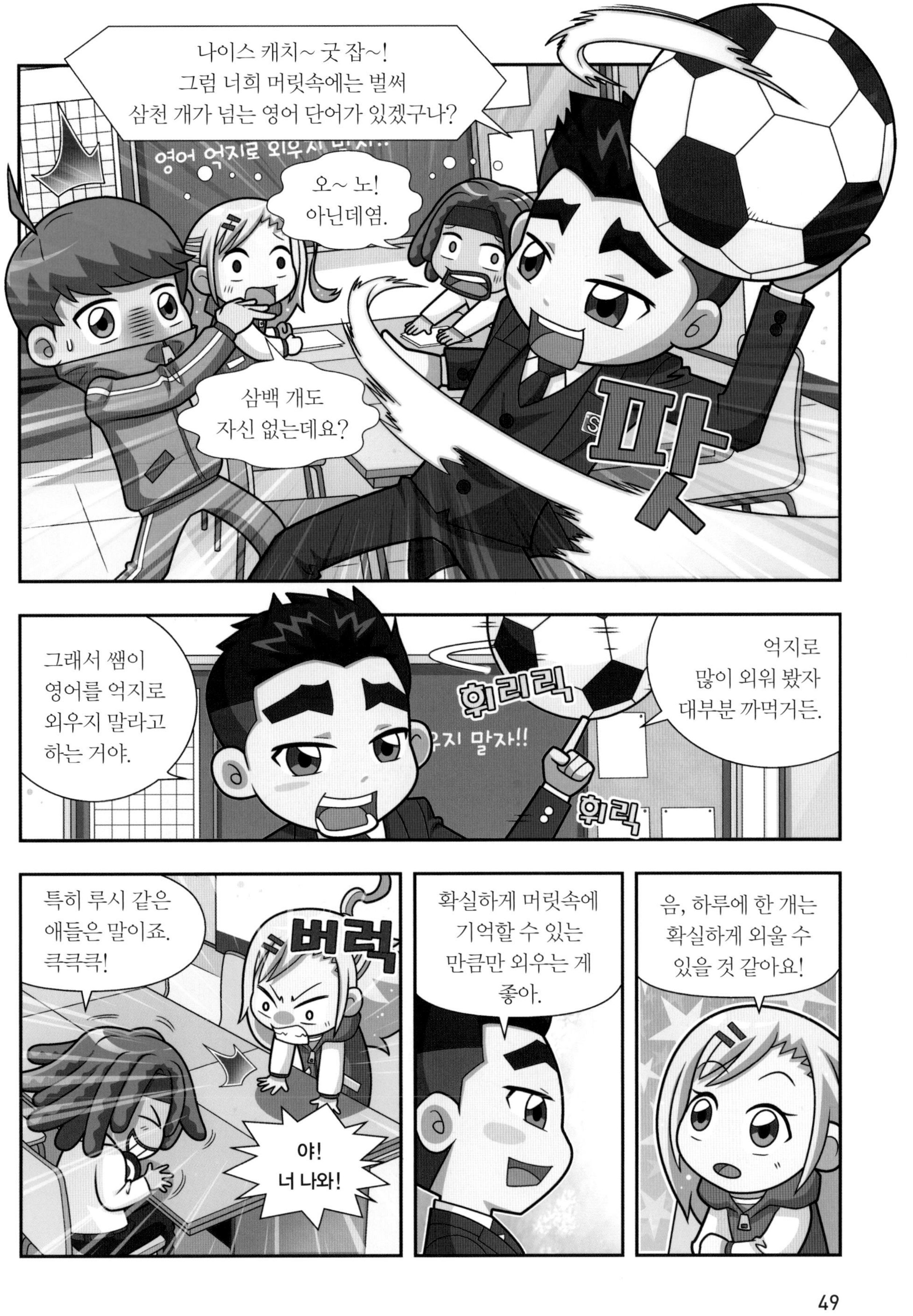
나이스 캐치~ 굿 잡~! 그럼 너희 머릿속에는 벌써 삼천 개가 넘는 영어 단어가 있겠구나?
오~ 노! 아닌데염.
삼백 개도 자신 없는데요?
팟
그래서 쌤이 영어를 억지로 외우지 말라고 하는 거야.
억지로 많이 외워 봤자 대부분 까먹거든.
휘리릭
휘릭
특히 루시 같은 애들은 말이죠. 큭큭큭!
버럭
야! 너 나와!
확실하게 머릿속에 기억할 수 있는 만큼만 외우는 게 좋아.
음, 하루에 한 개는 확실하게 외울 수 있을 것 같아요!

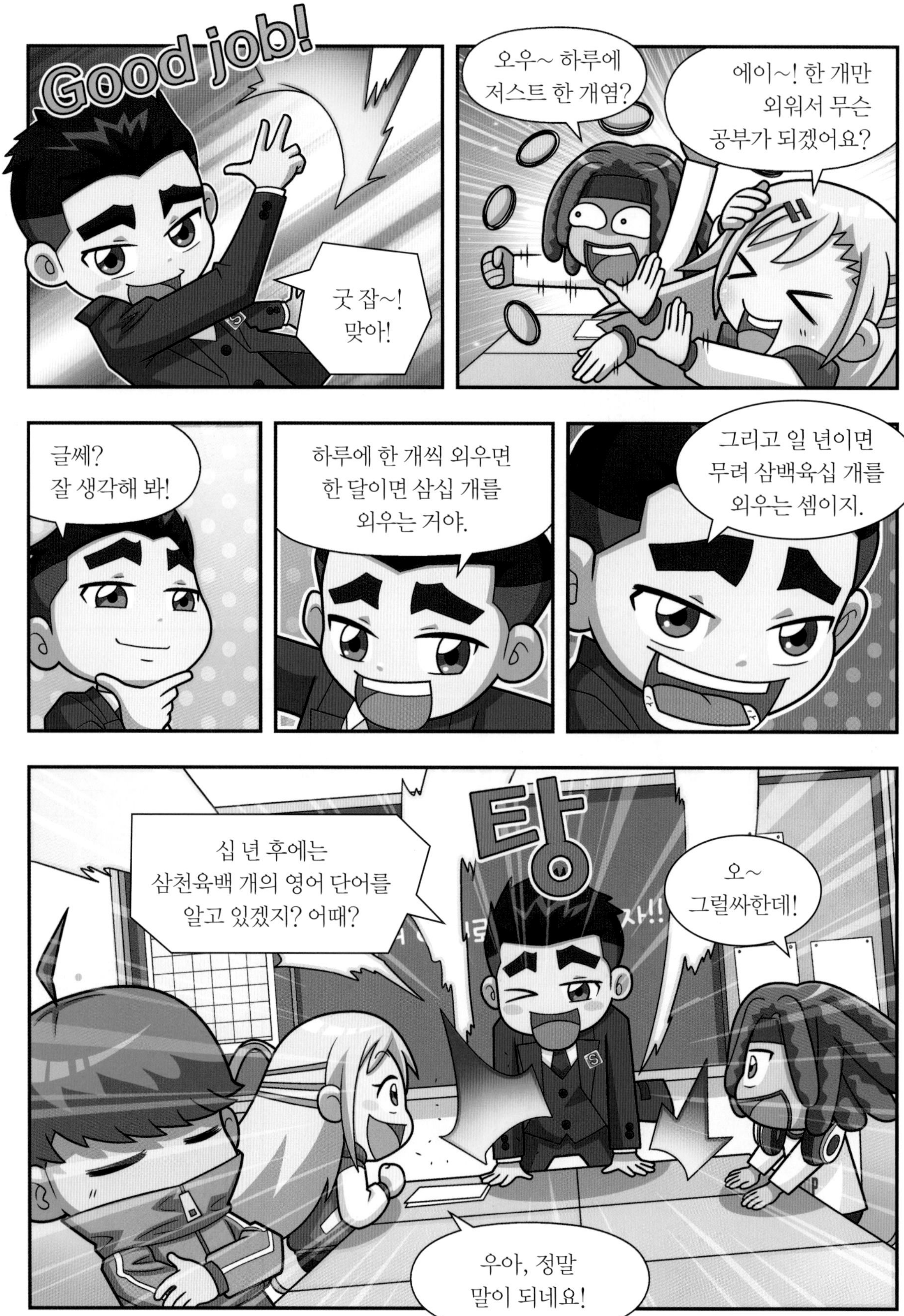
Good job!
굿 잡~! 맞아!
오우~ 하루에 저스트 한 개염?
에이~! 한 개만 외워서 무슨 공부가 되겠어요?
글쎄? 잘 생각해 봐!
하루에 한 개씩 외우면 한 달이면 삼십 개를 외우는 거야.
그리고 일 년이면 무려 삼백육십 개를 외우는 셈이지.
십 년 후에는 삼천육백 개의 영어 단어를 알고 있겠지? 어때?
탕
오~ 그럴싸한데!
우아, 정말 말이 되네요!

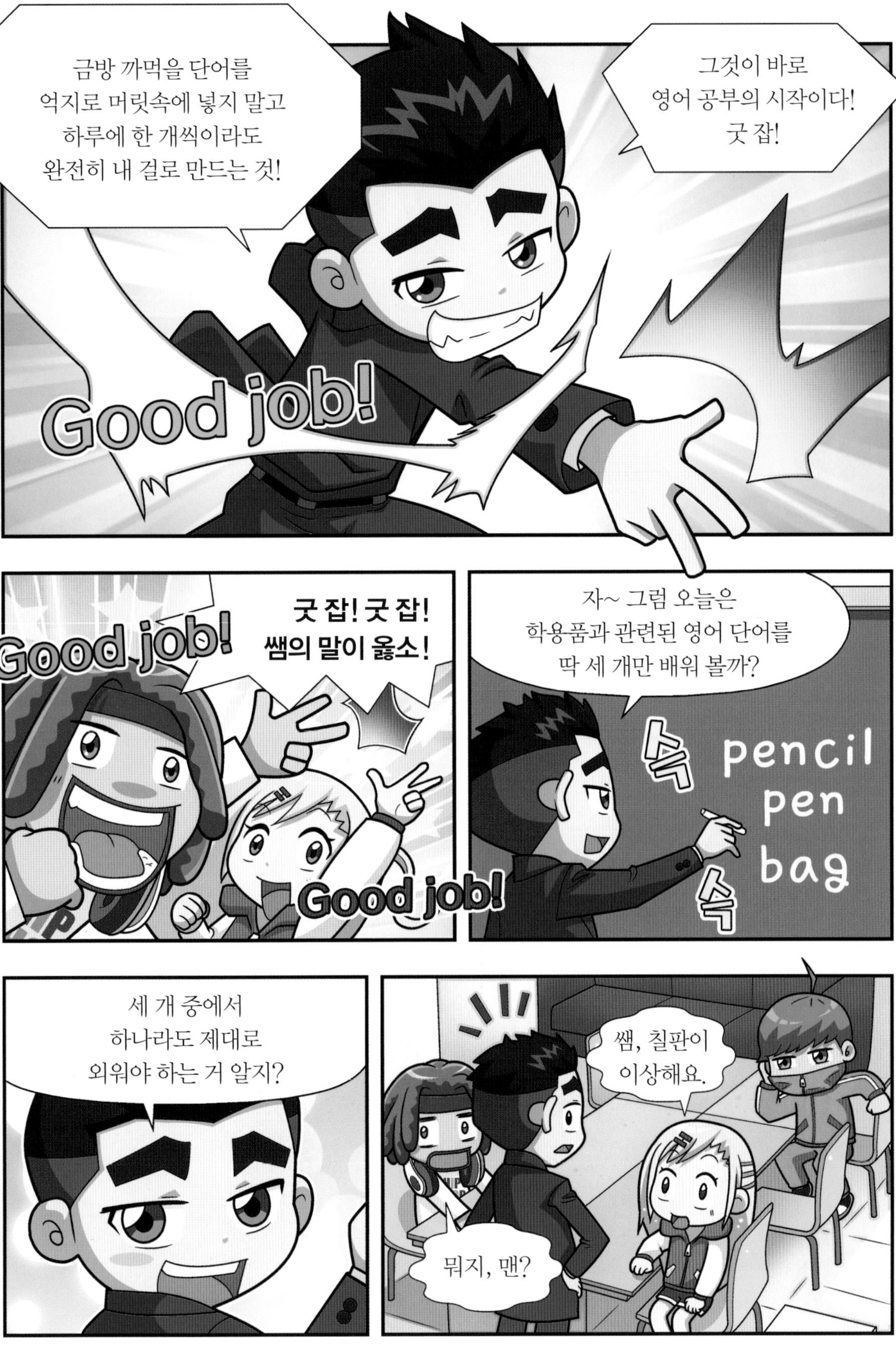

금방 까먹을 단어를 억지로 머릿속에 넣지 말고 하루에 한 개씩이라도 완전히 내 걸로 만드는 것!
그것이 바로 영어 공부의 시작이다! 굿 잡!
Good job!
Good job!
굿 잡! 굿 잡! 쌤의 말이 옳소!
Good job!
자~ 그럼 오늘은 학용품과 관련된 영어 단어를 딱 세 개만 배워 볼까?
슥
pencil
pen
bag
슥
세 개 중에서 하나라도 제대로 외워야 하는 거 알지?
쌤, 칠판이 이상해요.
뭐지, 맨?

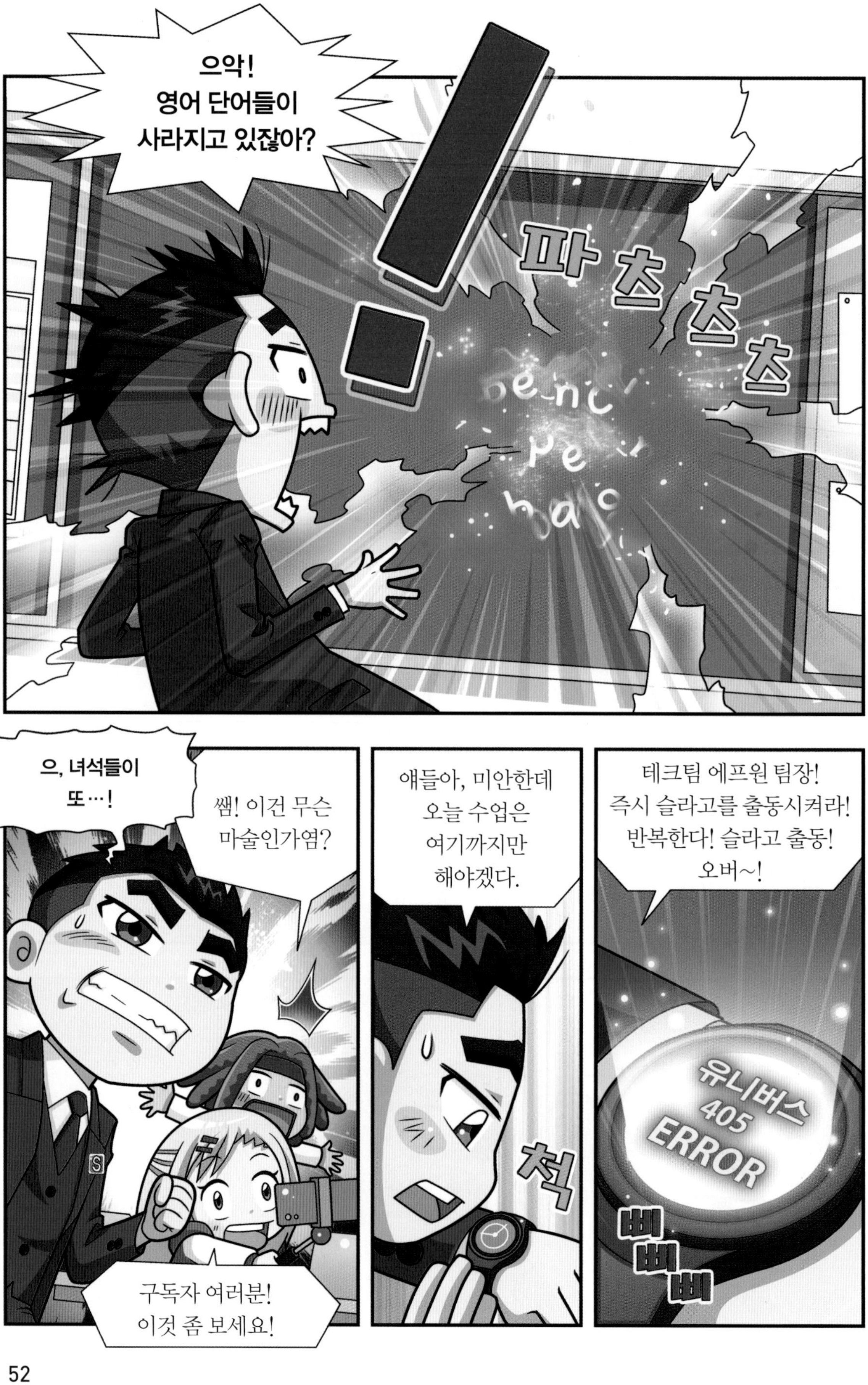
으악!
영어 단어들이
사라지고 있잖아?
파츠츠츠
유니버스
405
ERROR
으, 녀석들이
또…!
쌤! 이건 무슨
마술인가염?
구독자 여러분!
이것 좀 보세요!
얘들아, 미안한데
오늘 수업은
여기까지만
해야겠다.
척
테크팀 에프원 팀장!
즉시 슬라고를 출동시켜라!
반복한다! 슬라고 출동!
오버~!
삐
삐
삐

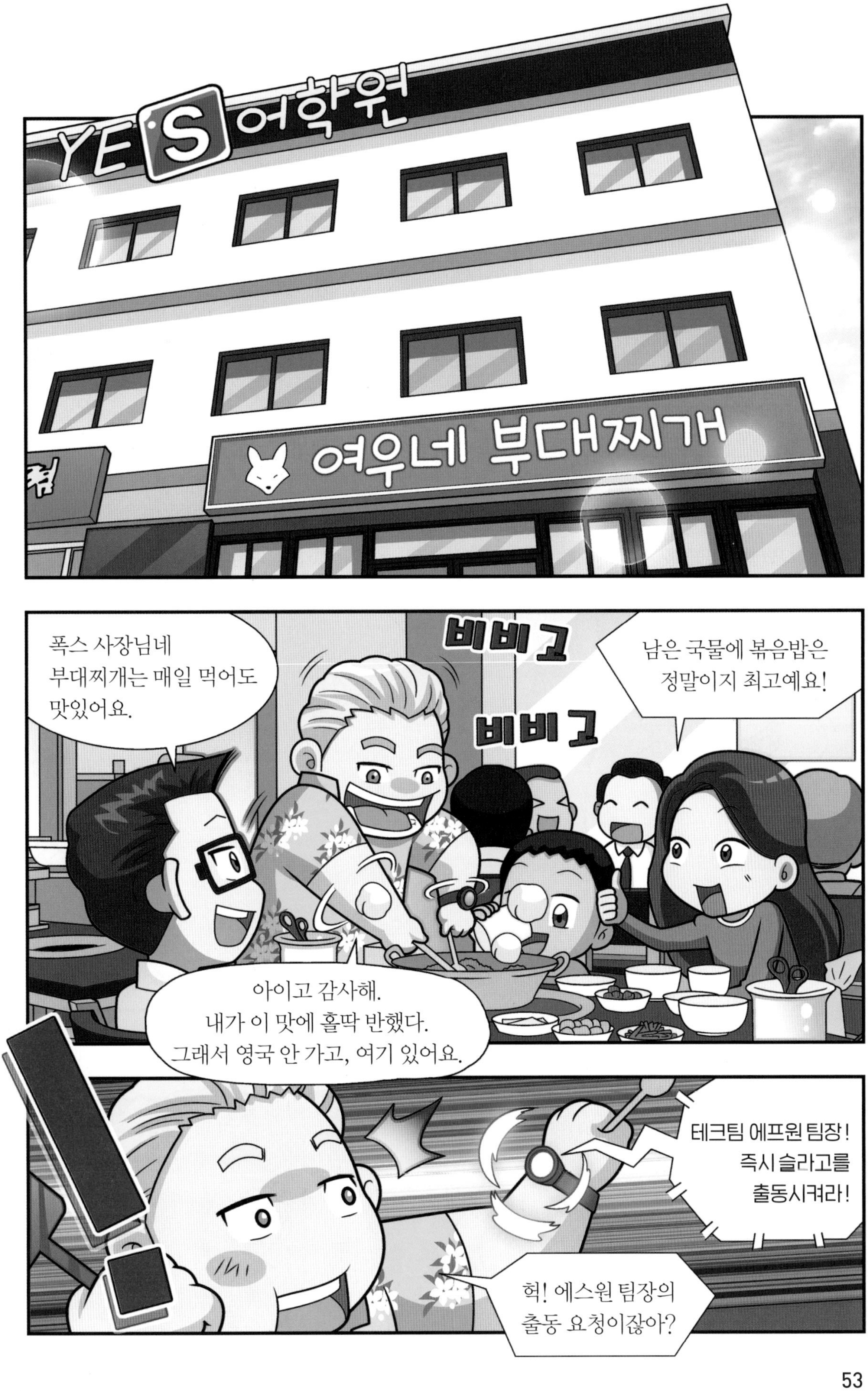
YES 어학원
여우네 부대찌개
폭스 사장님네 부대찌개는 매일 먹어도 맛있어요.
비비고
비비고
남은 국물에 볶음밥은 정말이지 최고예요!
아이고 감사해. 내가 이 맛에 홀딱 반했다. 그래서 영국 안 가고, 여기 있어요.
테크팀 에프원 팀장! 즉시 슬라고를 출동시켜라!
헉! 에스원 팀장의 출동 요청이잖아?

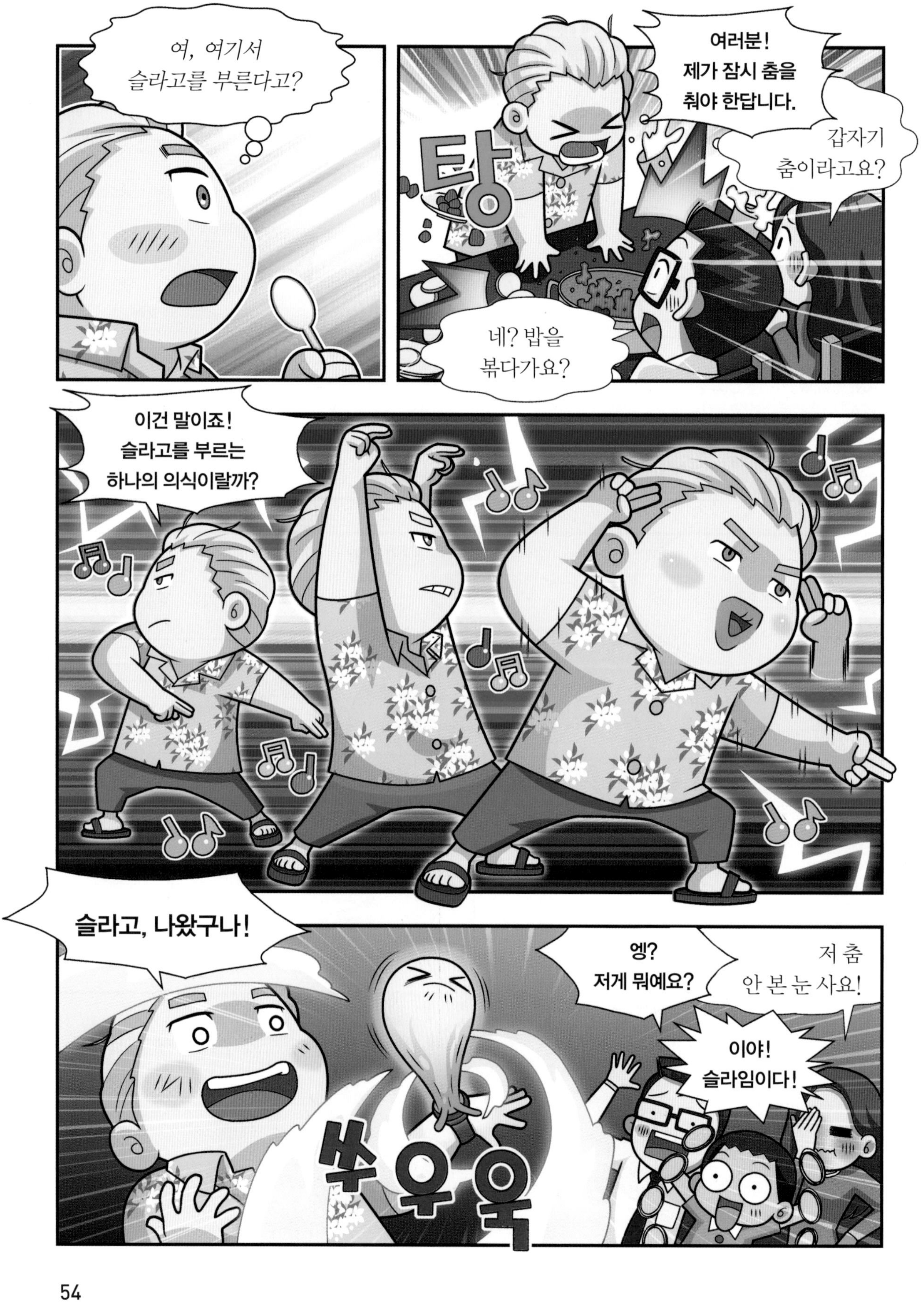
여, 여기서
슬라고를 부른다고?
여러분!
제가 잠시 춤을
춰야 한답니다.
탕
갑자기
춤이라고요?
네? 밥을
볶다가요?
이건 말이죠!
슬라고를 부르는
하나의 의식이랄까?
슬라고, 나왔구나!
엥?
저게 뭐예요?
저 춤
안 본 눈 사요!
이야!
슬라임이다!
쑤우욱

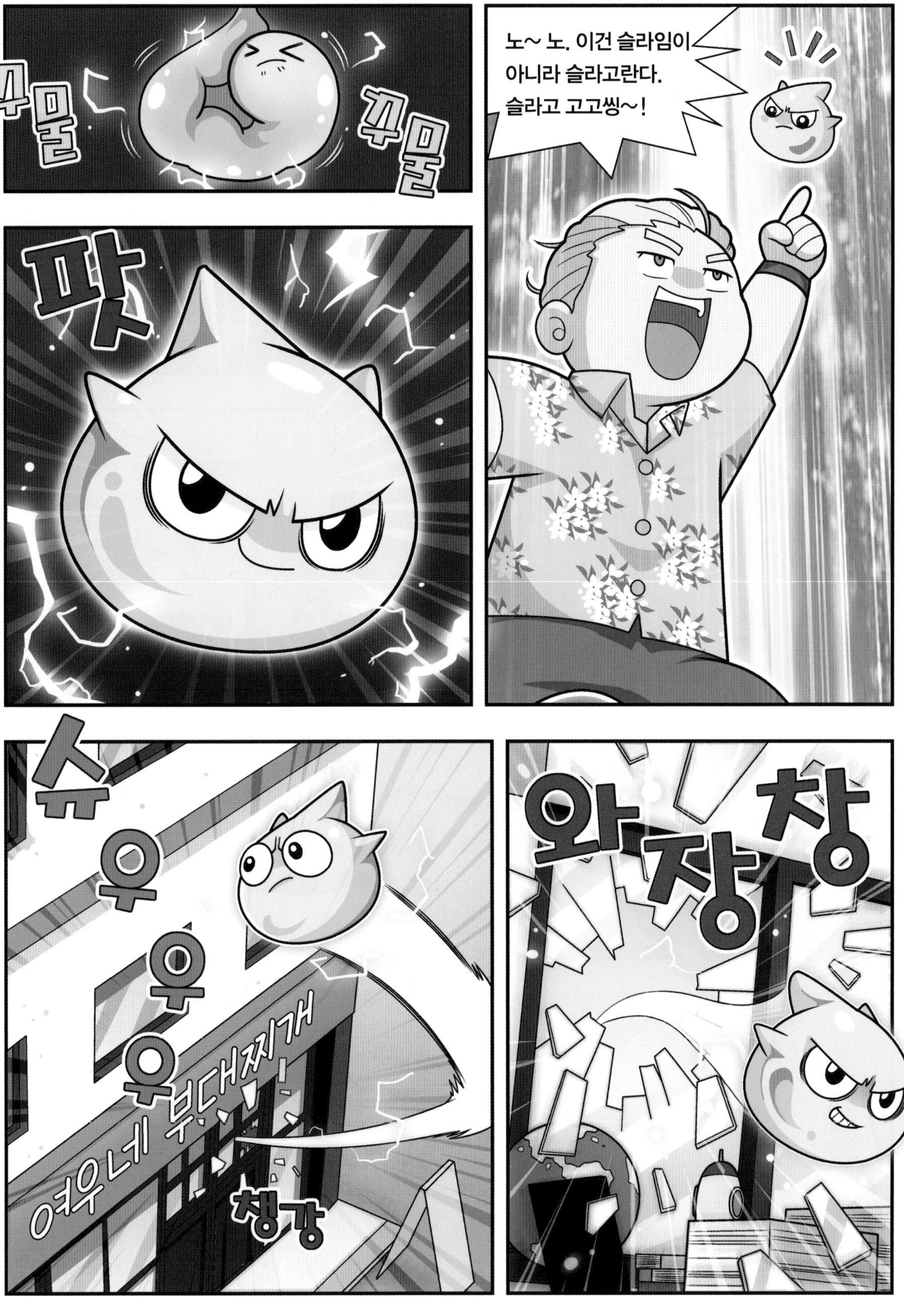
꾸물 꾸물
노~ 노. 이건 슬라임이
아니라 슬라고란다.
슬라고 고고씽~!
팟
슈우우우
여우네 부대찌개
챙강
와장창

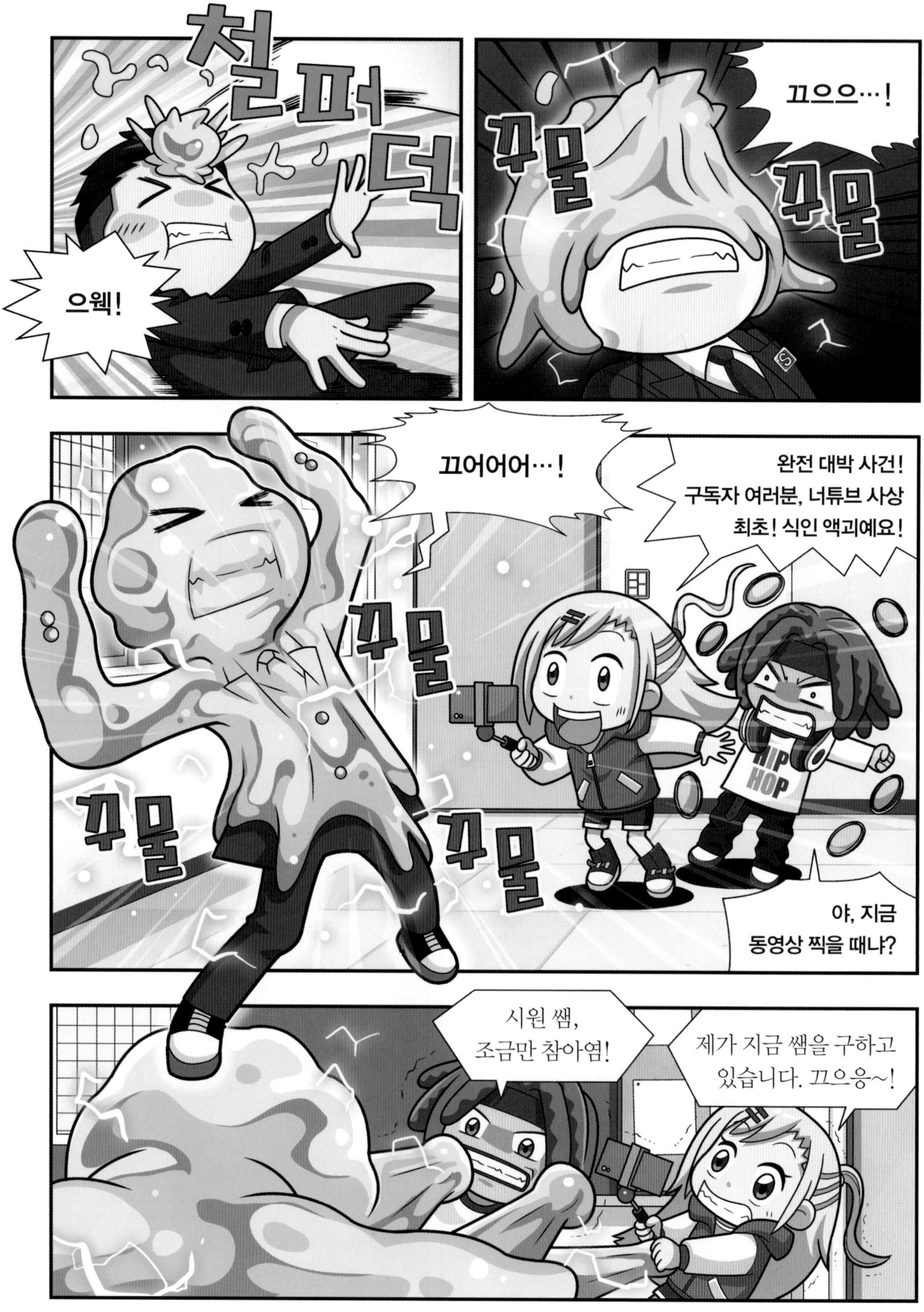
철퍼덕
으웩!
끄으으…!
꾸물
꾸물
끄어어어…!
완전 대박 사건! 구독자 여러분, 너튜브 사상 최초! 식인 액괴예요!
꾸물
꾸물
꾸물
야, 지금 동영상 찍을 때냐?
시원 쌤, 조금만 참아염!
제가 지금 쌤을 구하고 있습니다. 끄으응~!

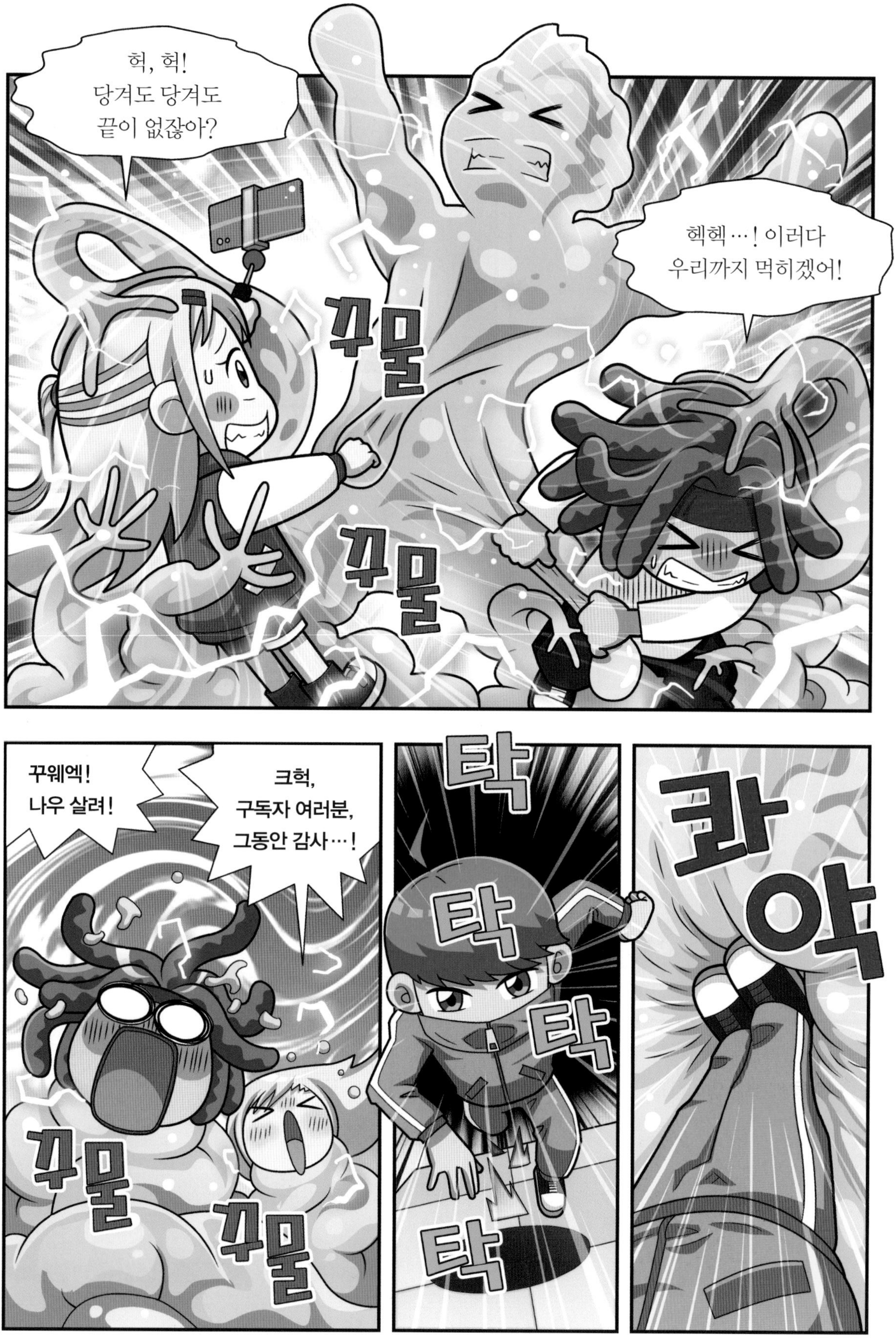
헉, 헉!
당겨도 당겨도
끝이 없잖아?
헥헥…! 이러다
우리까지 먹히겠어!
꾸물
꾸물
꾸웨엑!
나우 살려!
크헉,
구독자 여러분,
그동안 감사…!
꾸물
꾸물
탁
탁
탁
탁
콰
악

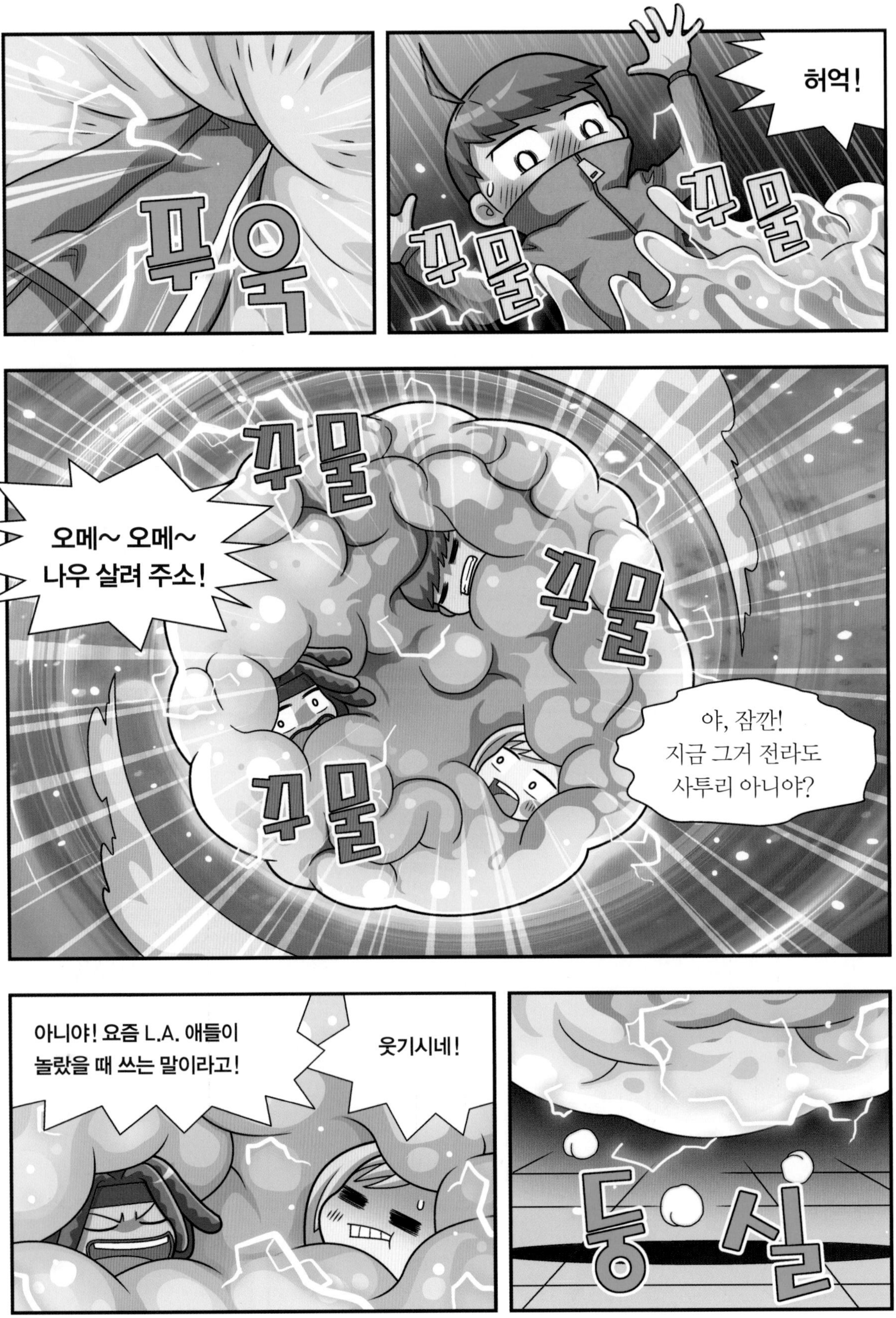
푸욱
허억!
꾸물
꾸물
꾸물
오메~ 오메~
나우 살려 주소!
꾸물
야, 잠깐!
지금 그거 전라도
사투리 아니야?
꾸물
아니야! 요즘 L.A. 애들이
놀랐을 때 쓰는 말이라고!
웃기시네!
둥실

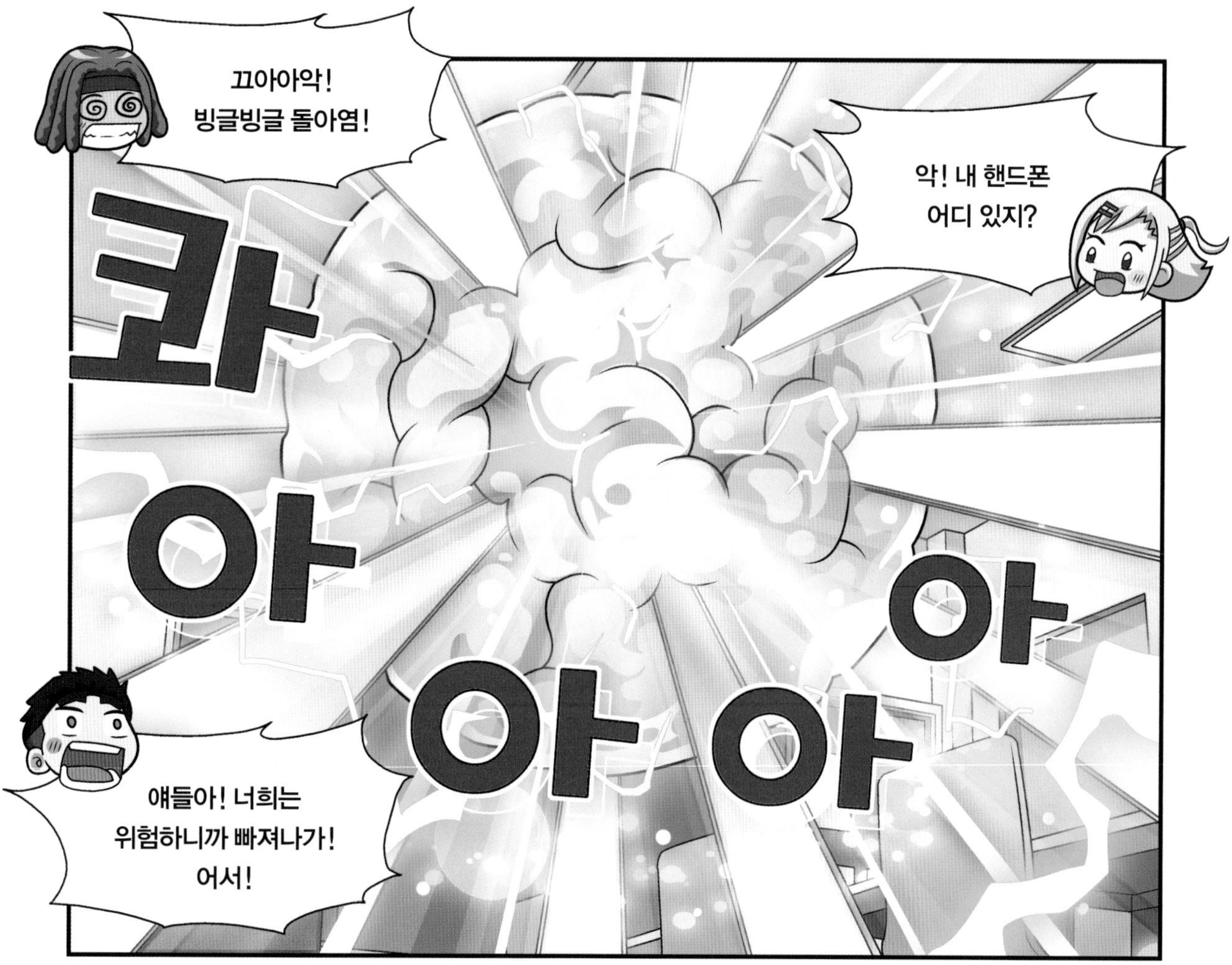

끄아아악!
빙글빙글 돌아염!
악! 내 핸드폰
어디 있지?
콰아아아아
얘들아! 너희는
위험하니까 빠져나가!
어서!

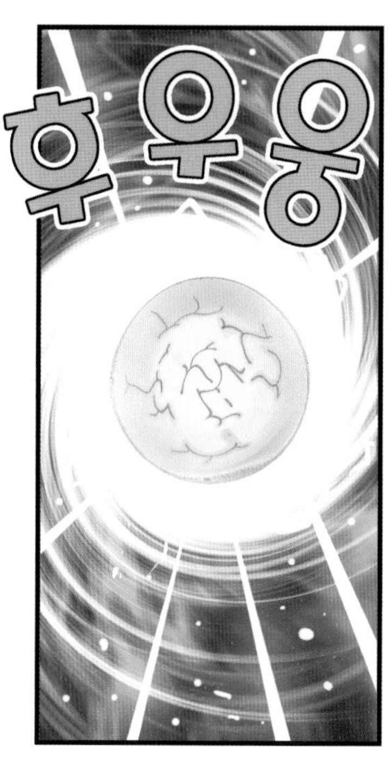

후우웅

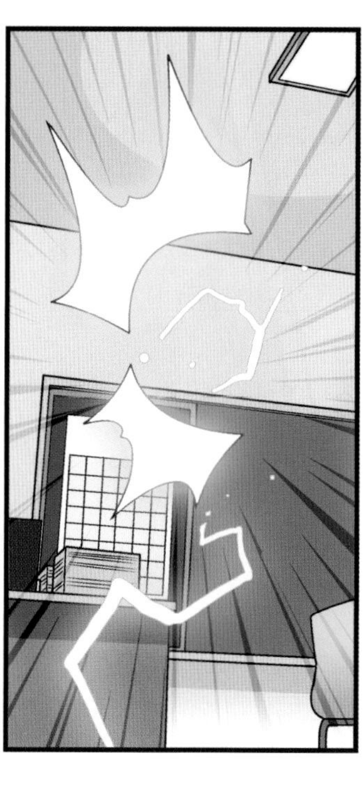

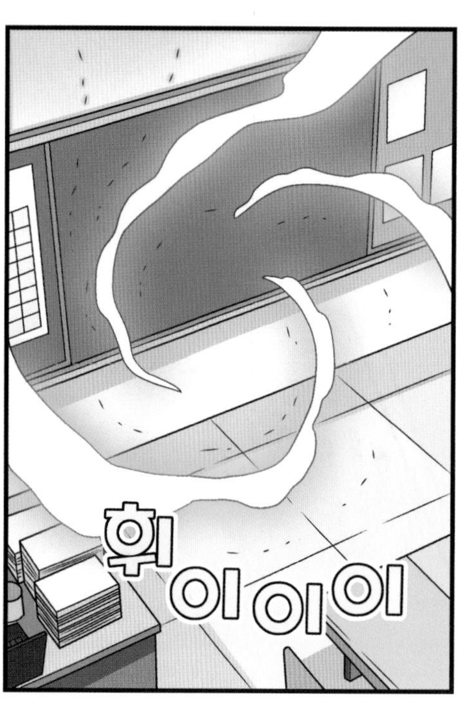

휘이이이

Chapter 3

405 유니버스와 방귀 기사의 등장

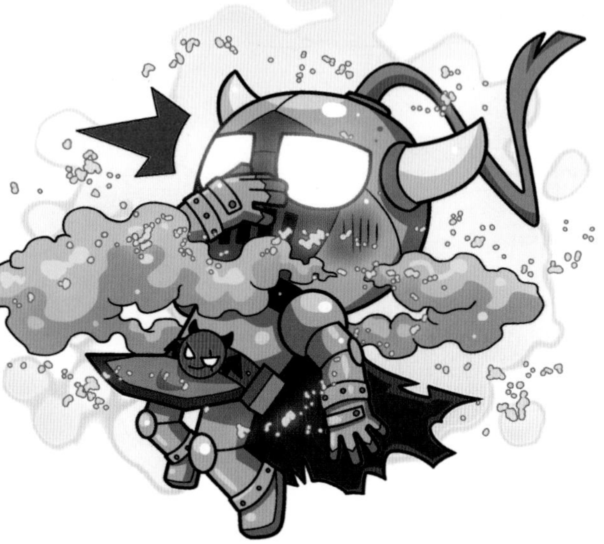

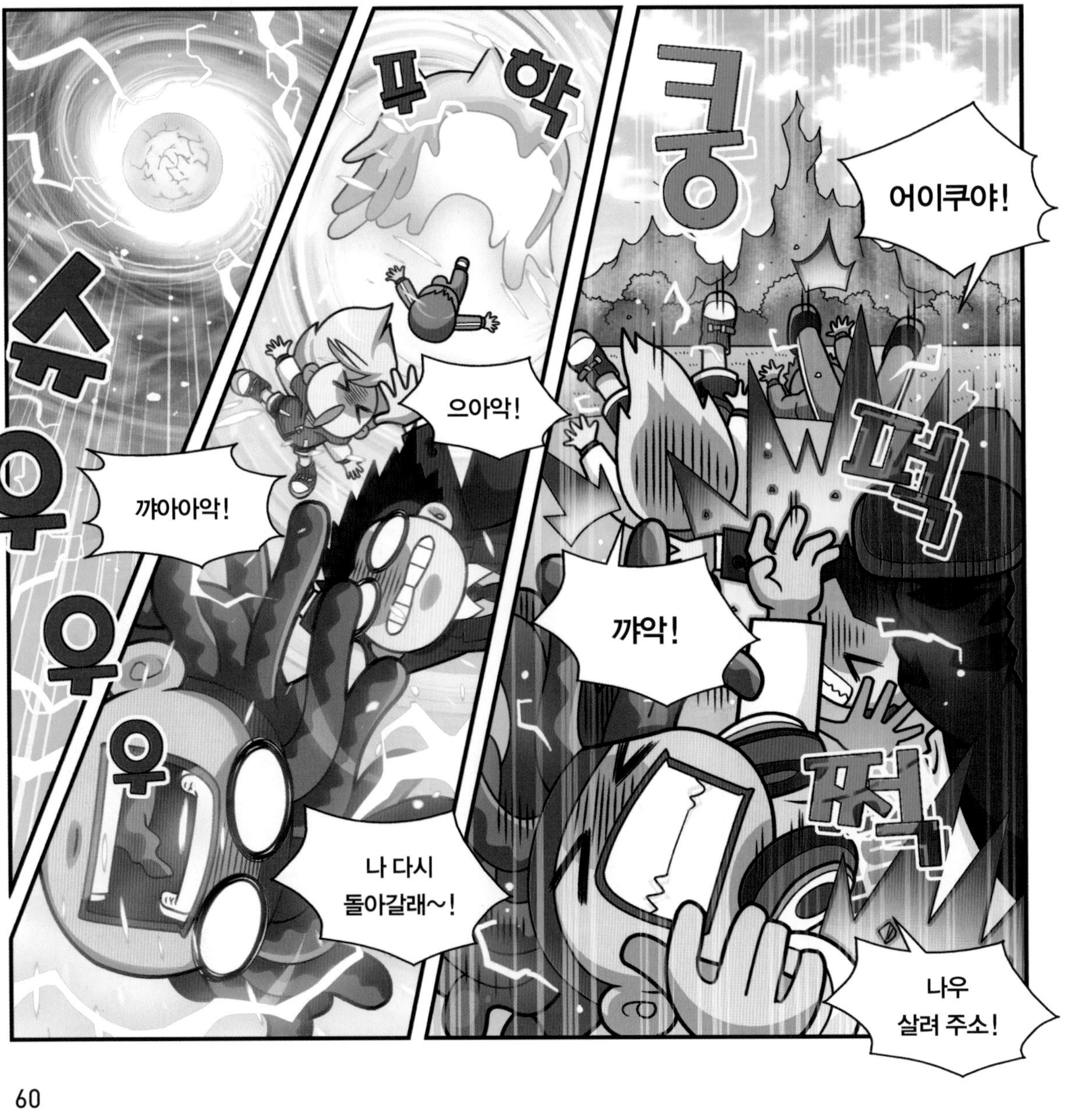

슈우우우
꺄아아악!
나 다시 돌아갈래~!
파학
으아악!
쿵
어이쿠야!
퍽
꺄악!
퍽
나우 살려 주소!

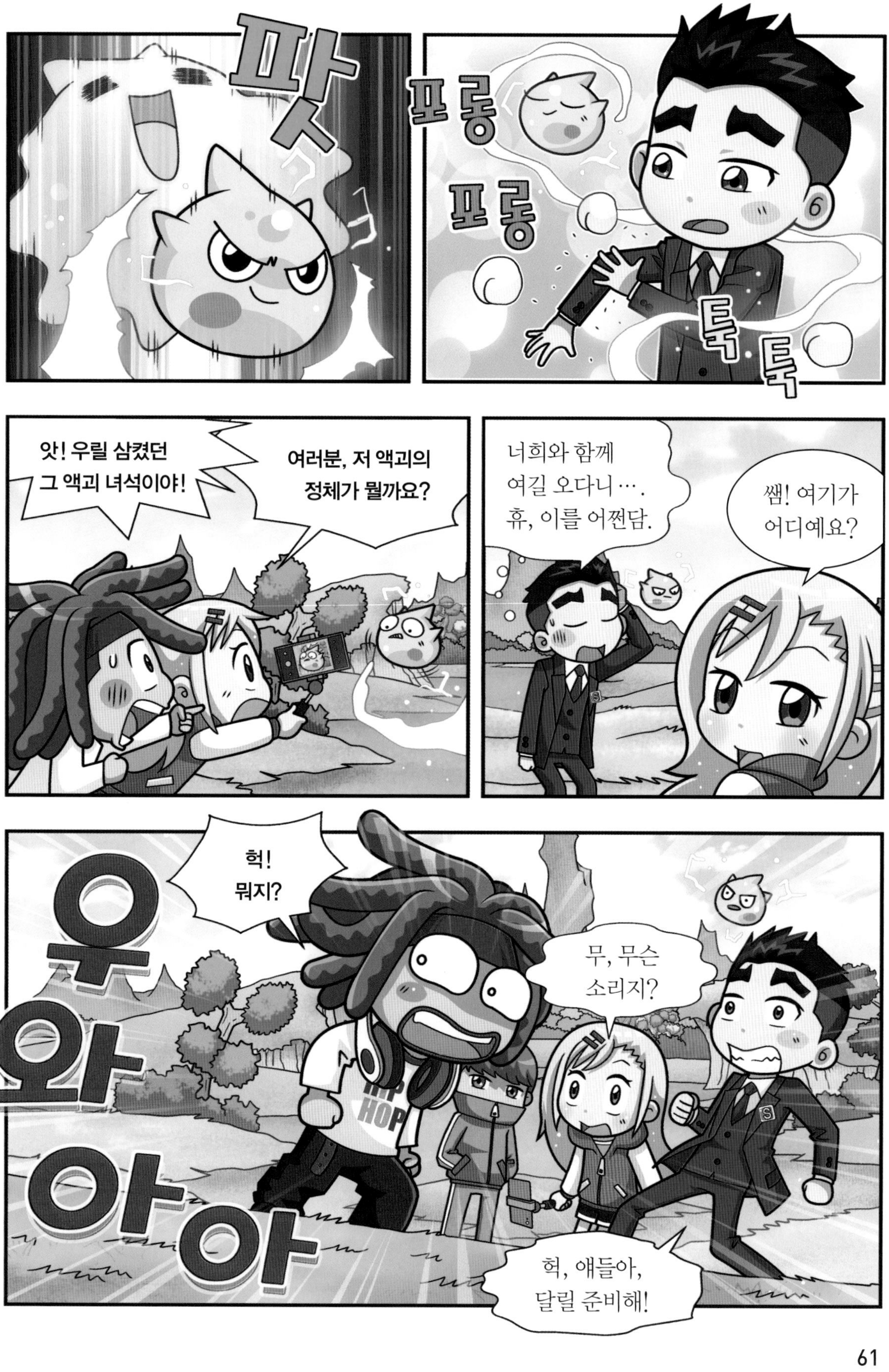

팟
포롱
포롱
툭
툭
앗! 우릴 삼켰던 그 액괴 녀석이야!
여러분, 저 액괴의 정체가 뭘까요?
너희와 함께 여길 오다니…. 휴, 이를 어쩐담.
쌤! 여기가 어디예요?
우와아아
헉! 뭐지?
무, 무슨 소리지?
헉, 얘들아, 달릴 준비해!

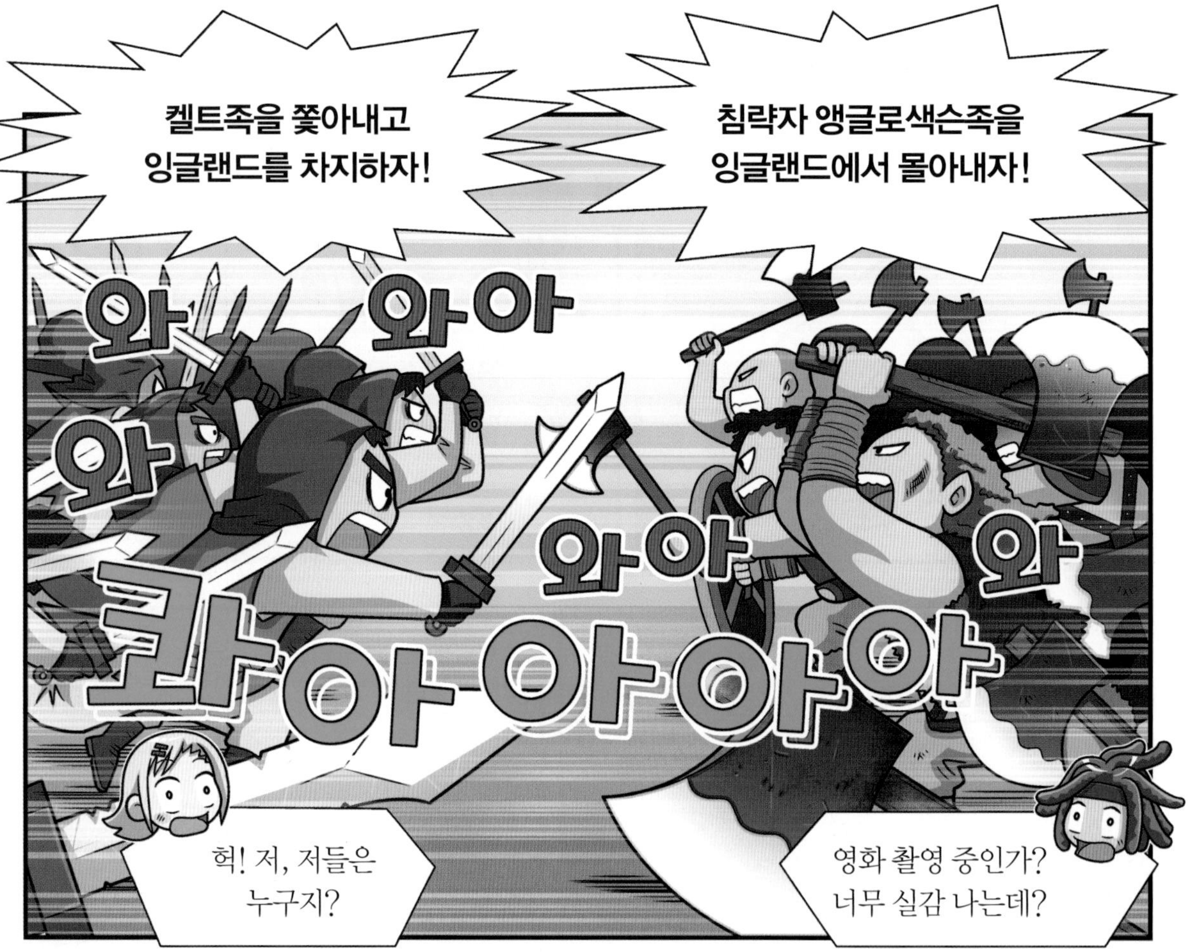
켈트족을 쫓아내고
잉글랜드를 차지하자!
침략자 앵글로색슨족을
잉글랜드에서 몰아내자!
와 와아
와
와아 와
콰아아아아
헉! 저, 저들은
누구지?
영화 촬영 중인가?
너무 실감 나는데?

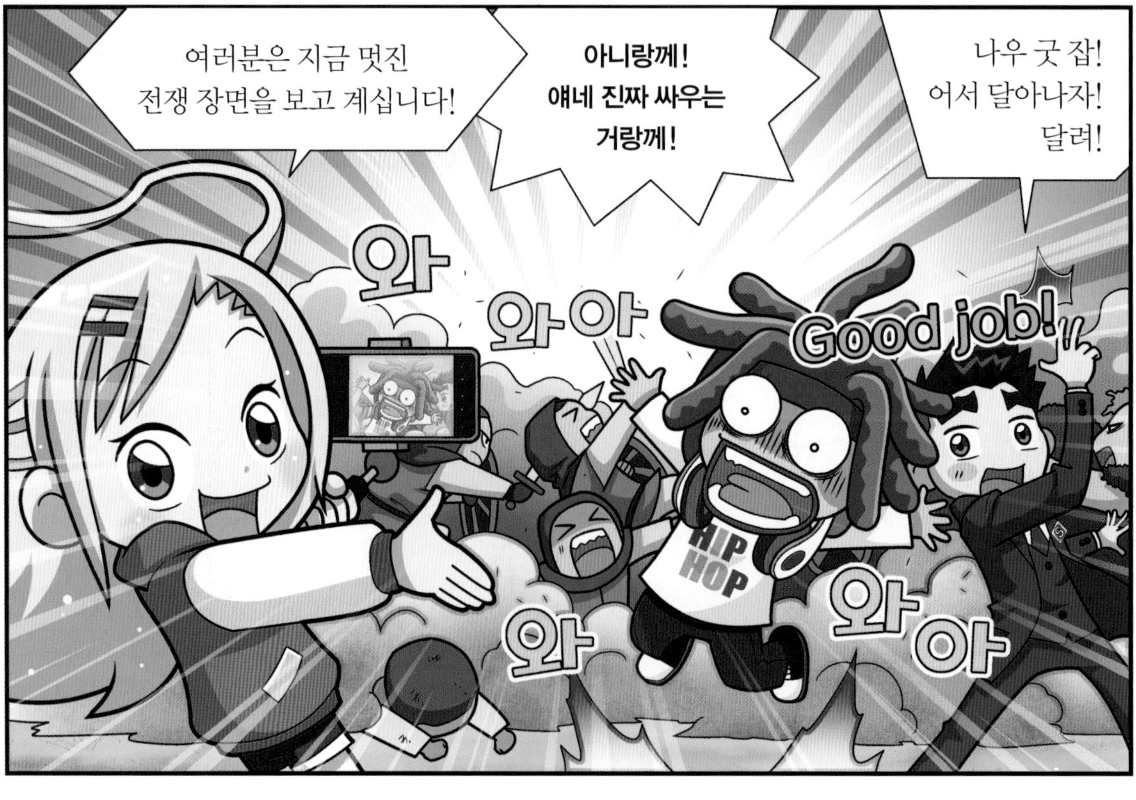
여러분은 지금 멋진
전쟁 장면을 보고 계십니다!
아니랑께!
얘네 진짜 싸우는
거랑께!
나우 굿 잡!
어서 달아나자!
달려!
와
와아
Good job!
와 와아

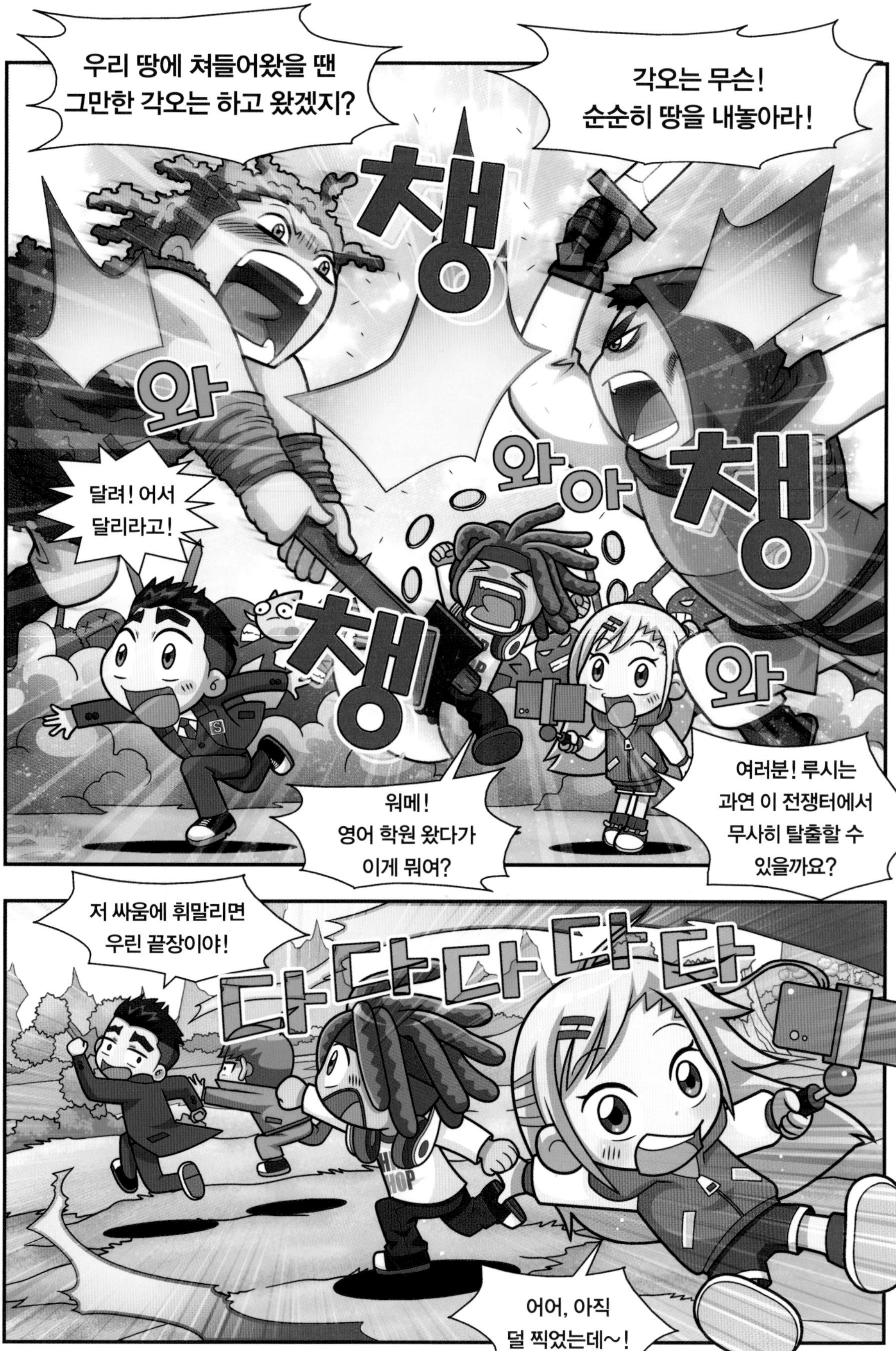

우리 땅에 쳐들어왔을 땐 그만한 각오는 하고 왔겠지?
각오는 무슨! 순순히 땅을 내놓아라!
챙
와
와아
챙
달려! 어서 달리라고!
챙
와
워메! 영어 학원 왔다가 이게 뭐여?
여러분! 루시는 과연 이 전쟁터에서 무사히 탈출할 수 있을까요?
저 싸움에 휘말리면 우린 끝장이야!
다다다다다다
어어, 아직 덜 찍었는데~!

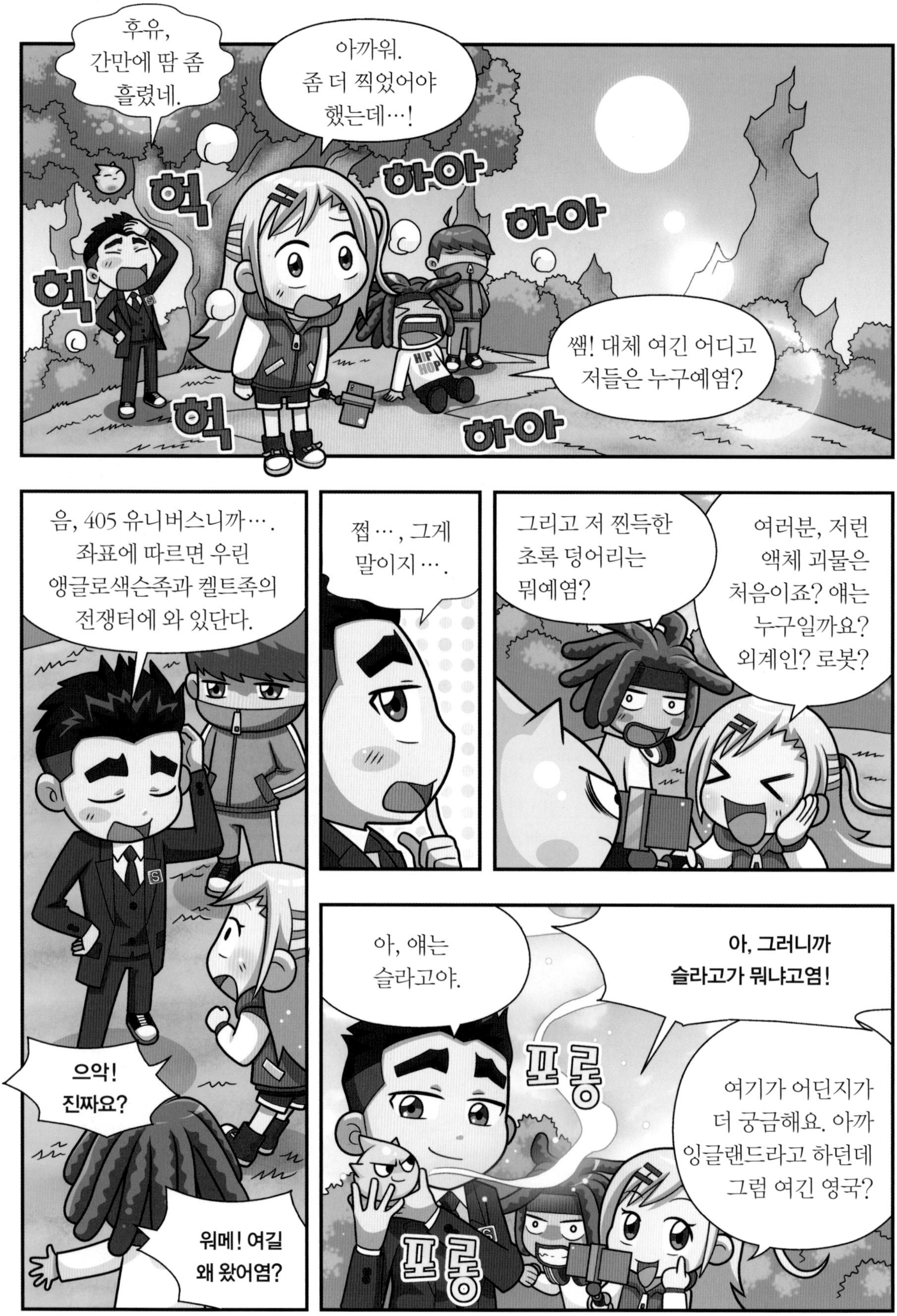

후유,
간만에 땀 좀 흘렸네.
아까워.
좀 더 찍었어야 했는데…!
헉
헉
헉
하아
하아
하아
쌤! 대체 여긴 어디고 저들은 누구예염?
음, 405 유니버스니까….
좌표에 따르면 우린 앵글로색슨족과 켈트족의 전쟁터에 와 있단다.
으악! 진짜요?
워메! 여길 왜 왔어염?
쩝…, 그게 말이지….
그리고 저 찐득한 초록 덩어리는 뭐예염?
여러분, 저런 액체 괴물은 처음이죠? 얘는 누구일까요? 외계인? 로봇?
아, 얘는 슬라고야.
아, 그러니까 슬라고가 뭐냐고염!
포롱
포롱
여기가 어딘지가 더 궁금해요. 아까 잉글랜드라고 하던데 그럼 여긴 영국?

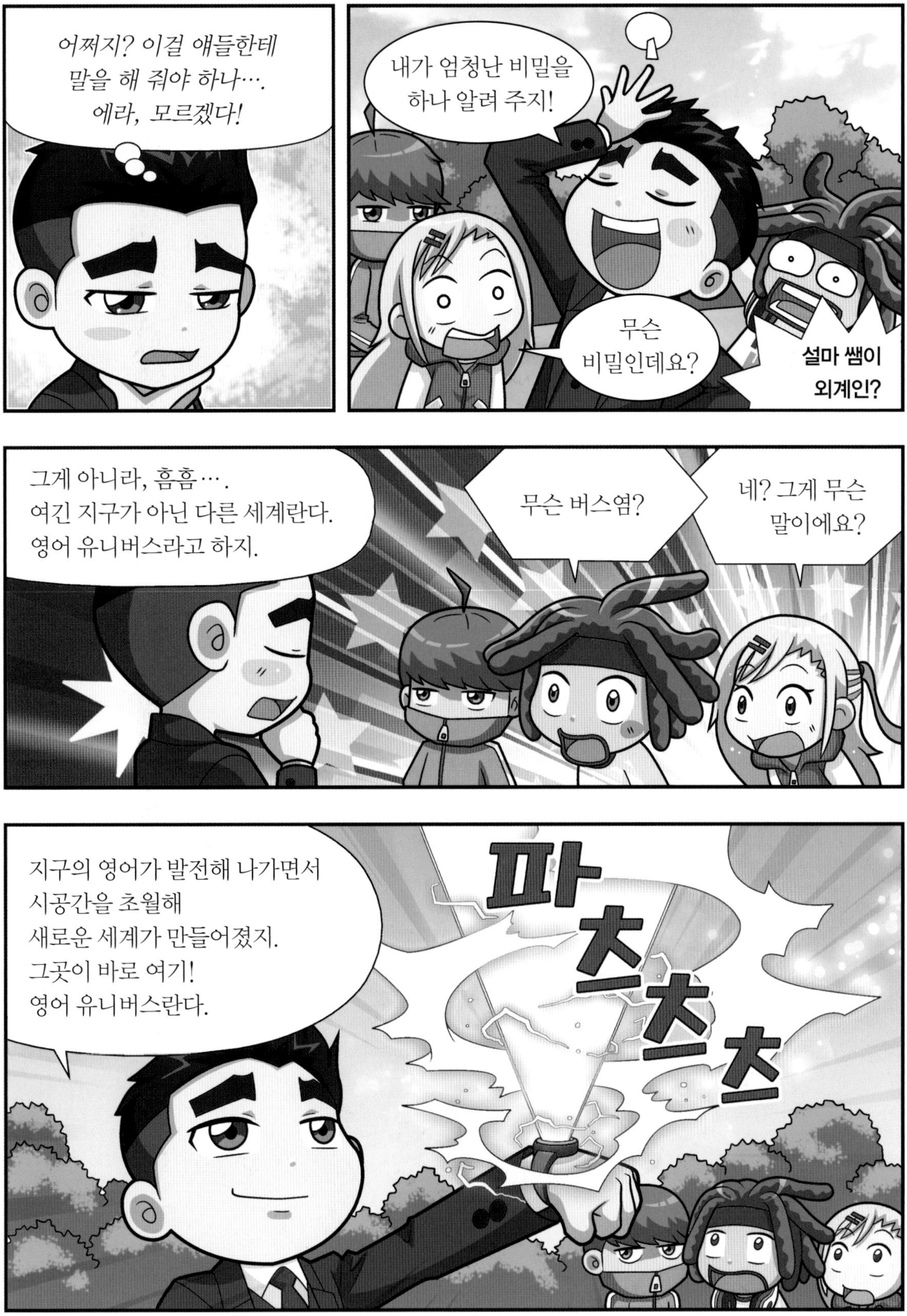
어쩌지? 이걸 애들한테 말을 해 줘야 하나…. 에라, 모르겠다!
내가 엄청난 비밀을 하나 알려 주지!
무슨 비밀인데요?
설마 쌤이 외계인?
그게 아니라, 흠흠…. 여긴 지구가 아닌 다른 세계란다. 영어 유니버스라고 하지.
무슨 버스염?
네? 그게 무슨 말이에요?
지구의 영어가 발전해 나가면서 시공간을 초월해 새로운 세계가 만들어졌지. 그곳이 바로 여기! 영어 유니버스란다.
파츠츠츠

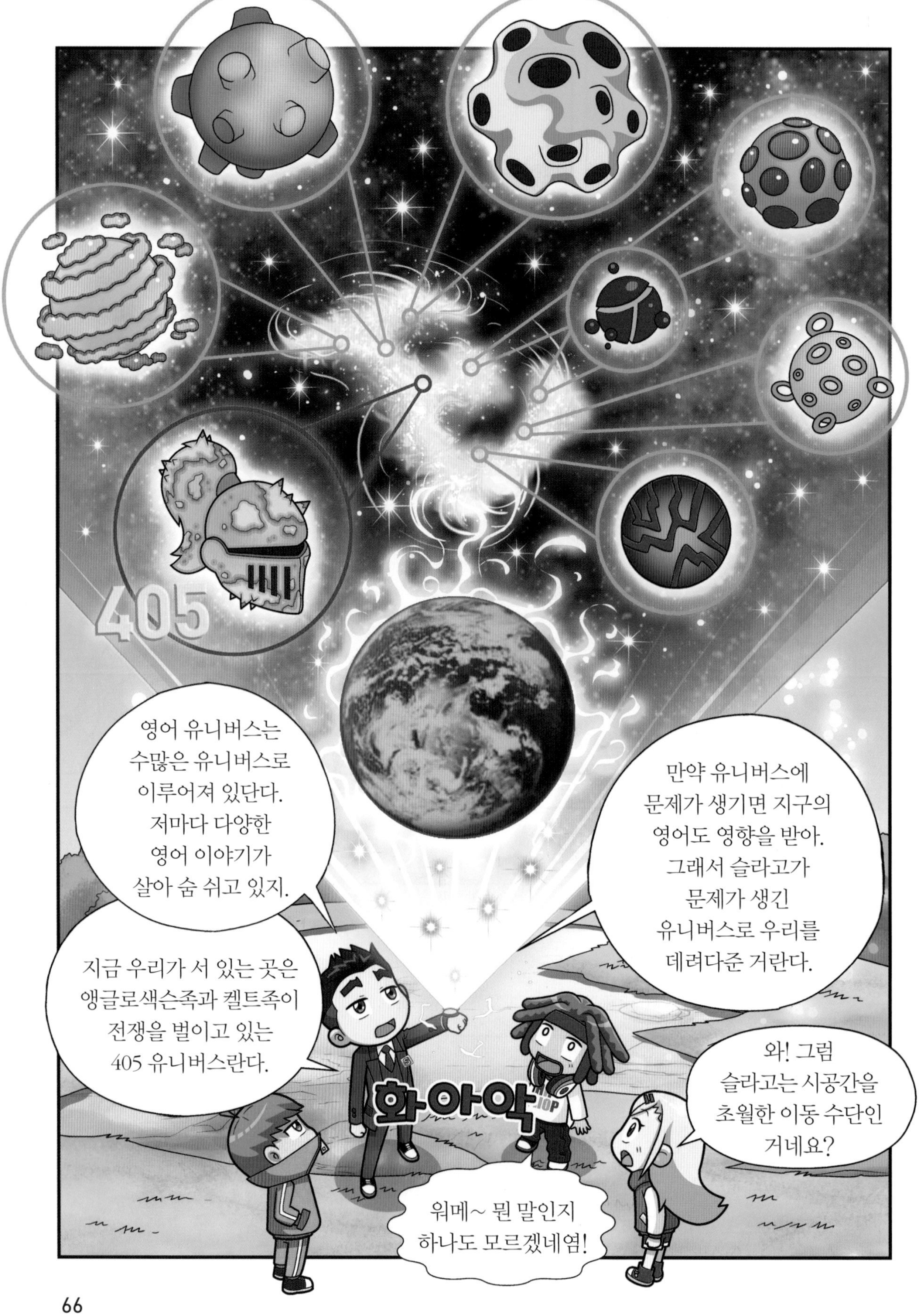
405
영어 유니버스는 수많은 유니버스로 이루어져 있단다. 저마다 다양한 영어 이야기가 살아 숨 쉬고 있지.
만약 유니버스에 문제가 생기면 지구의 영어도 영향을 받아. 그래서 슬라고가 문제가 생긴 유니버스로 우리를 데려다준 거란다.
지금 우리가 서 있는 곳은 앵글로색슨족과 켈트족이 전쟁을 벌이고 있는 405 유니버스란다.
화아악
와! 그럼 슬라고는 시공간을 초월한 이동 수단인 거네요?
워메~ 뭔 말인지 하나도 모르겠네염!

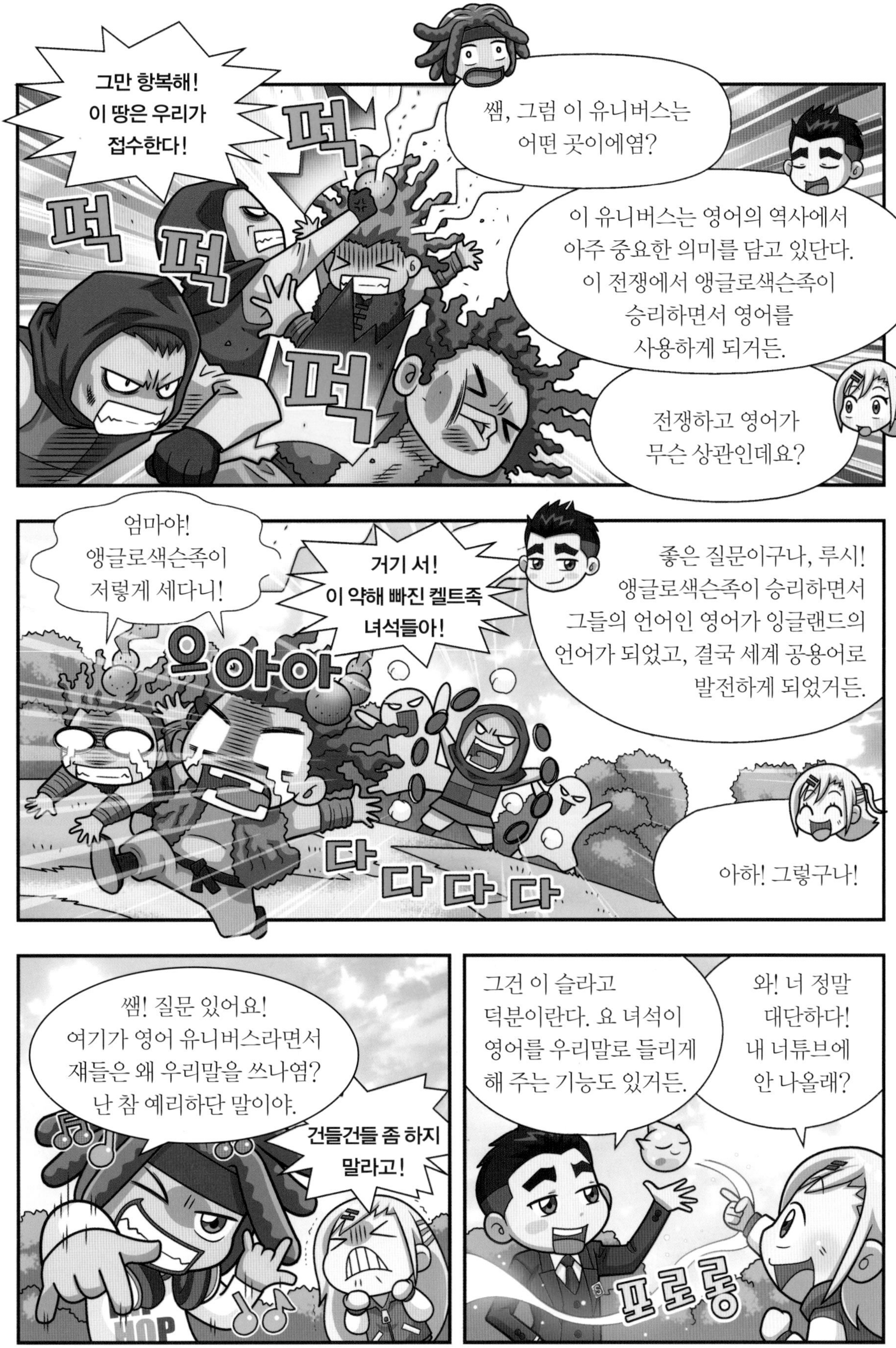

그만 항복해! 이 땅은 우리가 접수한다!
퍽
쌤, 그럼 이 유니버스는 어떤 곳이에염?
퍽
퍽
이 유니버스는 영어의 역사에서 아주 중요한 의미를 담고 있단다. 이 전쟁에서 앵글로색슨족이 승리하면서 영어를 사용하게 되거든.
퍽
전쟁하고 영어가 무슨 상관인데요?
엄마야! 앵글로색슨족이 저렇게 세다니!
거기 서! 이 약해 빠진 켈트족 녀석들아!
좋은 질문이구나, 루시! 앵글로색슨족이 승리하면서 그들의 언어인 영어가 잉글랜드의 언어가 되었고, 결국 세계 공용어로 발전하게 되었거든.
으아아
다 다 다 다
아하! 그렇구나!
쌤! 질문 있어요! 여기가 영어 유니버스라면서 쟤들은 왜 우리말을 쓰나염? 난 참 예리하단 말이야.
건들건들 좀 하지 말라고!
그건 이 슬라고 덕분이란다. 요 녀석이 영어를 우리말로 들리게 해 주는 기능도 있거든.
와! 너 정말 대단하다! 내 너튜브에 안 나올래?
포로롱

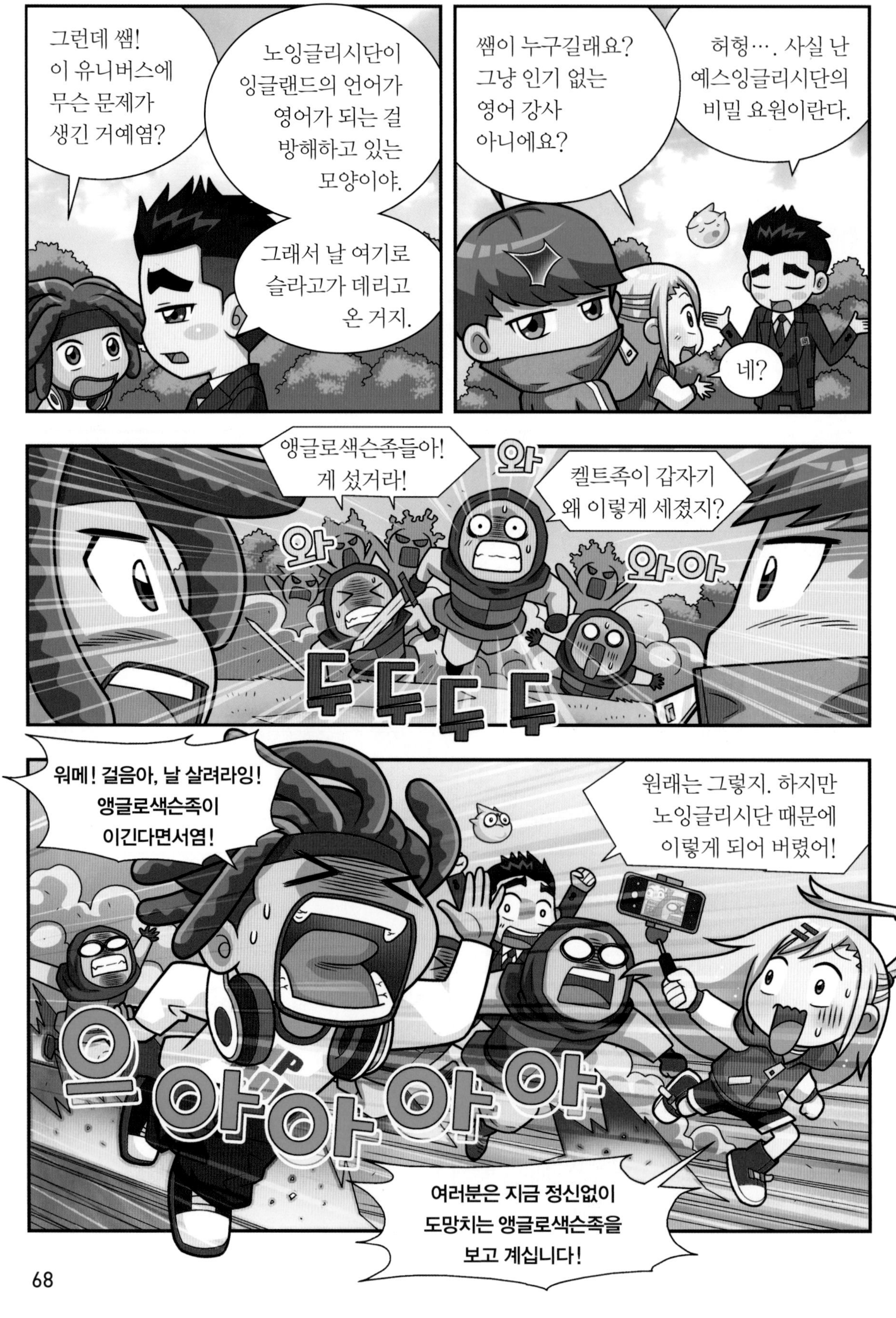
그런데 쌤! 이 유니버스에 무슨 문제가 생긴 거예염?
노잉글리시단이 잉글랜드의 언어가 영어가 되는 걸 방해하고 있는 모양이야.
그래서 날 여기로 슬라고가 데리고 온 거지.
쌤이 누구길래요? 그냥 인기 없는 영어 강사 아니에요?
허헝…. 사실 난 예스잉글리시단의 비밀 요원이란다.
네?
앵글로색슨족들아! 게 섰거라!
와
켈트족이 갑자기 왜 이렇게 세졌지?
와
와아
두두두두
워메! 걸음아, 날 살려라잉! 앵글로색슨족이 이긴다면서염!
원래는 그렇지. 하지만 노잉글리시단 때문에 이렇게 되어 버렸어!
으아아아아
여러분은 지금 정신없이 도망치는 앵글로색슨족을 보고 계십니다!

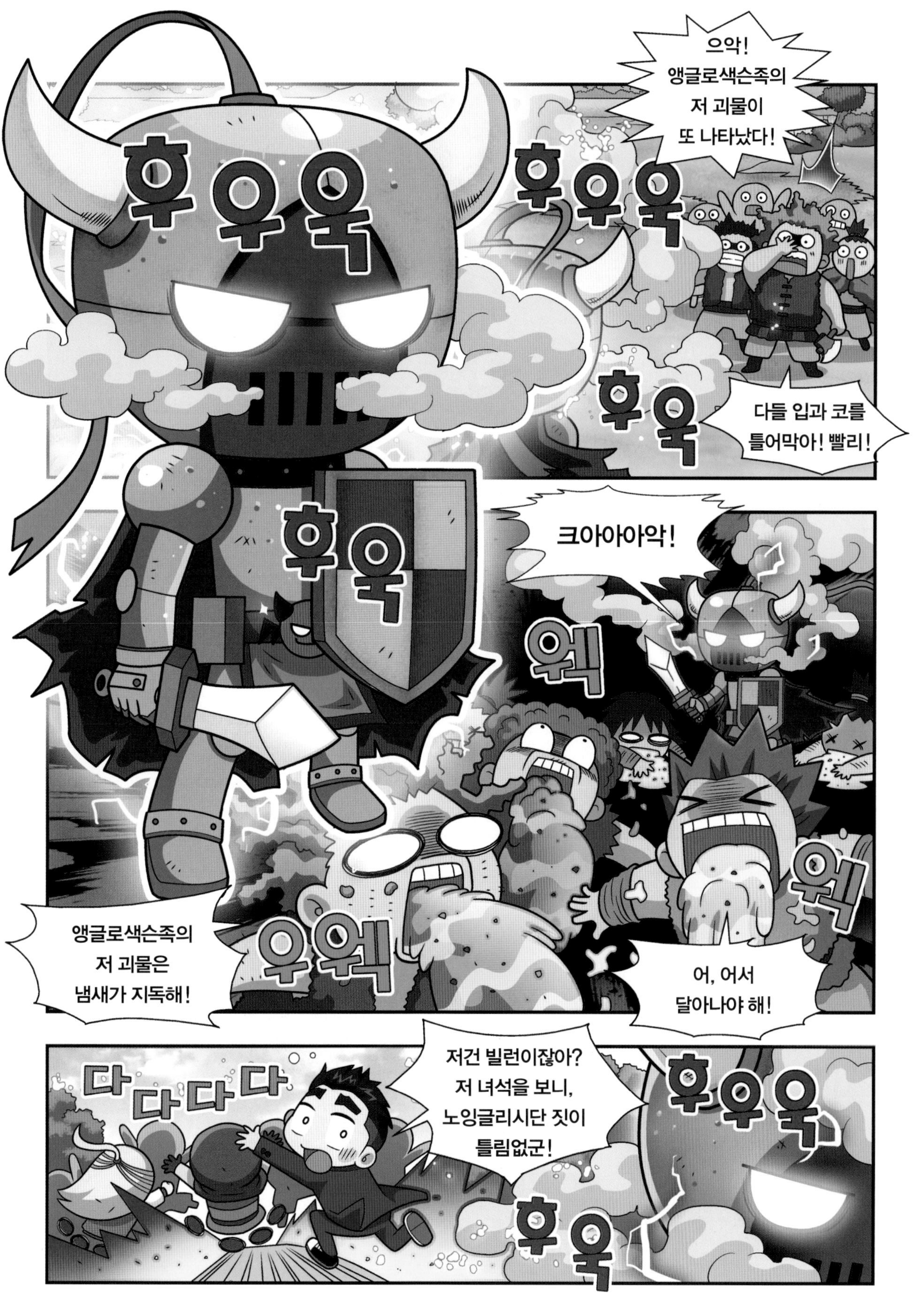

으악! 앵글로색슨족의 저 괴물이 또 나타났다!
후우욱
후우욱
후욱
다들 입과 코를 틀어막아! 빨리!
후욱
크아아아악!
웩
웩
우웩
앵글로색슨족의 저 괴물은 냄새가 지독해!
어, 어서 달아나야 해!
저건 빌런이잖아? 저 녀석을 보니, 노잉글리시단 짓이 틀림없군!
다다다다다
후우욱
후욱

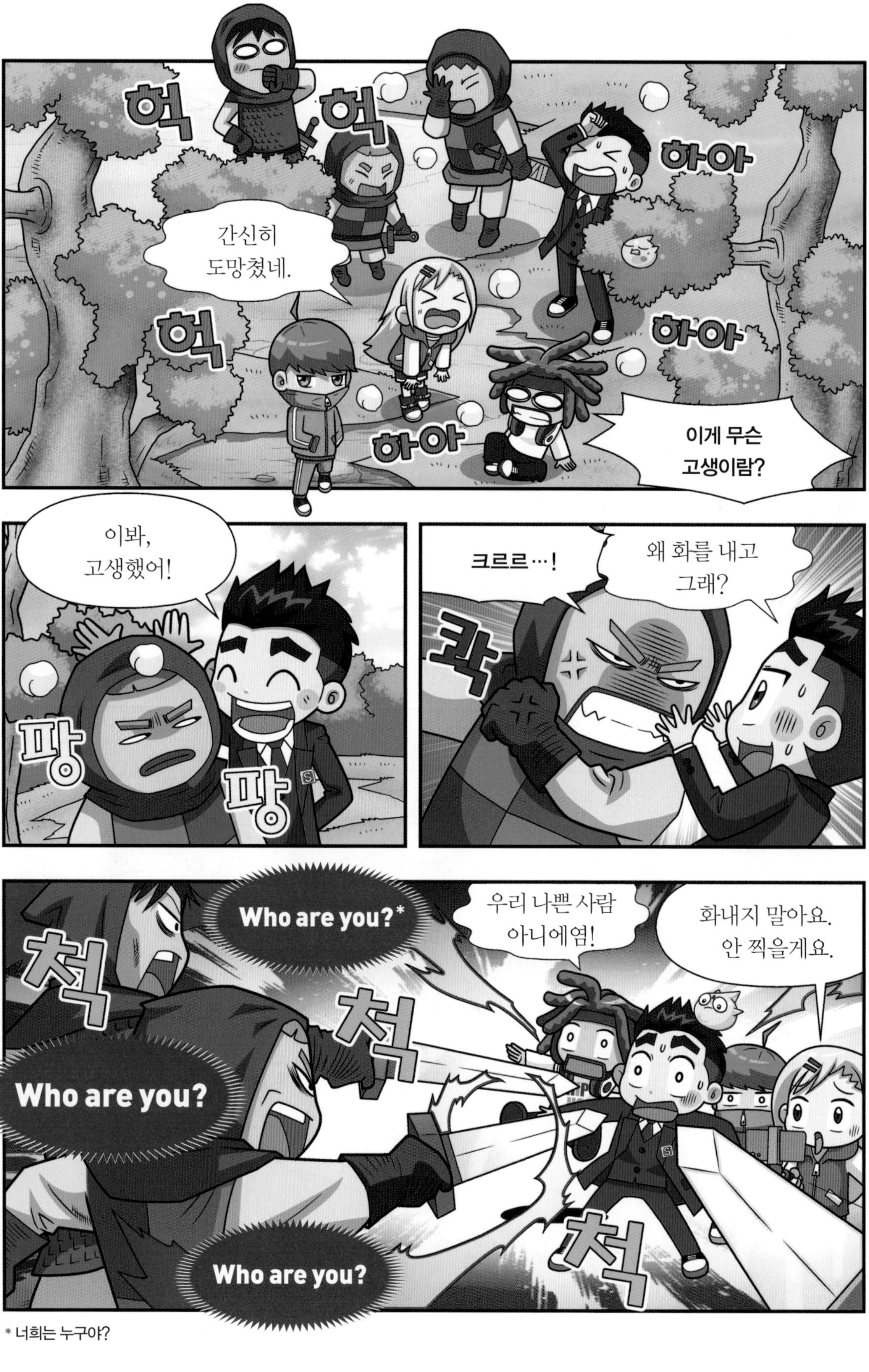
헉
헉
하아
간신히 도망쳤네.
헉
하아
하아
이게 무슨 고생이람?
이봐, 고생했어!
팡
팡
크르르…!
왜 화를 내고 그래?
콱
Who are you?*
척
우리 나쁜 사람 아니에염!
화내지 말아요. 안 찍을게요.
척
Who are you?
척
Who are you?

* 너희는 누구야?

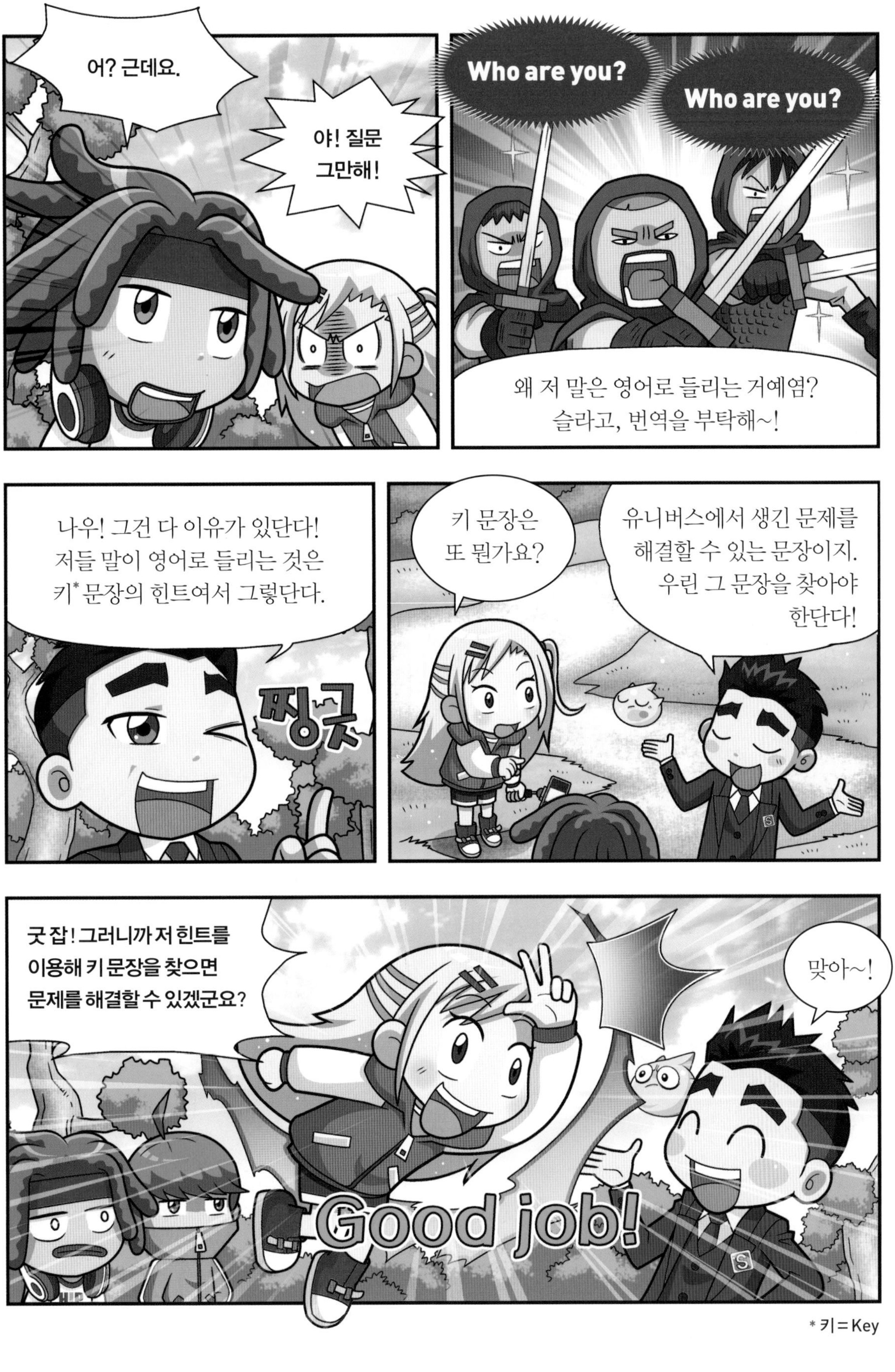
어? 근데요.
야! 질문 그만해!
Who are you?
Who are you?
왜 저 말은 영어로 들리는 거예염? 슬라고, 번역을 부탁해~!
나우! 그건 다 이유가 있단다! 저들 말이 영어로 들리는 것은 키* 문장의 힌트여서 그렇단다.
찡긋
키 문장은 또 뭔가요?
유니버스에서 생긴 문제를 해결할 수 있는 문장이지. 우린 그 문장을 찾아야 한단다!
굿 잡! 그러니까 저 힌트를 이용해 키 문장을 찾으면 문제를 해결할 수 있겠군요?
맞아~!
Good job!

* 키 = Key

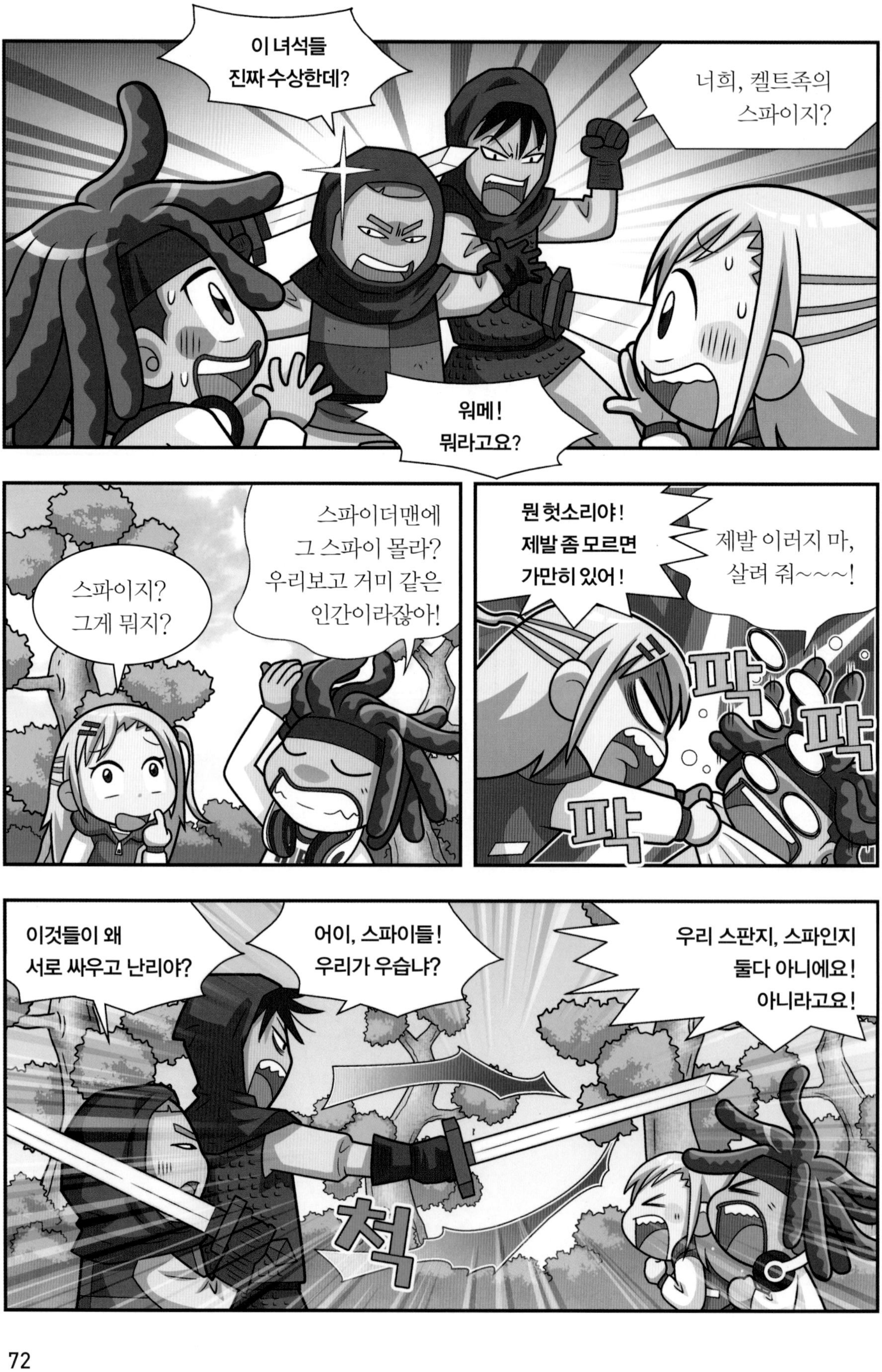

이 녀석들
진짜 수상한데?
너희, 켈트족의
스파이지?
워메!
뭐라고요?
스파이더맨에
그 스파이 몰라?
우리보고 거미 같은
인간이라잖아!
스파이지?
그게 뭐지?
뭔 헛소리야!
제발 좀 모르면
가만히 있어!
제발 이러지 마,
살려 줘~~~!
팍
팍
팍
이것들이 왜
서로 싸우고 난리야?
어이, 스파이들!
우리가 우습냐?
우리 스판지, 스파인지
둘다 아니에요!
아니라고요!
척

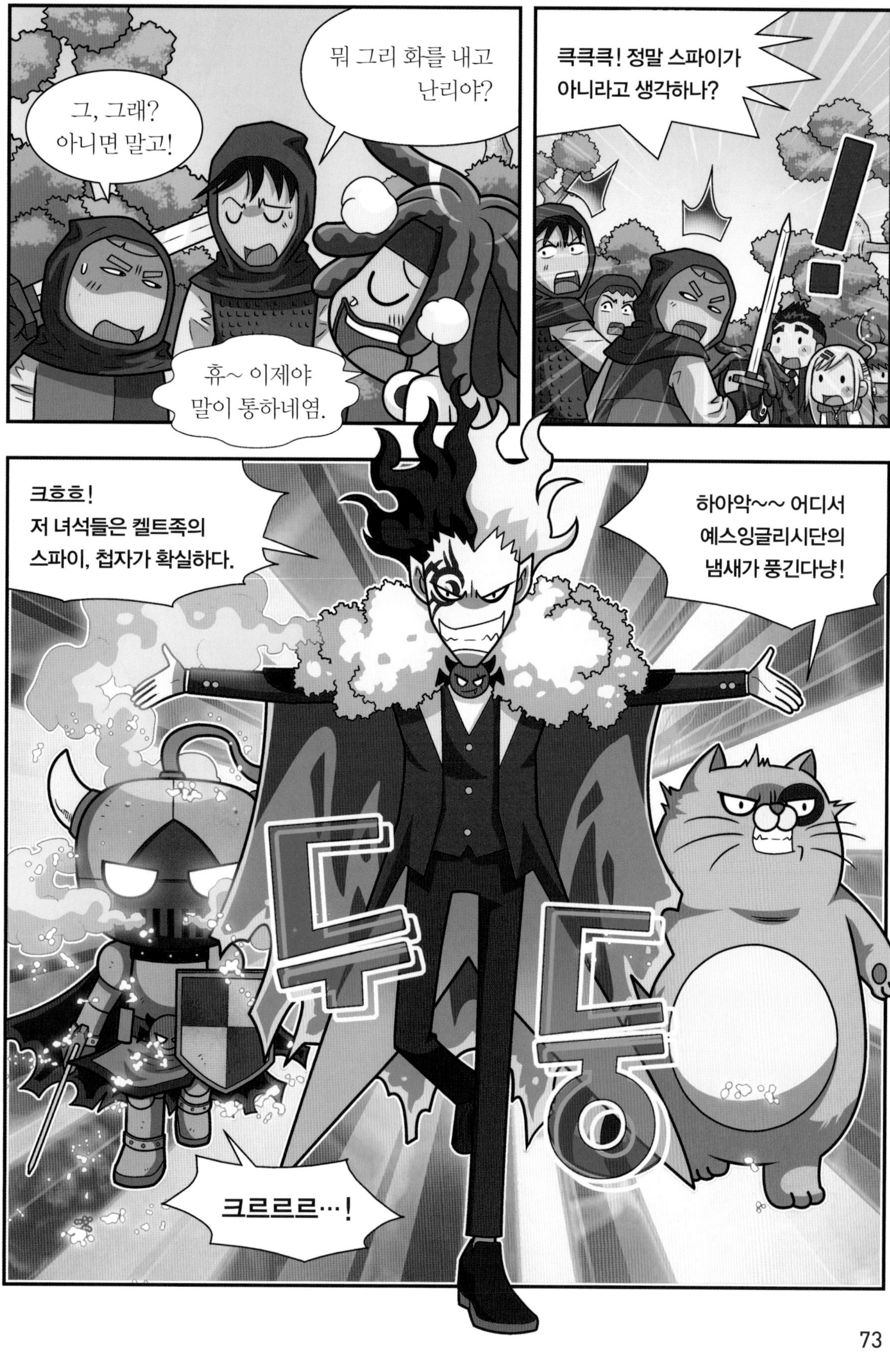
뭐 그리 화를 내고 난리야?
그, 그래? 아니면 말고!
휴~ 이제야 말이 통하네염.
큭큭큭! 정말 스파이가 아니라고 생각하나?
크흐흐! 저 녀석들은 켈트족의 스파이, 첩자가 확실하다.
하아악~~ 어디서 예스잉글리시단의 냄새가 풍긴다냥!
두둥
크르르르…!

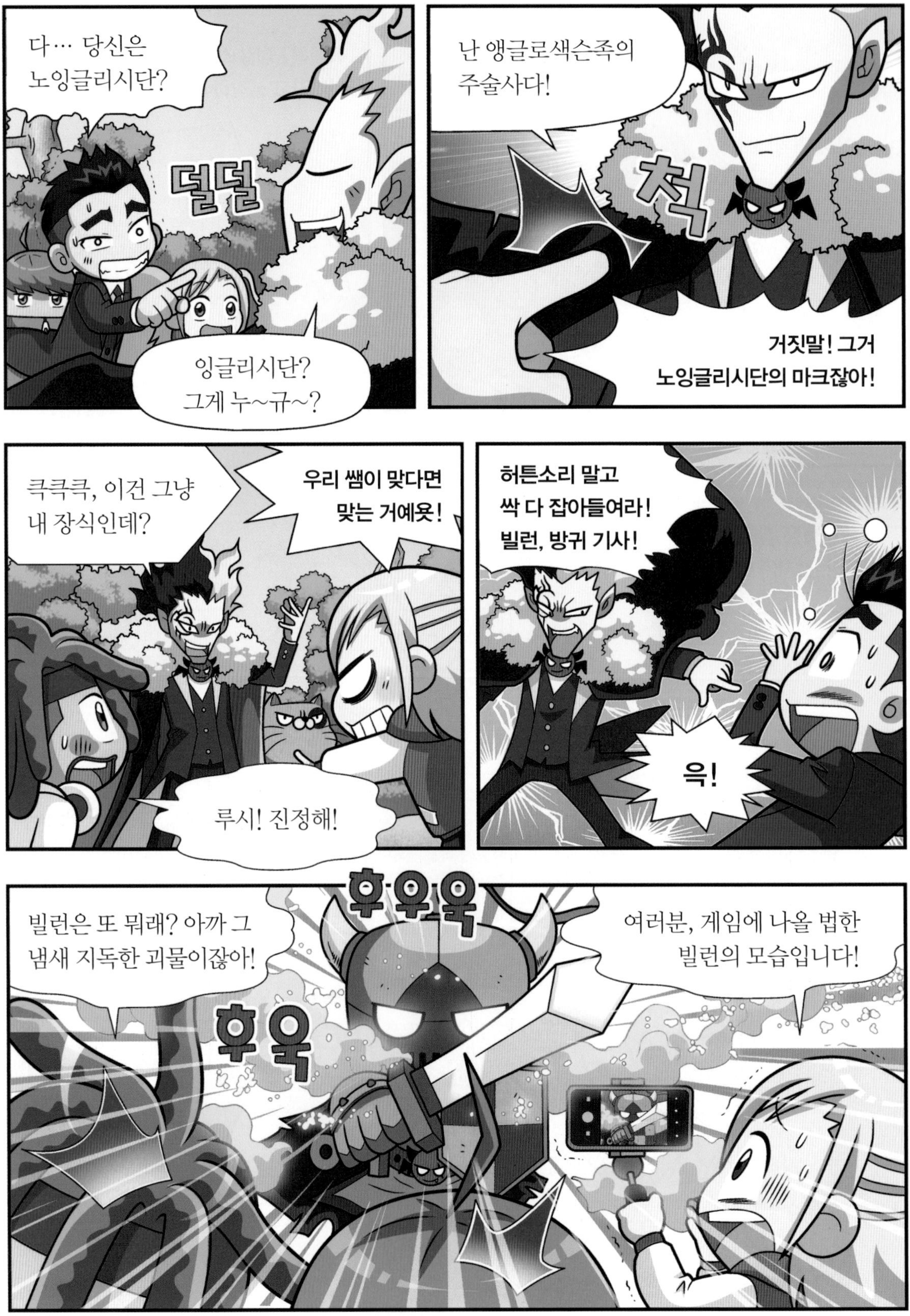

다… 당신은
노잉글리시단?
덜덜
잉글리시단?
그게 누~규~?
난 앵글로색슨족의
주술사다!
척
거짓말! 그거
노잉글리시단의 마크잖아!
크크크, 이건 그냥
내 장식인데?
우리 쌤이 맞다면
맞는 거예욧!
루시! 진정해!
허튼소리 말고
싹 다 잡아들여라!
빌런, 방귀 기사!
윽!
후우욱
빌런은 또 뭐래? 아까 그
냄새 지독한 괴물이잖아!
후욱
여러분, 게임에 나올 법한
빌런의 모습입니다!

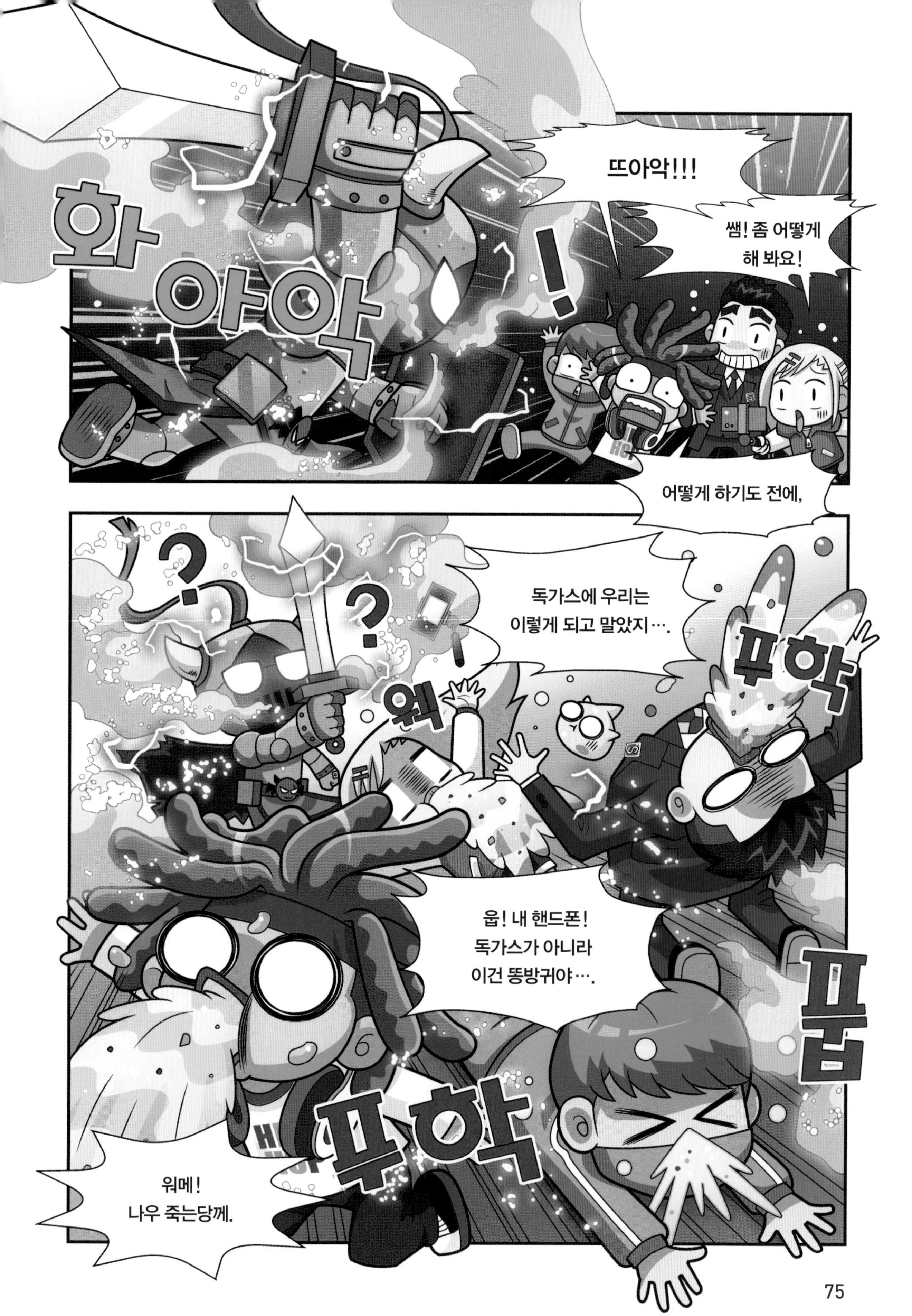

화아악!
뜨아악!!!
쌤! 좀 어떻게
해 봐요!
어떻게 하기도 전에,
독가스에 우리는
이렇게 되고 말았지….
웩
푸학
웁! 내 핸드폰!
독가스가 아니라
이건 똥방귀야….
푸학
풉
워메!
나우 죽는당께.

Chapter 4

전사의 코디

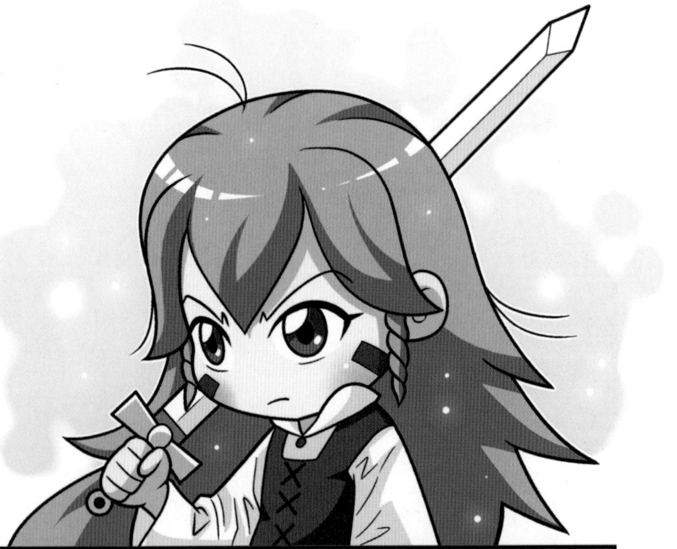

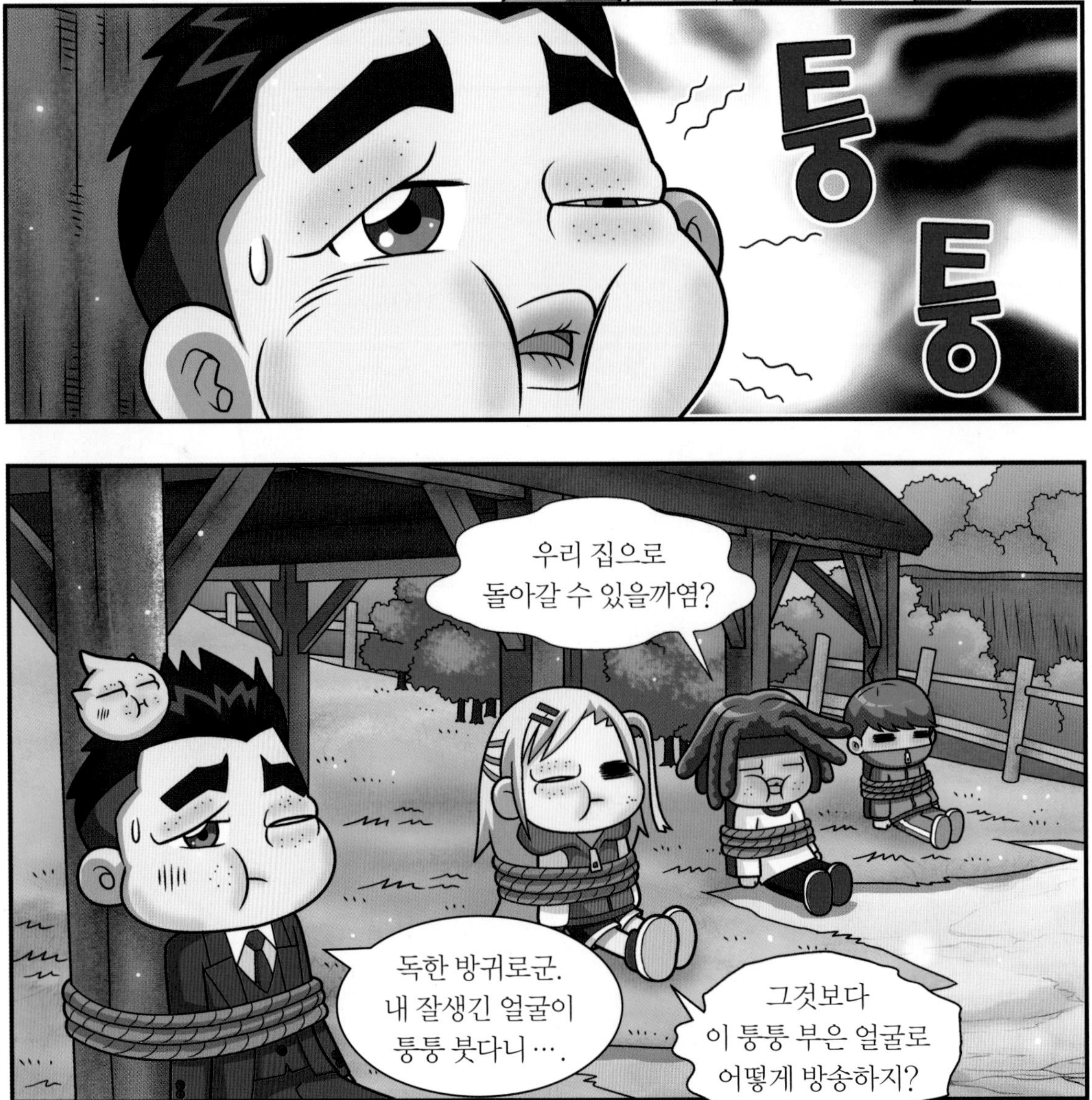

퉁
퉁
우리 집으로
돌아갈 수 있을까염?
독한 방귀로군.
내 잘생긴 얼굴이
퉁퉁 붓다니….
그것보다
이 퉁퉁 부은 얼굴로
어떻게 방송하지?

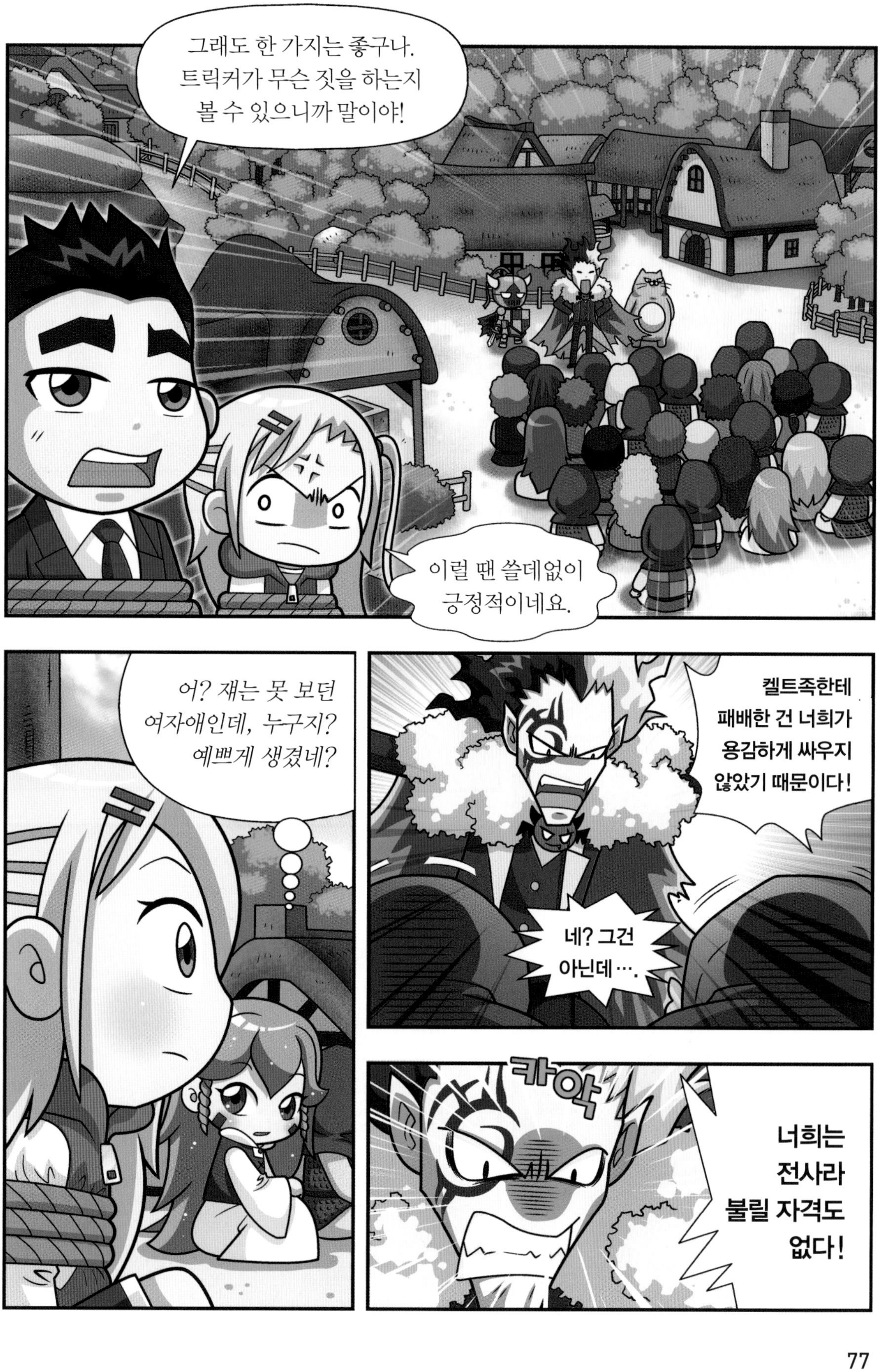
그래도 한 가지는 좋구나.
트릭커가 무슨 짓을 하는지
볼 수 있으니까 말이야!
이럴 땐 쓸데없이
긍정적이네요.
어? 쟤는 못 보던
여자애인데, 누구지?
예쁘게 생겼네?
켈트족한테
패배한 건 너희가
용감하게 싸우지
않았기 때문이다!
네? 그건
아닌데….
카악
너희는
전사라
불릴 자격도
없다!

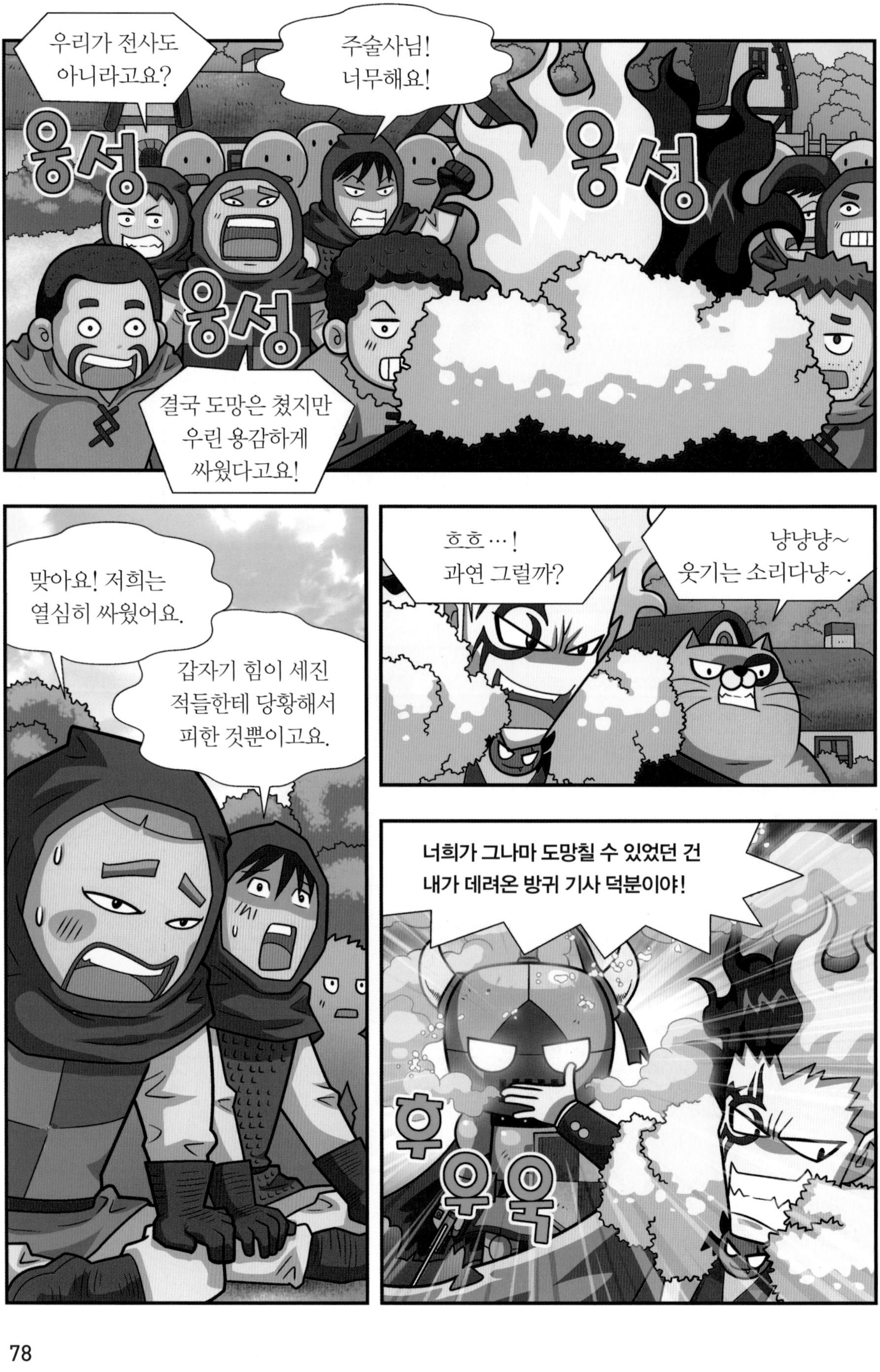
우리가 전사도 아니라고요?
주술사님! 너무해요!
웅성
웅성
웅성
결국 도망은 쳤지만 우린 용감하게 싸웠다고요!
맞아요! 저희는 열심히 싸웠어요.
갑자기 힘이 세진 적들한테 당황해서 피한 것뿐이고요.
흐흐…! 과연 그럴까?
냥냥냥~ 웃기는 소리다냥~.
너희가 그나마 도망칠 수 있었던 건 내가 데려온 방귀 기사 덕분이야!
후우욱

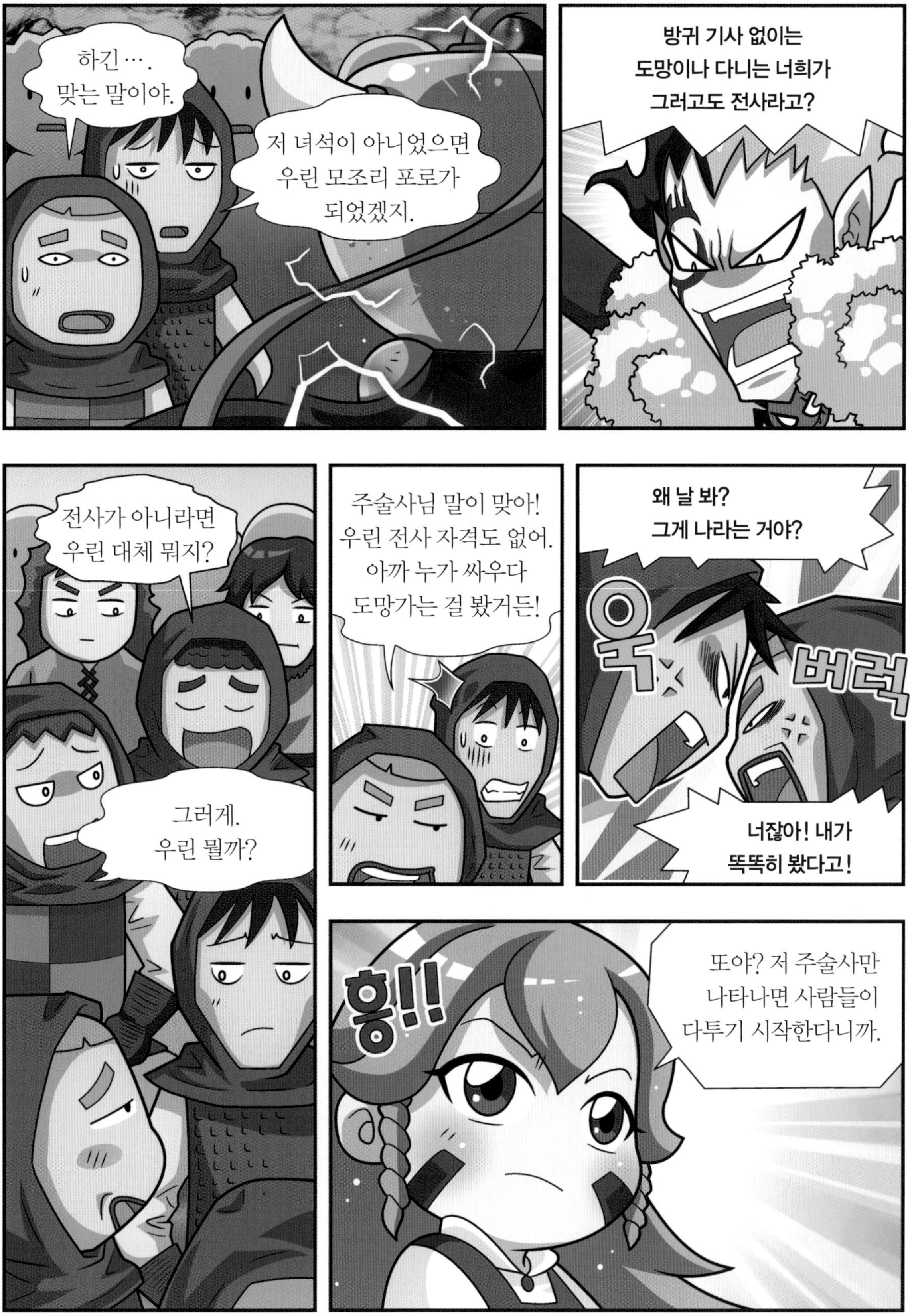
하긴…. 맞는 말이야.
저 녀석이 아니었으면 우린 모조리 포로가 되었겠지.
방귀 기사 없이는 도망이나 다니는 너희가 그러고도 전사라고?
전사가 아니라면 우린 대체 뭐지?
그러게. 우린 뭘까?
주술사님 말이 맞아! 우린 전사 자격도 없어. 아까 누가 싸우다 도망가는 걸 봤거든!
왜 날 봐? 그게 나라는 거야?
욱
버럭
너잖아! 내가 똑똑히 봤다고!
흥!!
또야? 저 주술사만 나타나면 사람들이 다투기 시작한다니까.

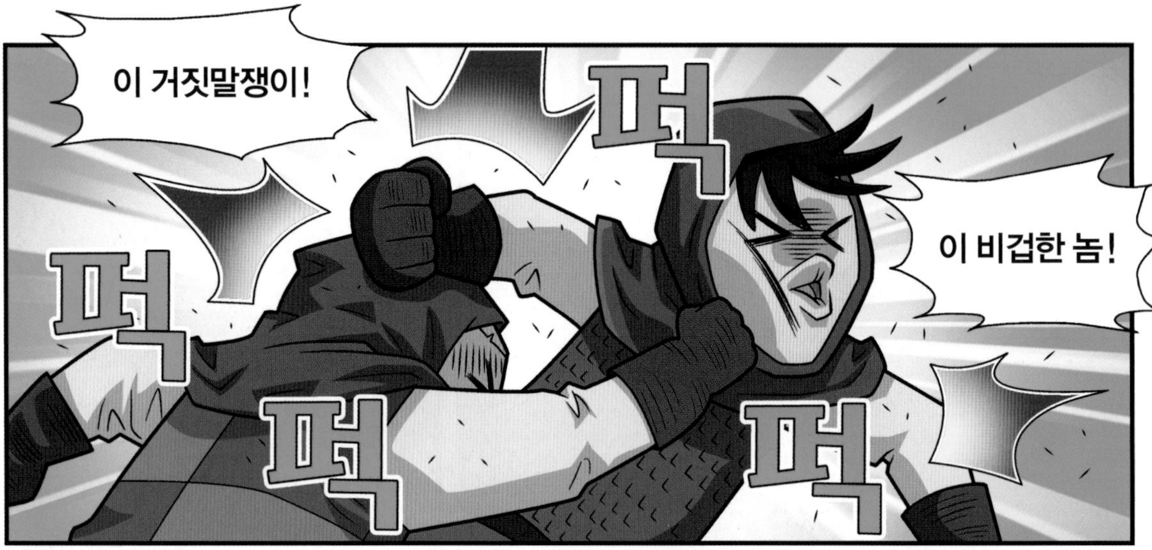
이 거짓말쟁이!
퍽
퍽
이 비겁한 놈!
퍽
퍽

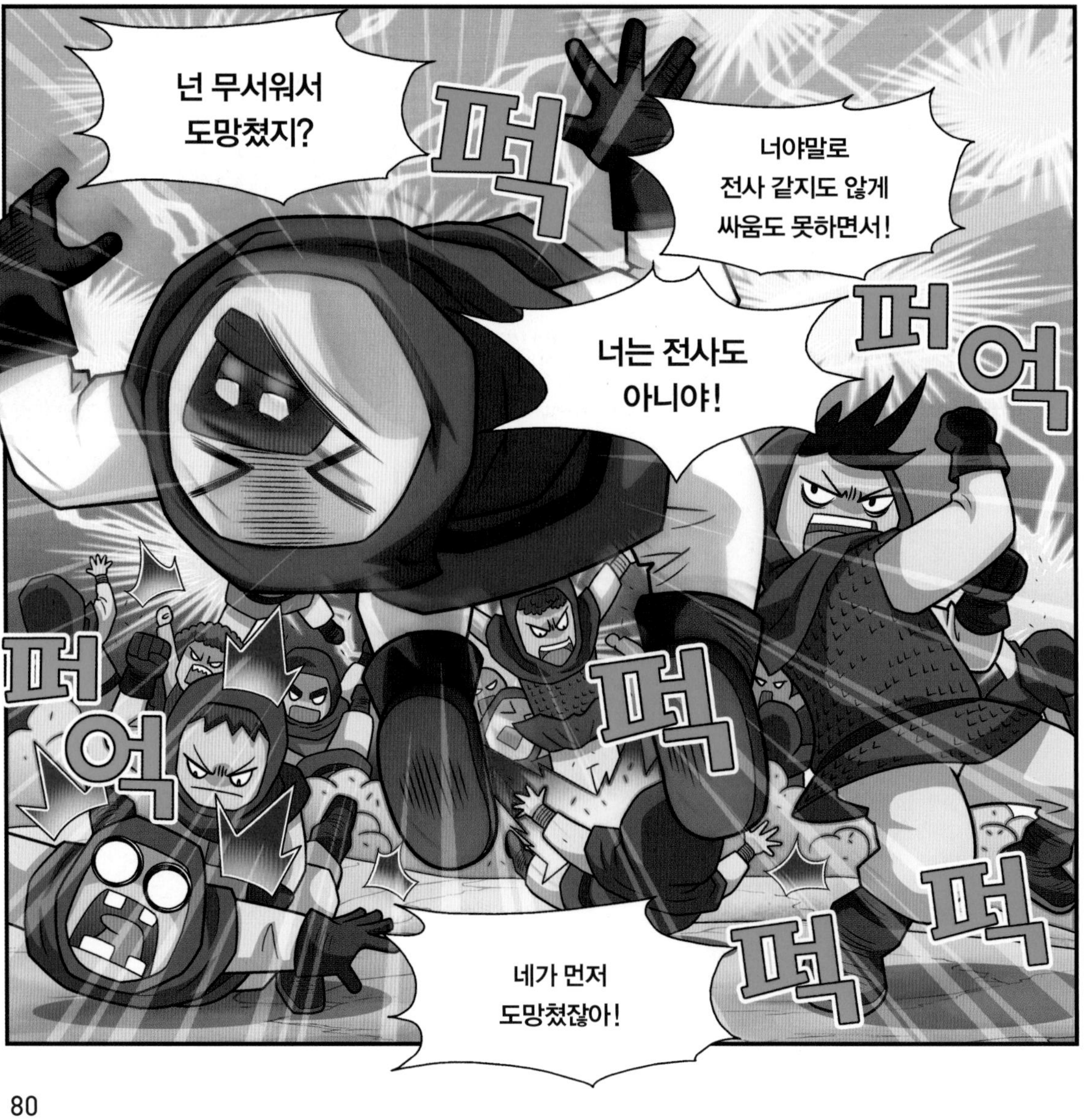
넌 무서워서
도망쳤지?
퍽
너야말로
전사 같지도 않게
싸움도 못하면서!
퍼억
너는 전사도
아니야!
퍼억
퍽
퍽
퍽
네가 먼저
도망쳤잖아!

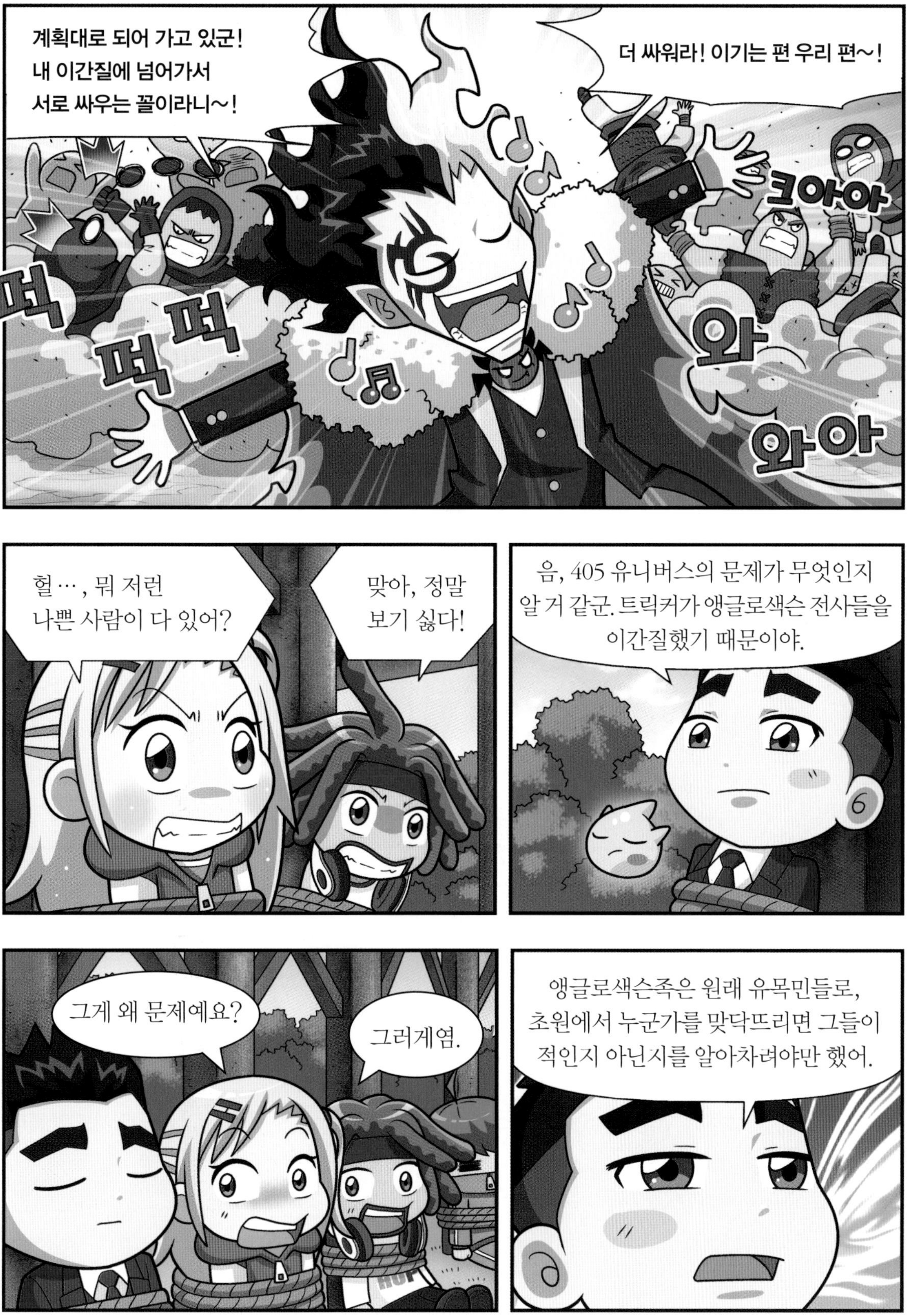
계획대로 되어 가고 있군! 내 이간질에 넘어가서 서로 싸우는 꼴이라니~!
더 싸워라! 이기는 편 우리 편~!
퍽
퍽
퍽
크아아
와
와아
헐…, 뭐 저런 나쁜 사람이 다 있어?
맞아, 정말 보기 싫다!
음, 405 유니버스의 문제가 무엇인지 알 거 같군. 트릭커가 앵글로색슨 전사들을 이간질했기 때문이야.
그게 왜 문제예요?
그러게염.
앵글로색슨족은 원래 유목민들로, 초원에서 누군가를 맞닥뜨리면 그들이 적인지 아닌지를 알아차려야만 했어.

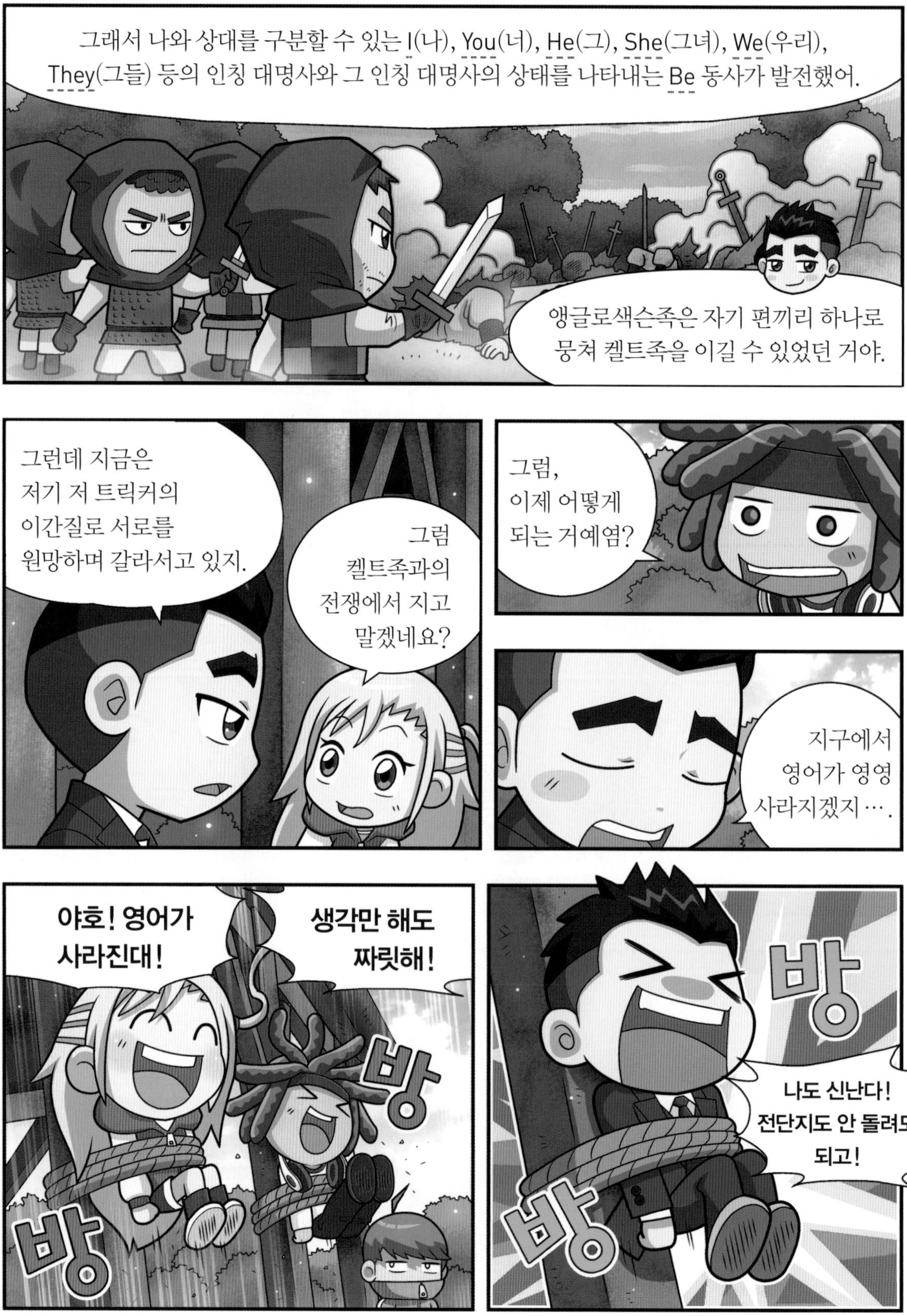

그래서 나와 상대를 구분할 수 있는 I(나), You(너), He(그), She(그녀), We(우리), They(그들) 등의 인칭 대명사와 그 인칭 대명사의 상태를 나타내는 Be 동사가 발전했어.
앵글로색슨족은 자기 편끼리 하나로 뭉쳐 켈트족을 이길 수 있었던 거야.
그런데 지금은 저기 저 트릭커의 이간질로 서로를 원망하며 갈라서고 있지.
그럼 켈트족과의 전쟁에서 지고 말겠네요?
그럼, 이제 어떻게 되는 거예염?
지구에서 영어가 영영 사라지겠지….
야호! 영어가 사라진대!
생각만 해도 짜릿해!
방
방
나도 신난다! 전단지도 안 돌려도 되고!
방
방

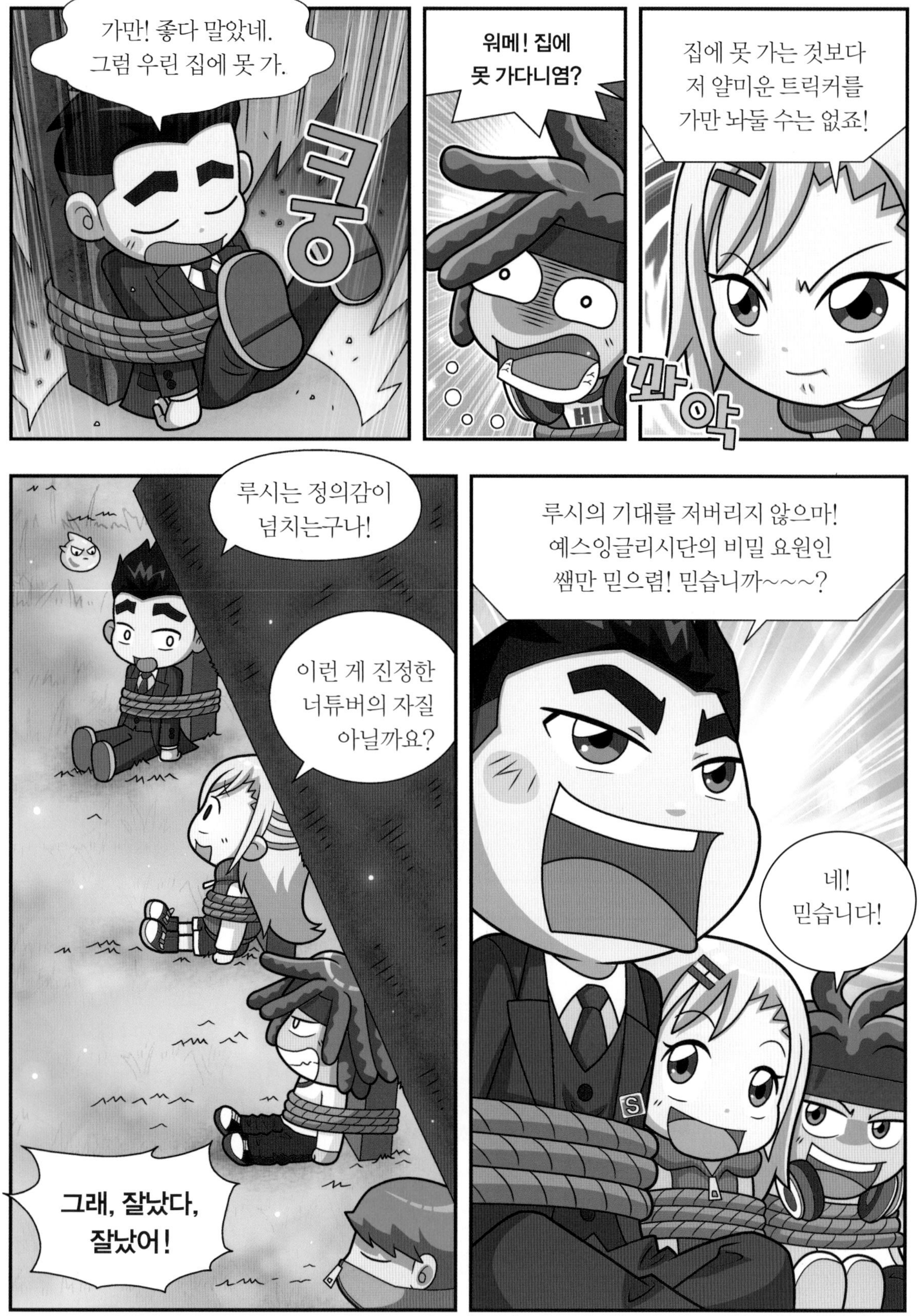
가만! 좋다 말았네.
그럼 우린 집에 못 가.
쿵
워메! 집에
못 가다니염?
집에 못 가는 것보다
저 얄미운 트릭커를
가만 놔둘 수는 없죠!
꽈악
루시는 정의감이
넘치는구나!
이런 게 진정한
너튜버의 자질
아닐까요?
그래, 잘났다,
잘났어!
루시의 기대를 저버리지 않으마!
예스잉글리시단의 비밀 요원인
쌤만 믿으렴! 믿습니까~~~?
네!
믿습니다!

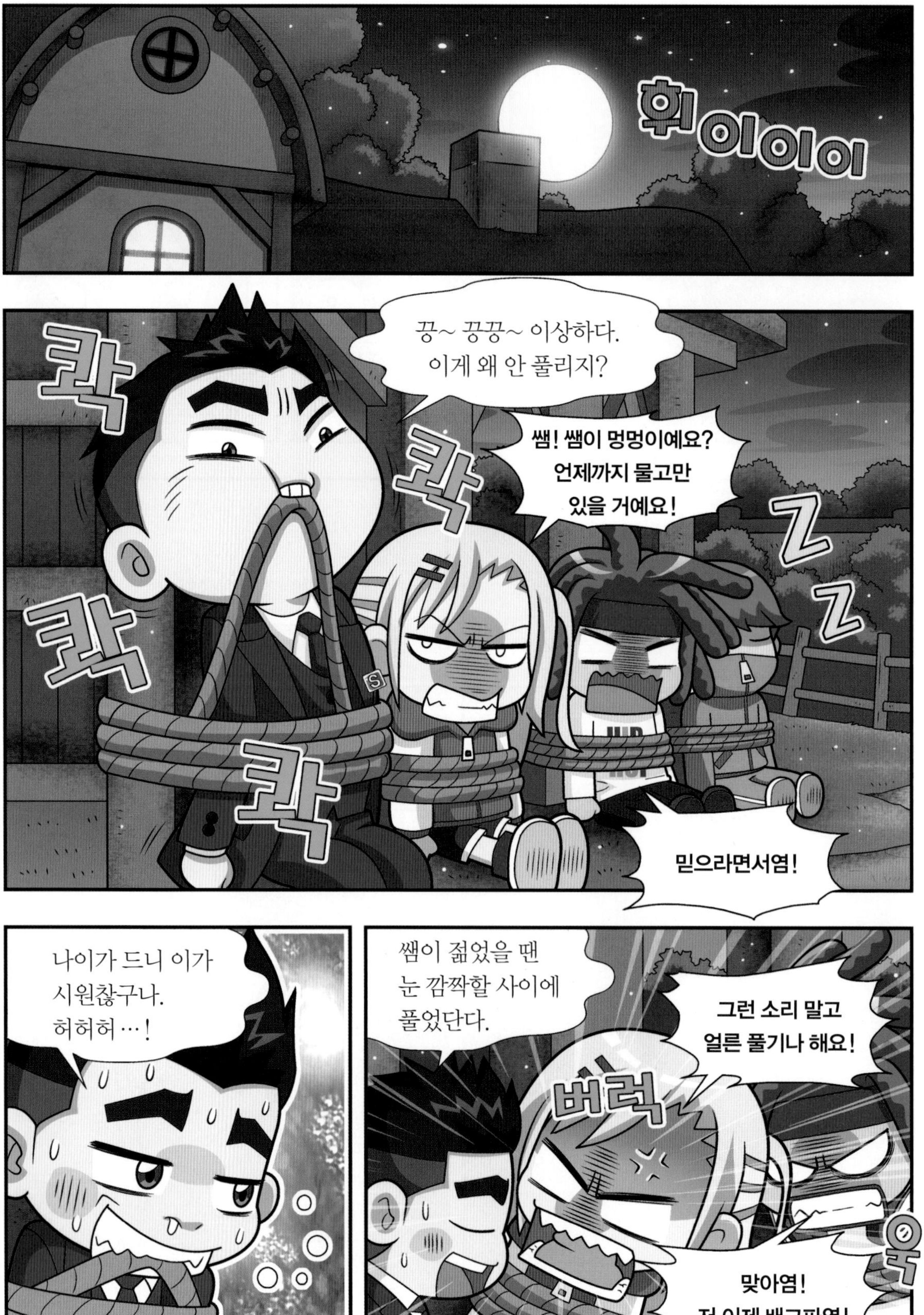
휘이이이
끙~ 끙끙~ 이상하다.
이게 왜 안 풀리지?
콱
콱
콱
콱
쌤! 쌤이 멍멍이예요?
언제까지 물고만
있을 거예요!
Z
Z
믿으라면서염!
나이가 드니 이가
시원찮구나.
허허허…!
쌤이 젊었을 땐
눈 깜짝할 사이에
풀었단다.
그런 소리 말고
얼른 풀기나 해요!
버럭
욱
맞아염!
저 이제 배고파염!

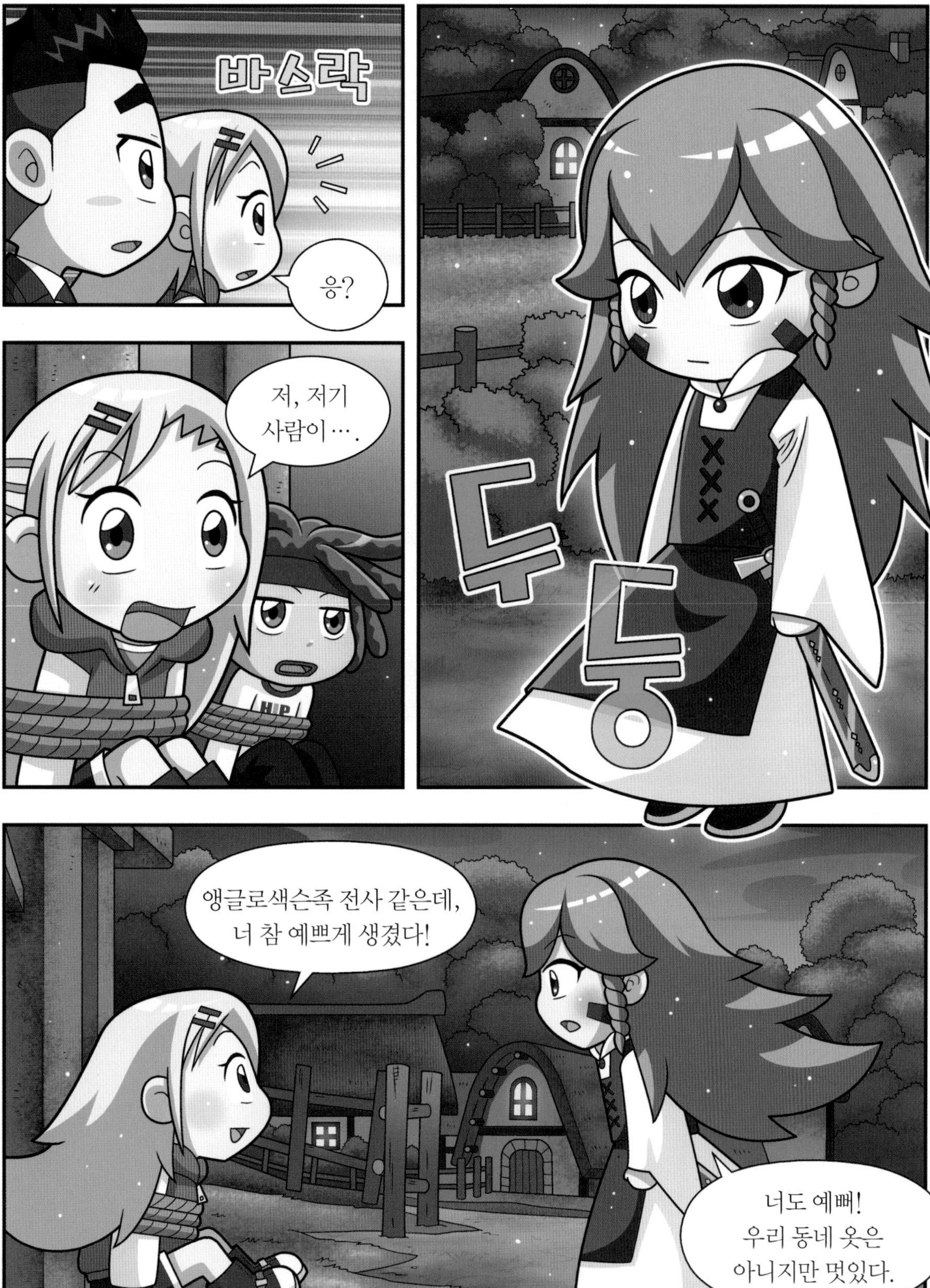

바스락
응?
저, 저기
사람이….
두둥
앵글로색슨족 전사 같은데,
너 참 예쁘게 생겼다!
너도 예뻐!
우리 동네 옷은
아니지만 멋있다.

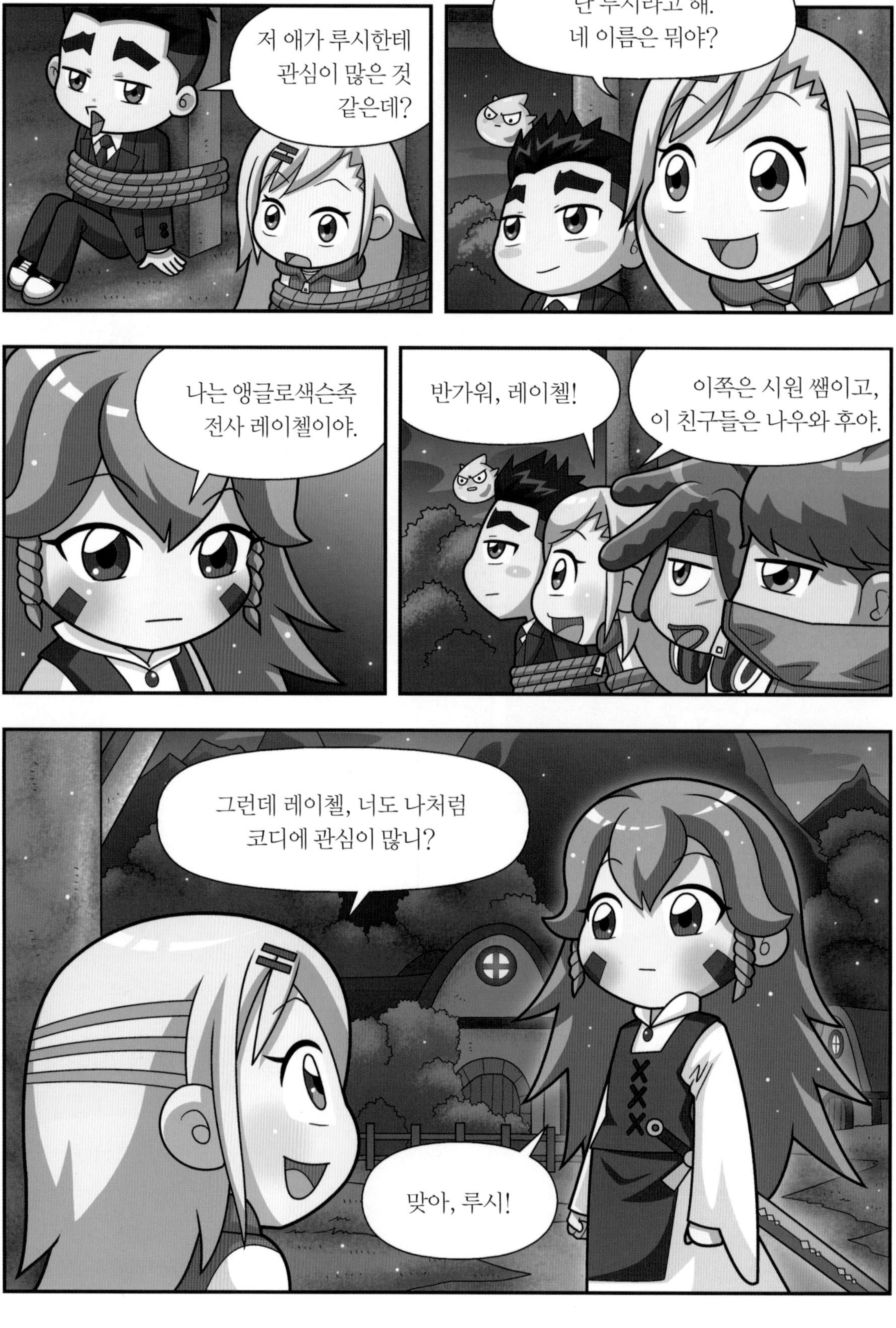
저 애가 루시한테 관심이 많은 것 같은데?
난 루시라고 해. 네 이름은 뭐야?
나는 앵글로색슨족 전사 레이첼이야.
반가워, 레이첼!
이쪽은 시원 쌤이고, 이 친구들은 나우와 후야.
그런데 레이첼, 너도 나처럼 코디에 관심이 많니?
맞아, 루시!

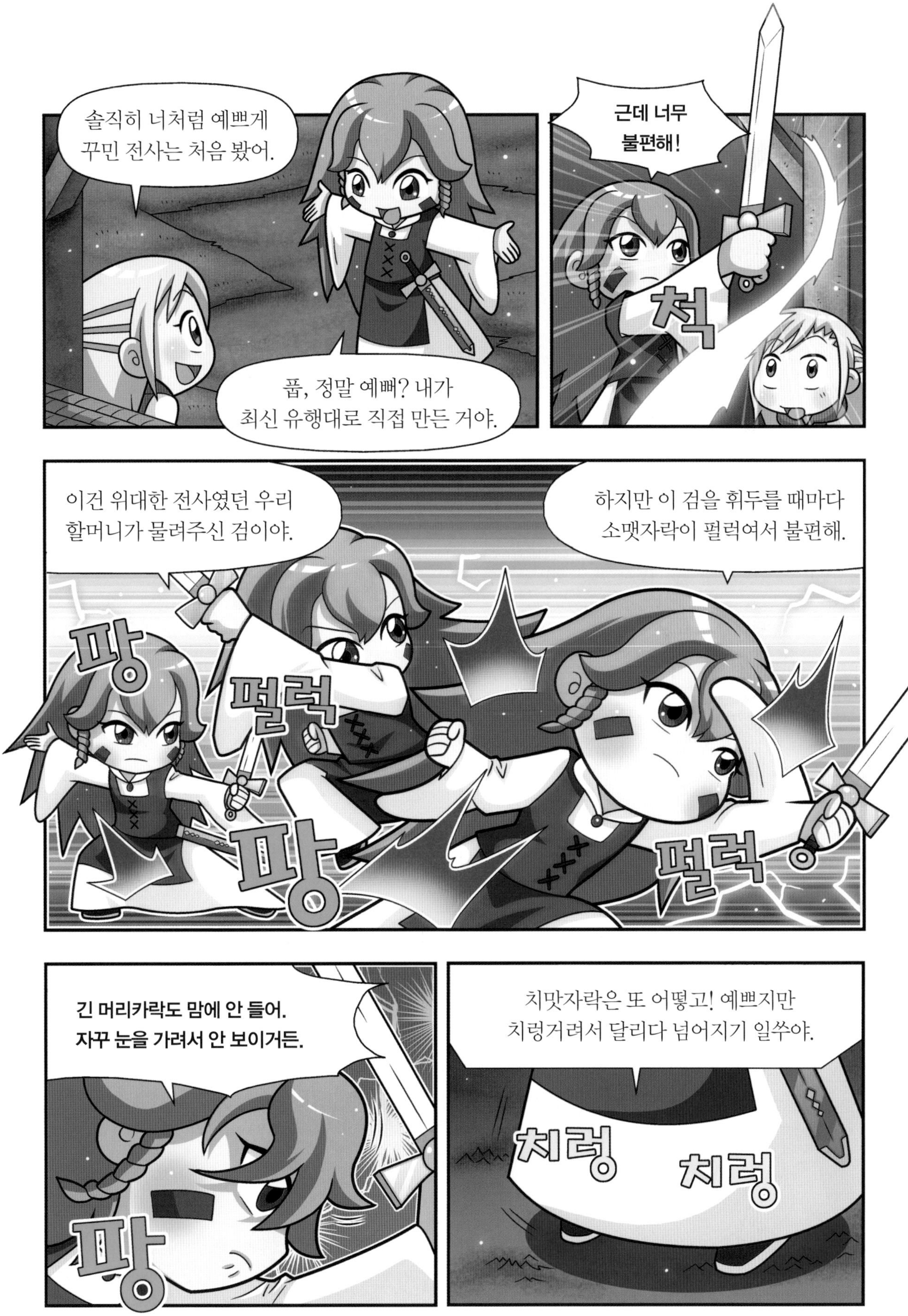
솔직히 너처럼 예쁘게
꾸민 전사는 처음 봤어.
품, 정말 예뻐? 내가
최신 유행대로 직접 만든 거야.
근데 너무
불편해!
척
이건 위대한 전사였던 우리
할머니가 물려주신 검이야.
하지만 이 검을 휘두를 때마다
소맷자락이 펄럭여서 불편해.
팡
펄럭
팡
펄럭
긴 머리카락도 맘에 안 들어.
자꾸 눈을 가려서 안 보이거든.
팡
치맛자락은 또 어떻고! 예쁘지만
치렁거려서 달리다 넘어지기 일쑤야.
치렁
치렁

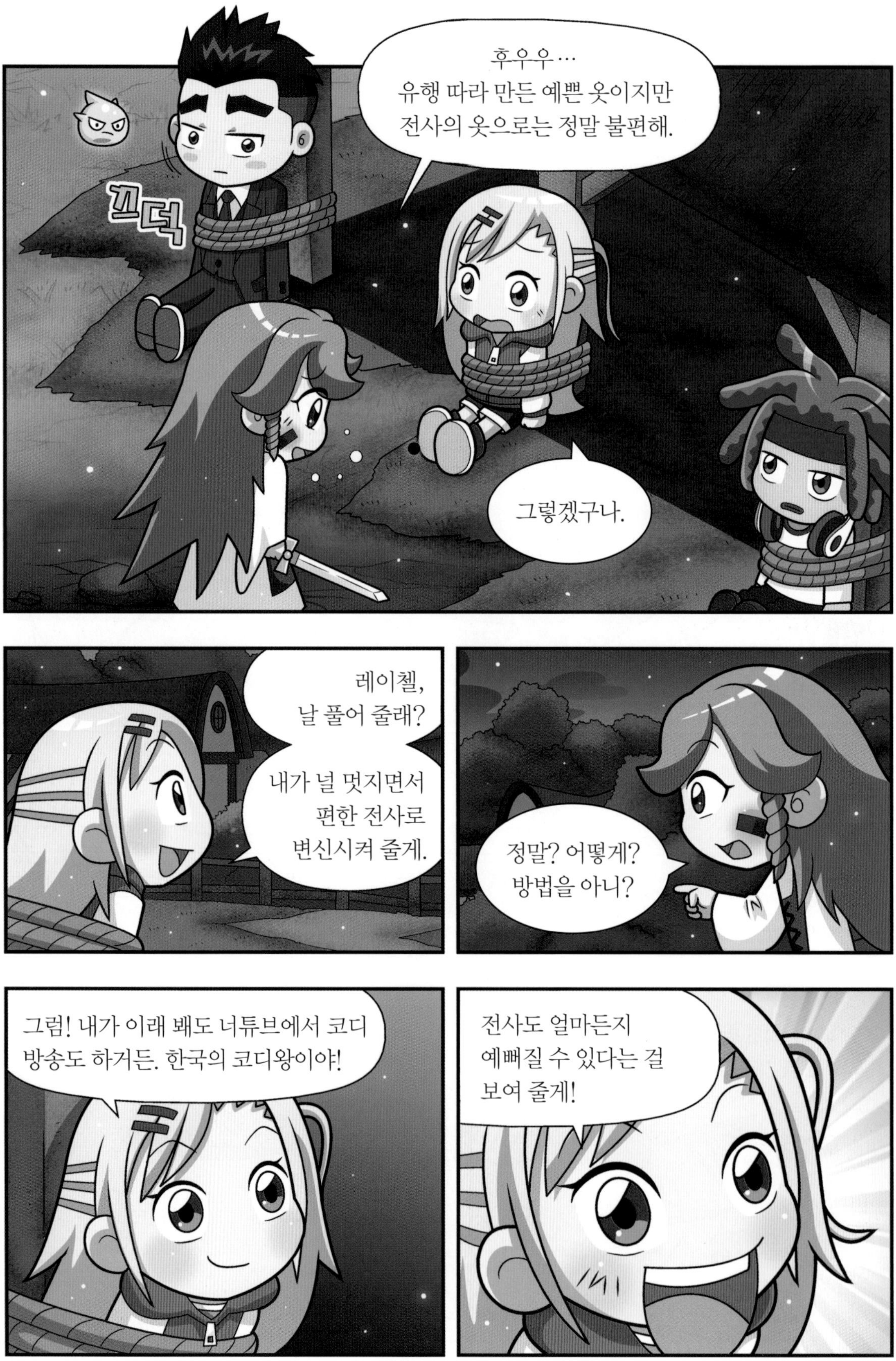

후우우…
유행 따라 만든 예쁜 옷이지만
전사의 옷으로는 정말 불편해.
끄덕
그렇겠구나.
레이첼,
날 풀어 줄래?
내가 널 멋지면서
편한 전사로
변신시켜 줄게.
정말? 어떻게?
방법을 아니?
그럼! 내가 이래 봬도 너튜브에서 코디
방송도 하거든. 한국의 코디왕이야!
전사도 얼마든지
예뻐질 수 있다는 걸
보여 줄게!

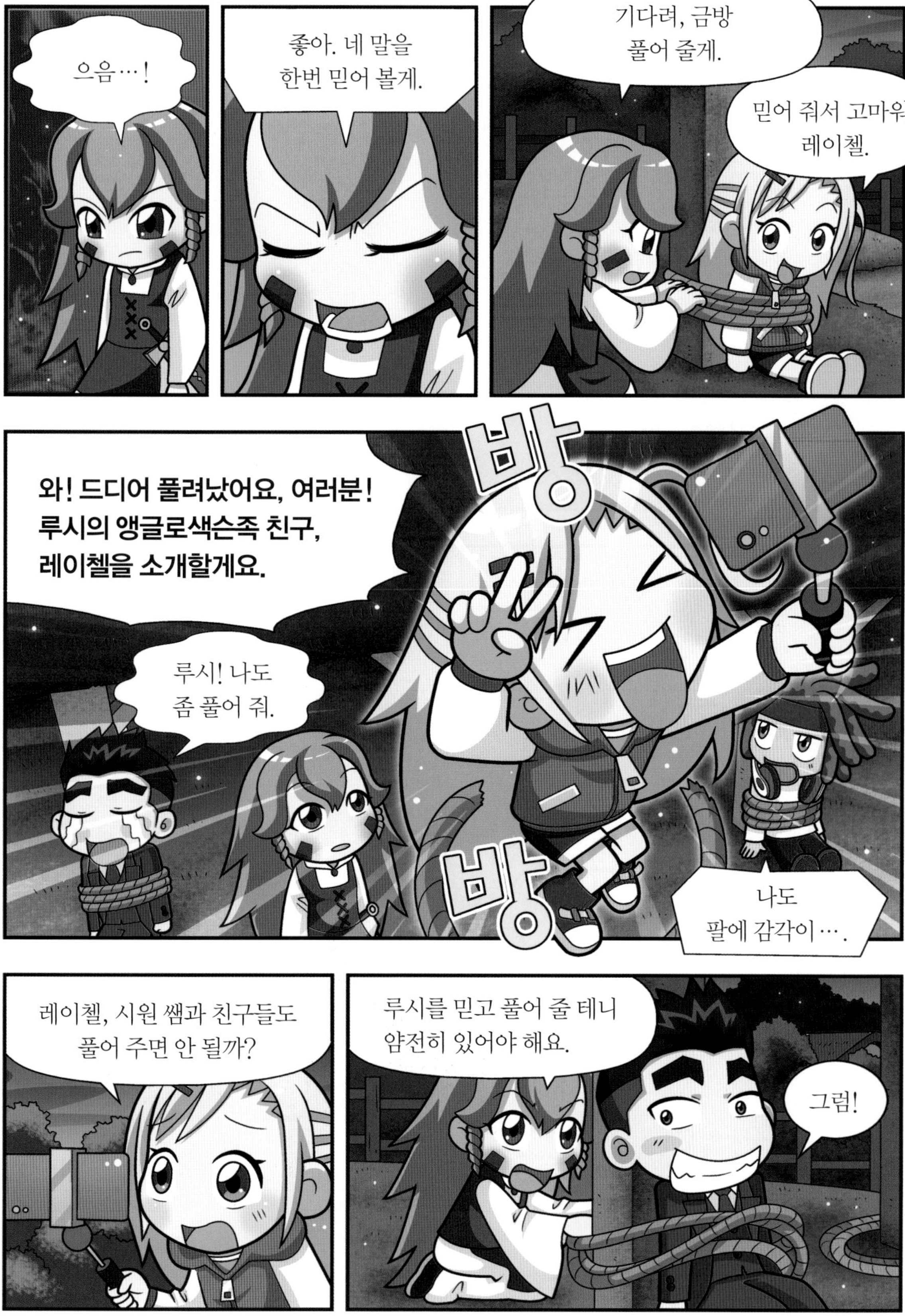

으음…!
좋아. 네 말을 한번 믿어 볼게.
기다려, 금방 풀어 줄게.
믿어 줘서 고마워, 레이첼.
방
와! 드디어 풀려났어요, 여러분! 루시의 앵글로색슨족 친구, 레이첼을 소개할게요.
루시! 나도 좀 풀어 줘.
방
나도 팔에 감각이….
레이첼, 시원 쌤과 친구들도 풀어 주면 안 될까?
루시를 믿고 풀어 줄 테니 얌전히 있어야 해요.
그럼!

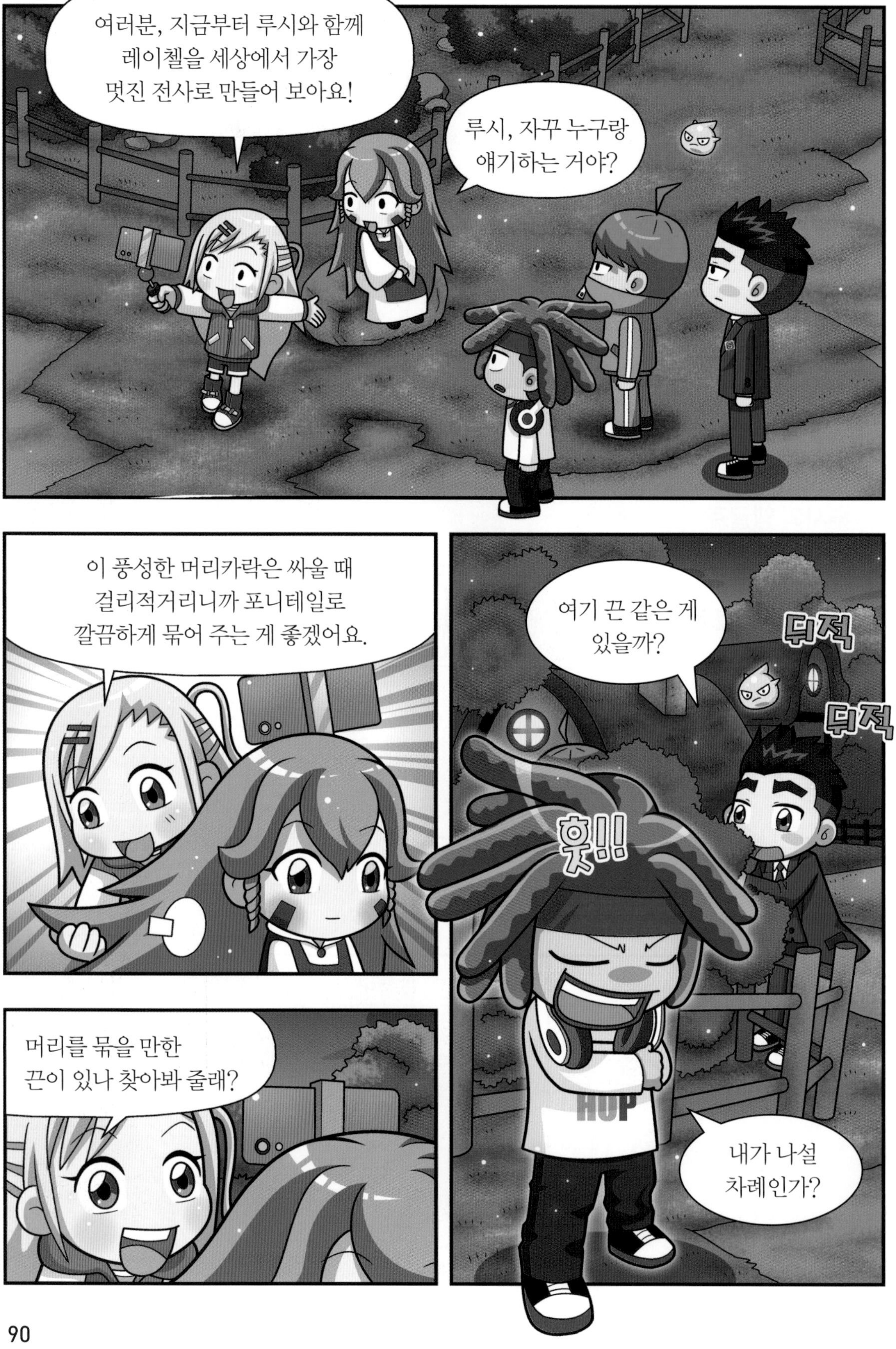

여러분, 지금부터 루시와 함께 레이첼을 세상에서 가장 멋진 전사로 만들어 보아요!
루시, 자꾸 누구랑 얘기하는 거야?
이 풍성한 머리카락은 싸울 때 걸리적거리니까 포니테일로 깔끔하게 묶어 주는 게 좋겠어요.
머리를 묶을 만한 끈이 있나 찾아봐 줄래?
여기 끈 같은 게 있을까?
뒤적
뒤적
훗!!
HOP
내가 나설 차례인가?

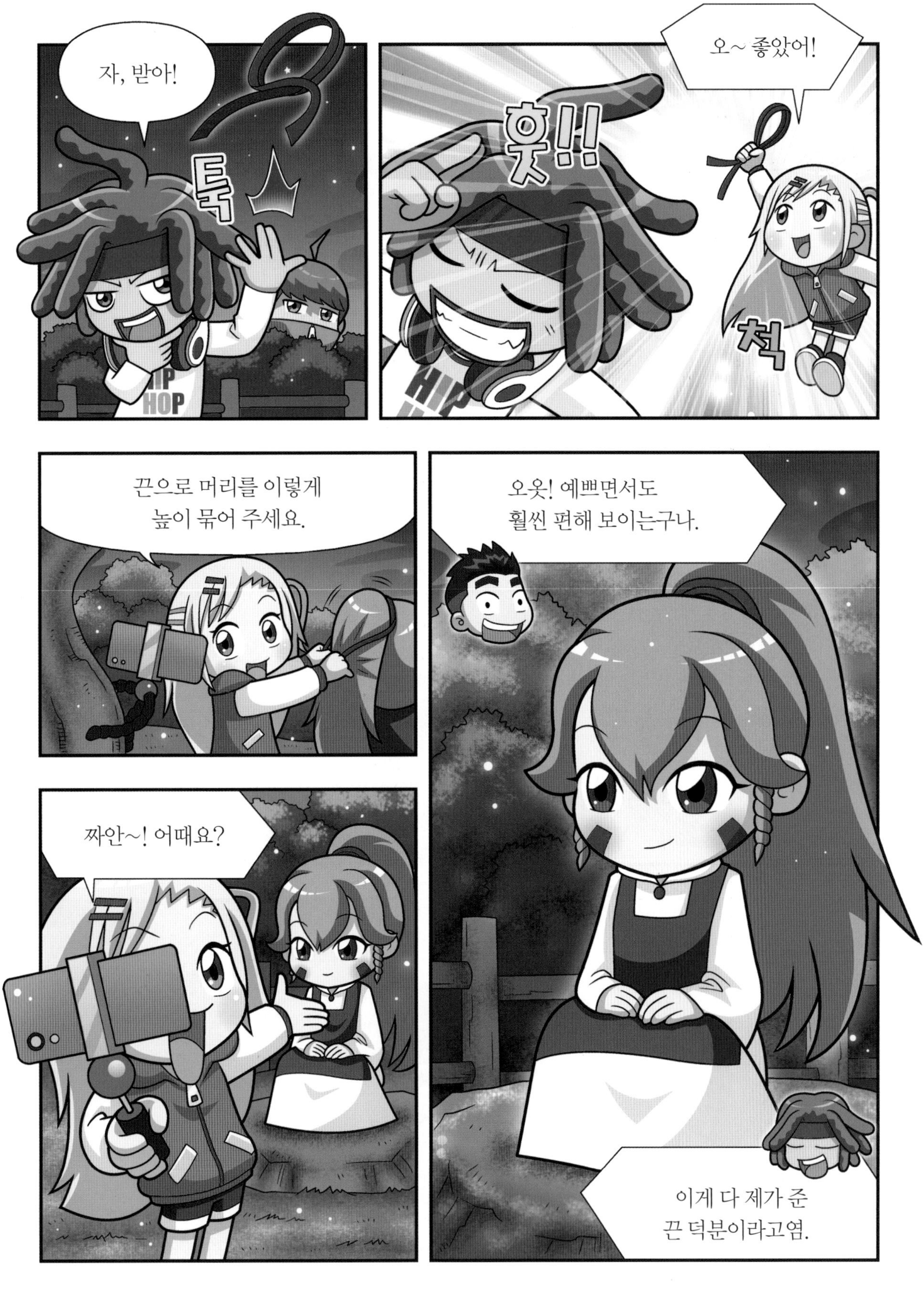
자, 받아!
툭
HIP HOP
오~ 좋았어!
휫!!
척
HIP
끈으로 머리를 이렇게
높이 묶어 주세요.
오옷! 예쁘면서도
훨씬 편해 보이는구나.
짜안~! 어때요?
이게 다 제가 준
끈 덕분이라고염.

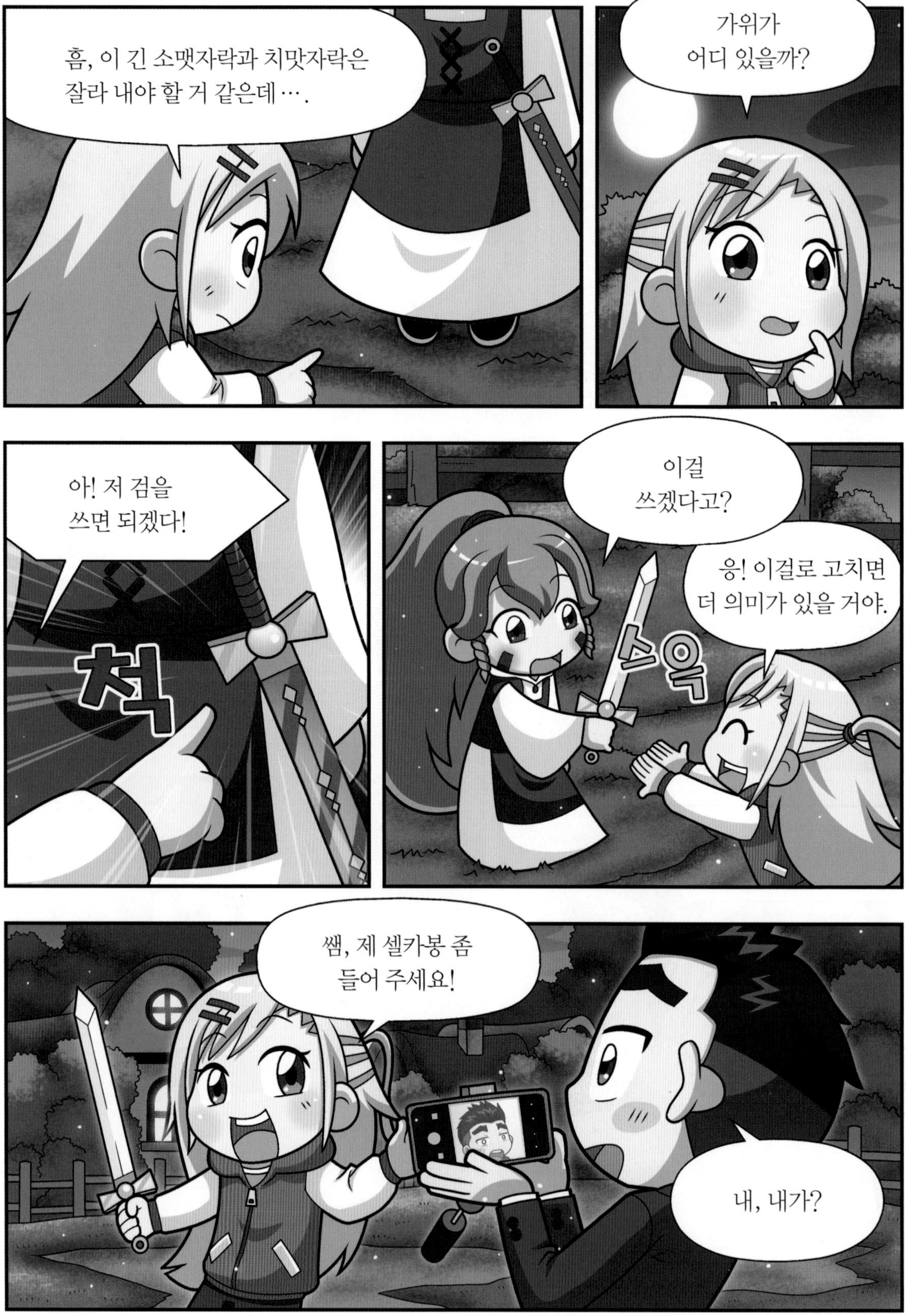
흠, 이 긴 소맷자락과 치맛자락은 잘라 내야 할 거 같은데….
가위가 어디 있을까?
아! 저 검을 쓰면 되겠다!
척
이걸 쓰겠다고?
스윽
응! 이걸로 고치면 더 의미가 있을 거야.
쌤, 제 셀카봉 좀 들어 주세요!
내, 내가?

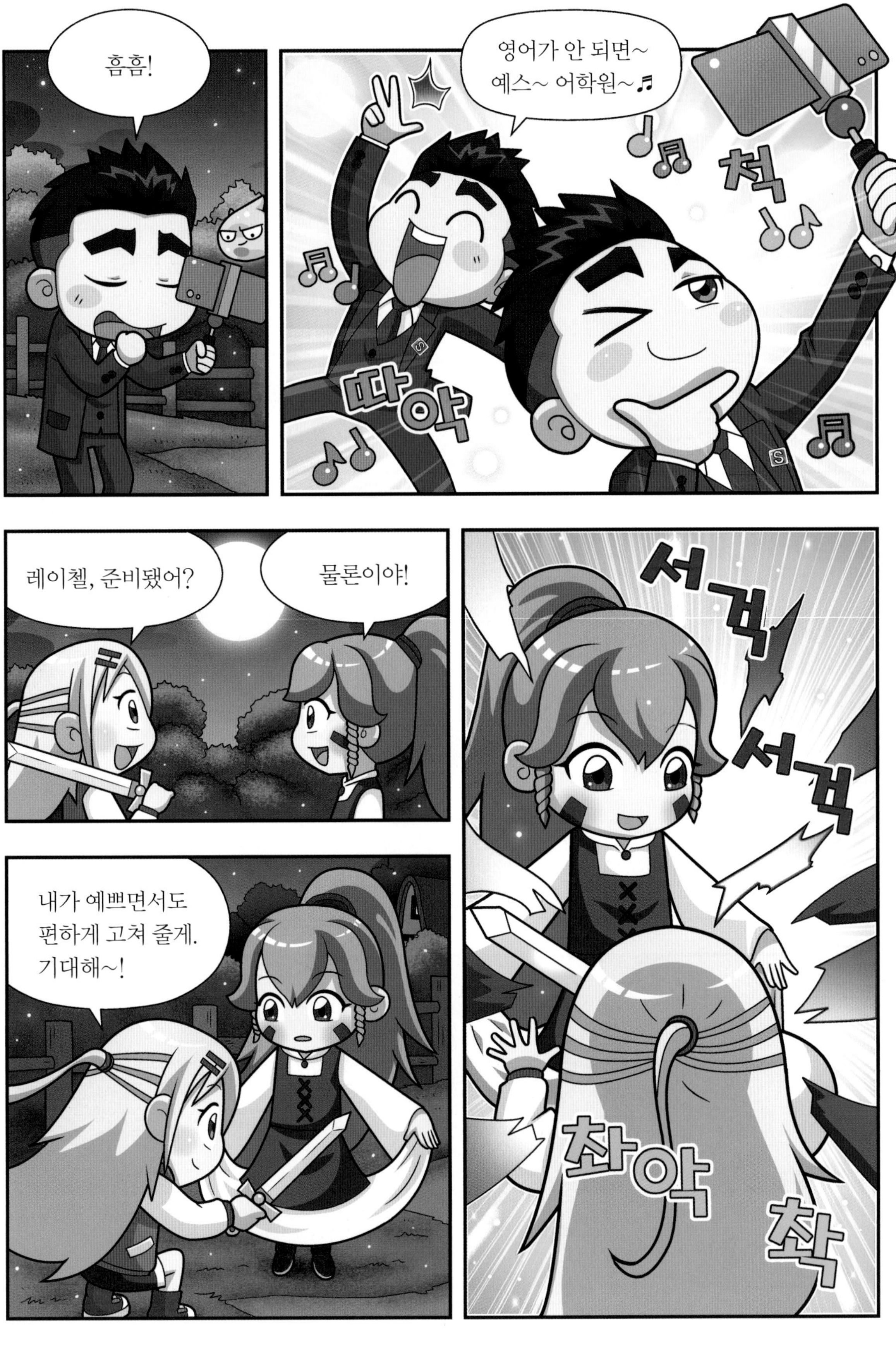

흠흠!
영어가 안 되면~
예스~ 어학원~♬
척
따악
레이첼, 준비됐어?
물론이야!
내가 예쁘면서도
편하게 고쳐 줄게.
기대해~!
서걱
서걱
촤악
착

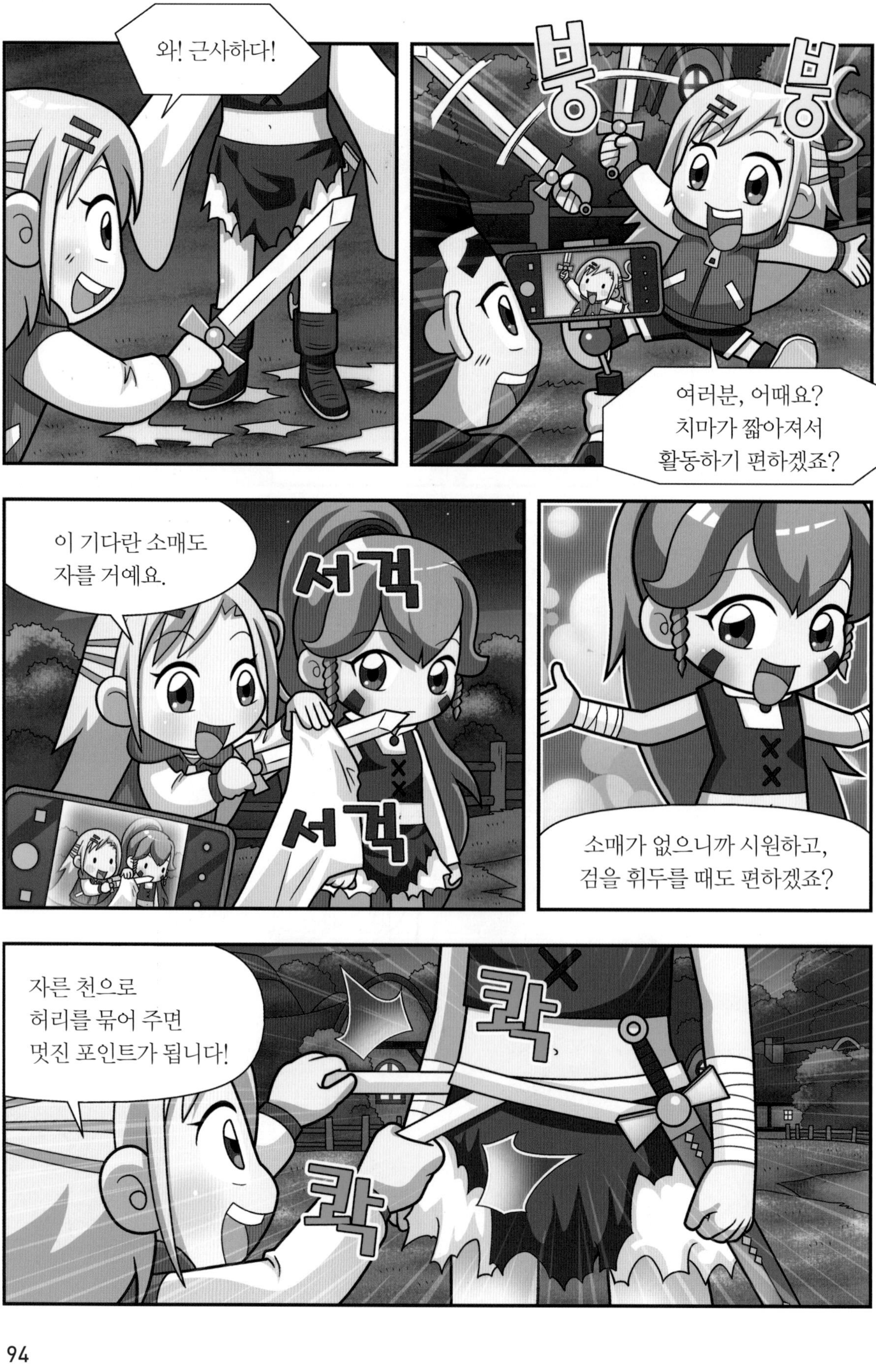
와! 근사하다!
붕
붕
여러분, 어때요? 치마가 짧아져서 활동하기 편하겠죠?
이 기다란 소매도 자를 거예요.
서걱
서걱
소매가 없으니까 시원하고, 검을 휘두를 때도 편하겠죠?
자른 천으로 허리를 묶어 주면 멋진 포인트가 됩니다!
콱,
콱

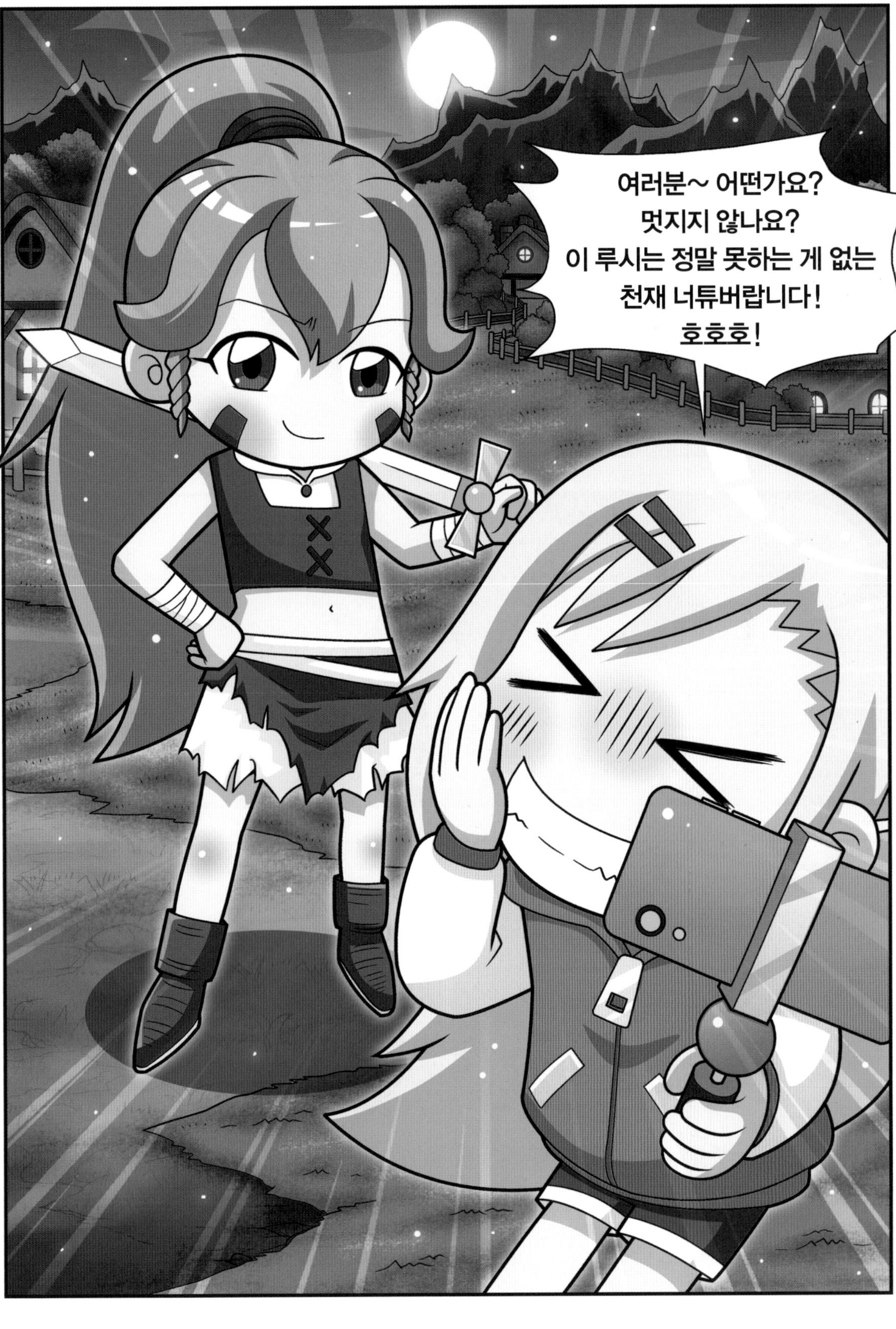
여러분~ 어떤가요?
멋지지 않나요?
이 루시는 정말 못하는 게 없는
천재 너튜버랍니다!
호호호!

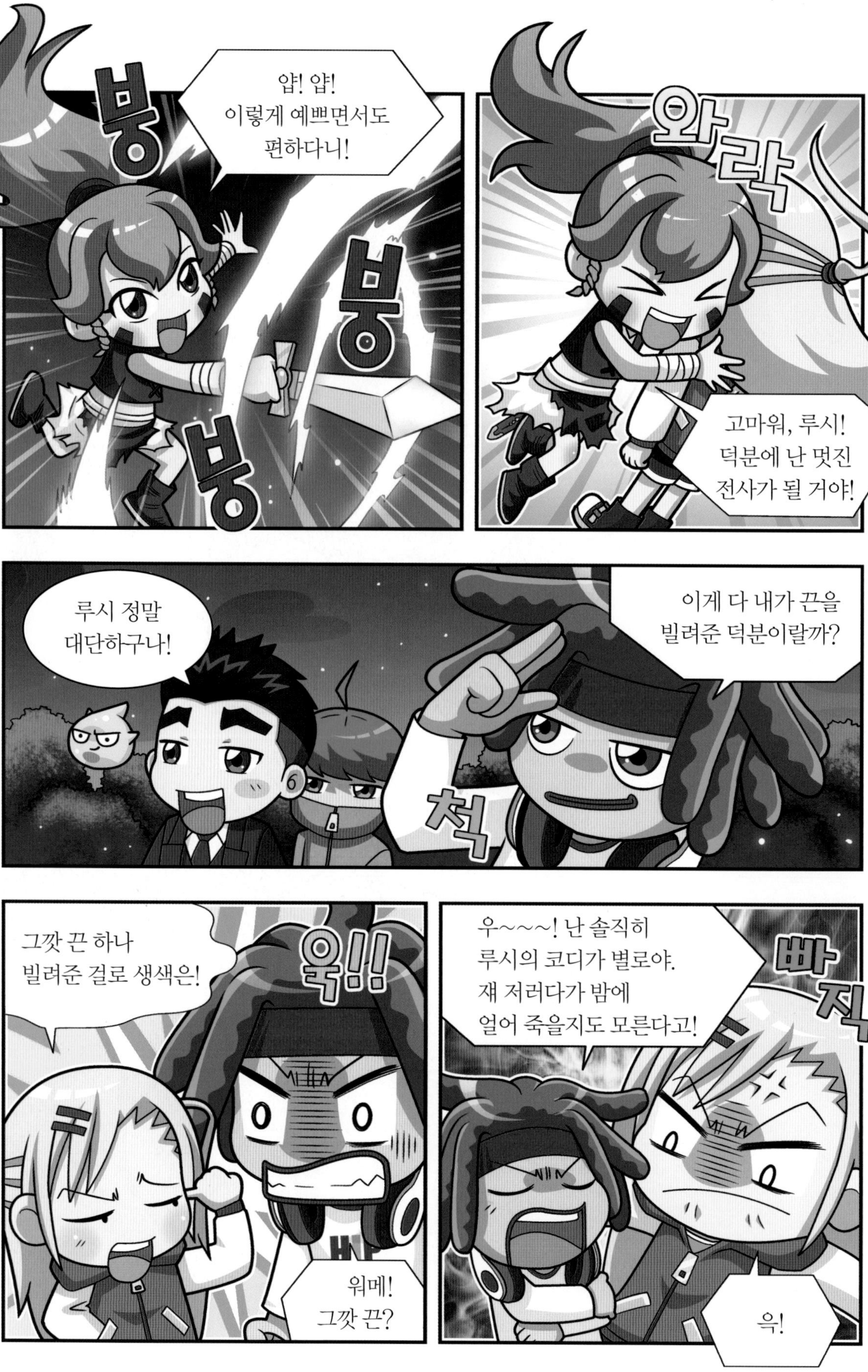
붕
얍! 얍!
이렇게 예쁘면서도
편하다니!
붕
붕
와락
고마워, 루시!
덕분에 난 멋진
전사가 될 거야!
루시 정말
대단하구나!
이게 다 내가 끈을
빌려준 덕분이랄까?
척
그깟 끈 하나
빌려준 걸로 생색은!
욱!!
워메!
그깟 끈?
우~~~! 난 솔직히
루시의 코디가 별로야.
재 저러다가 밤에
얼어 죽을지도 모른다고!
빠직
읔!

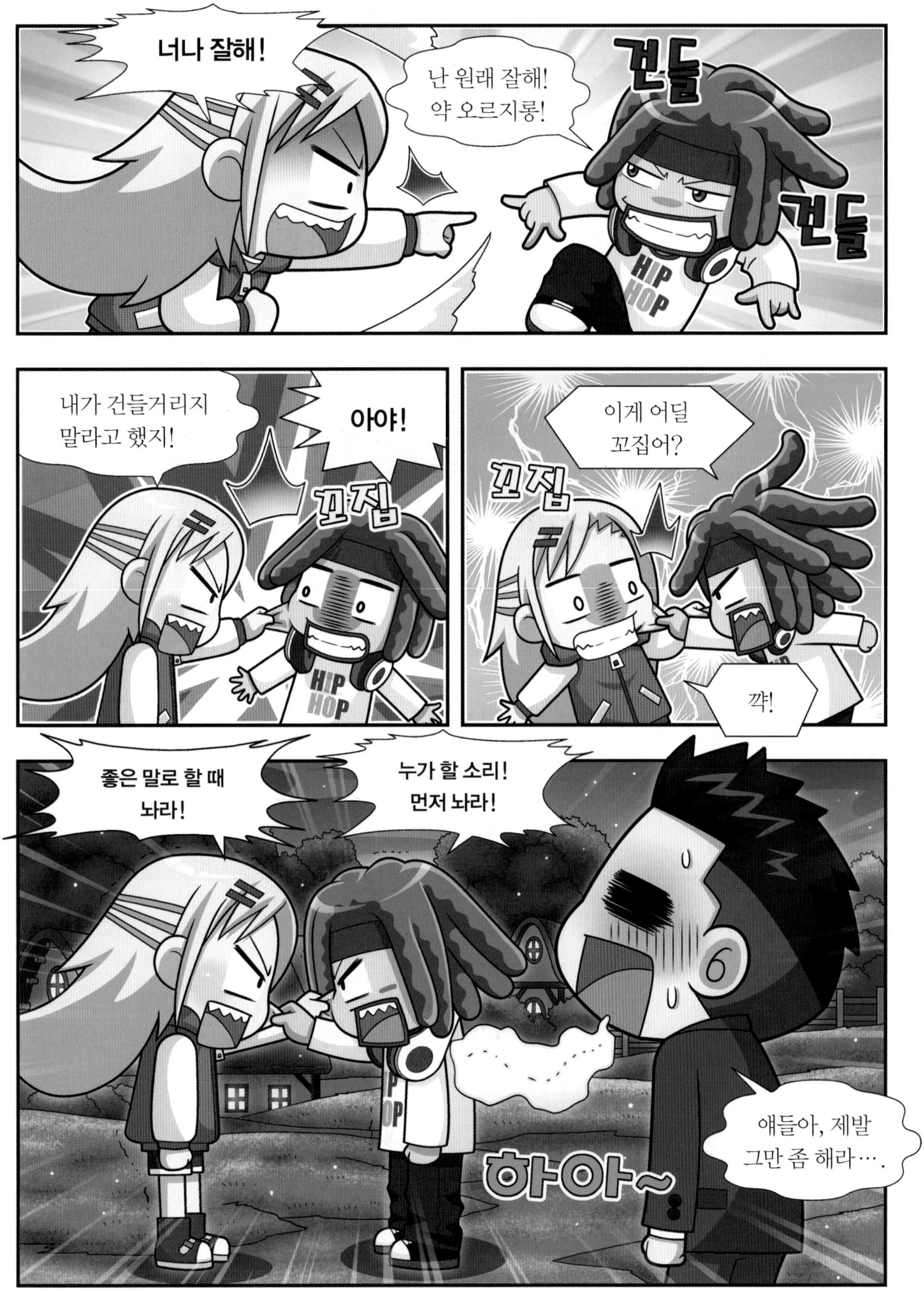
너나 잘해!
난 원래 잘해!
약 오르지롱!
건들
건들
HIP HOP
내가 건들거리지
말라고 했지!
아야!
꼬집
HIP HOP
이게 어딜
꼬집어?
꼬집
꽉!
좋은 말로 할 때
놔라!
누가 할 소리!
먼저 놔라!
하아~
애들아, 제발
그만 좀 해라….

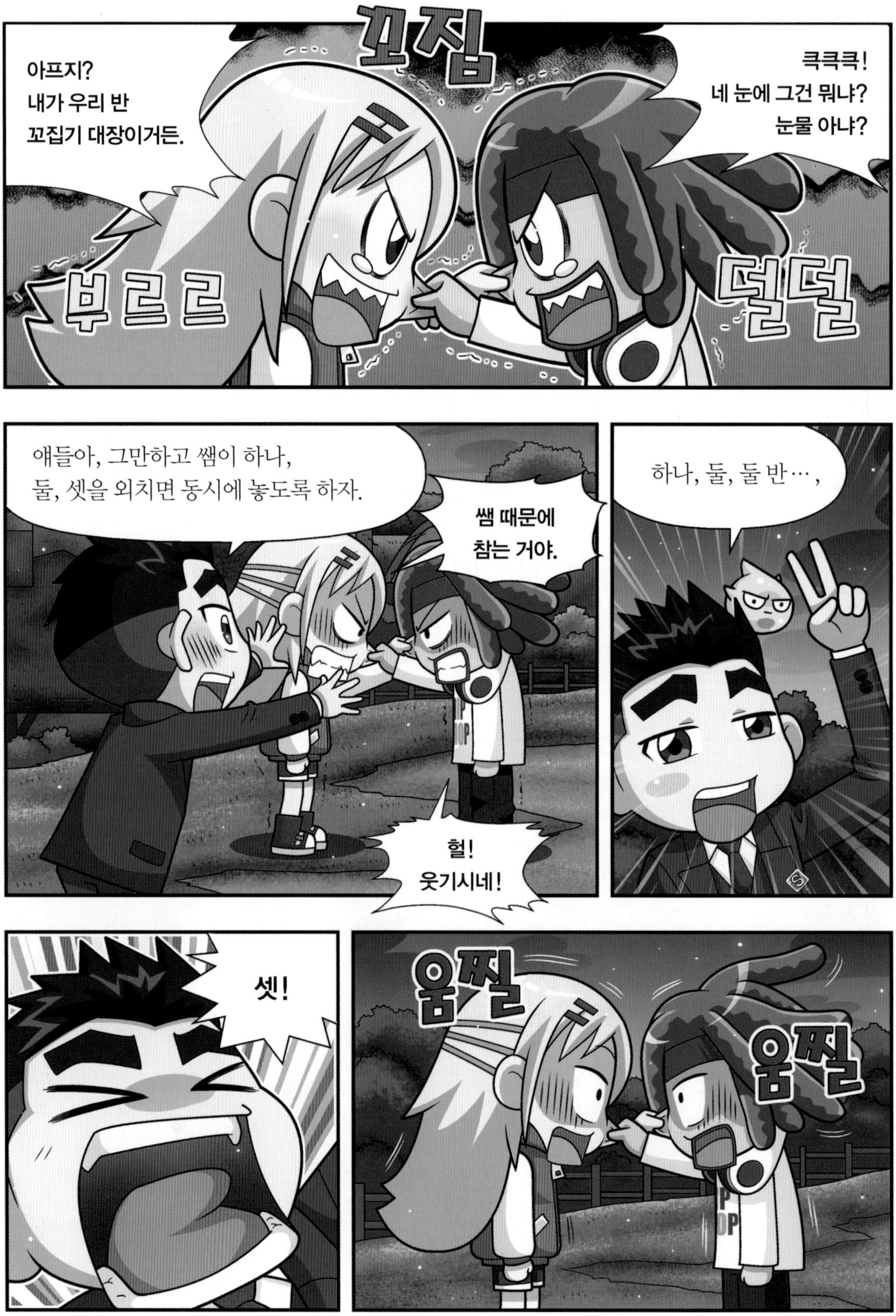
꼬집
아프지? 내가 우리 반 꼬집기 대장이거든.
크크크! 네 눈에 그건 뭐냐? 눈물 아냐?
부르르
덜덜
얘들아, 그만하고 쌤이 하나, 둘, 셋을 외치면 동시에 놓도록 하자.
쌤 때문에 참는 거야.
헐! 웃기시네!
하나, 둘, 둘 반…,
셋!
움찔
움찔

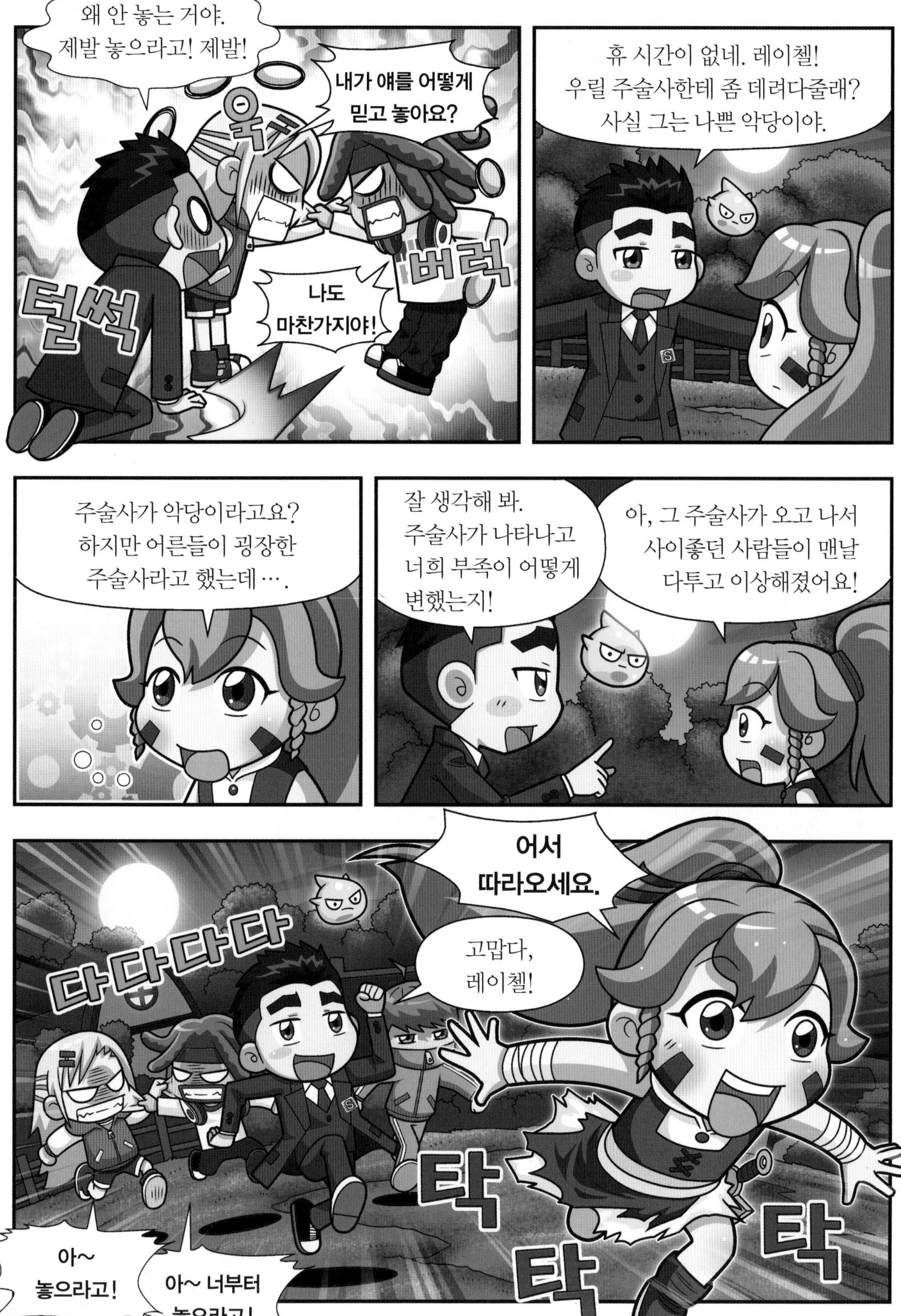
왜 안 놓는 거야.
제발 놓으라고! 제발!
욱
내가 얘를 어떻게 믿고 놓아요?
나도 마찬가지야!
털썩
버럭
휴 시간이 없네. 레이첼!
우릴 주술사한테 좀 데려다줄래?
사실 그는 나쁜 악당이야.
주술사가 악당이라고요? 하지만 어른들이 굉장한 주술사라고 했는데….
잘 생각해 봐. 주술사가 나타나고 너희 부족이 어떻게 변했는지!
아, 그 주술사가 오고 나서 사이좋던 사람들이 맨날 다투고 이상해졌어요!
어서 따라오세요.
고맙다, 레이첼!
다다다다다
탁
탁
탁
아~ 놓으라고!
아~ 너부터 놓으라고!

Chapter 5

쭈루쭈루 빅캣

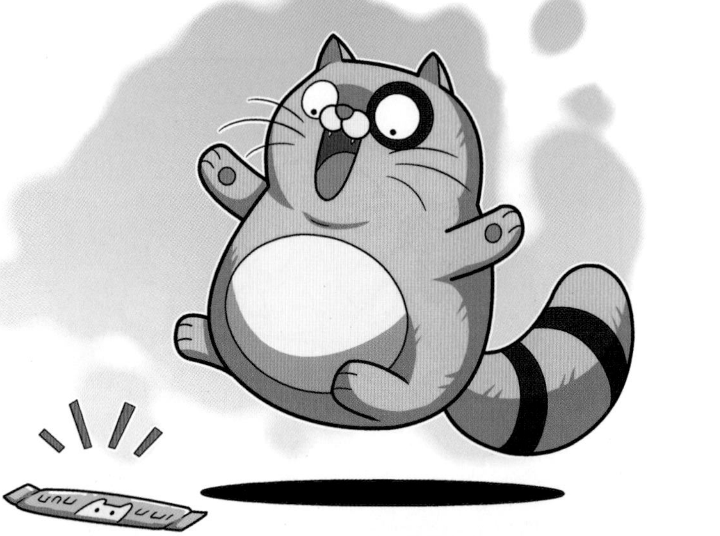

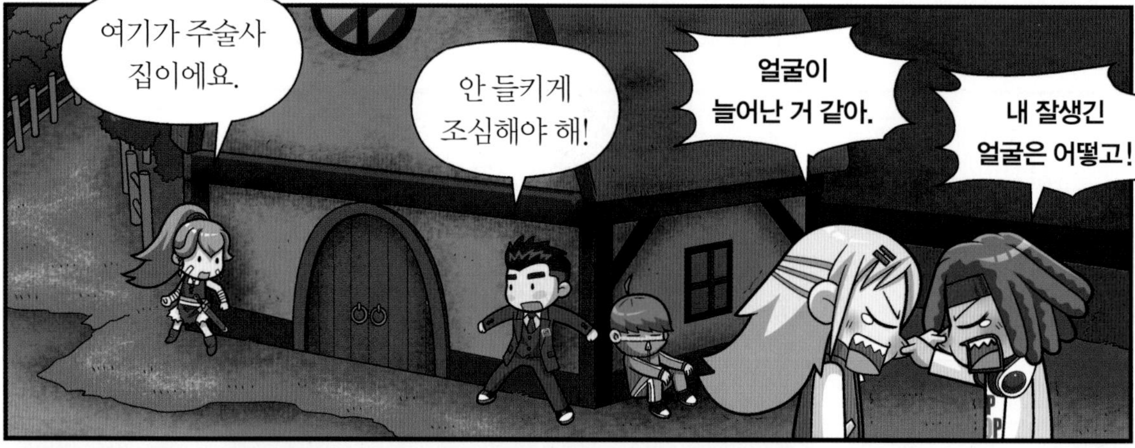
여기가 주술사 집이에요.
안 들키게 조심해야 해!
얼굴이 늘어난 거 같아.
내 잘생긴 얼굴은 어떻고!

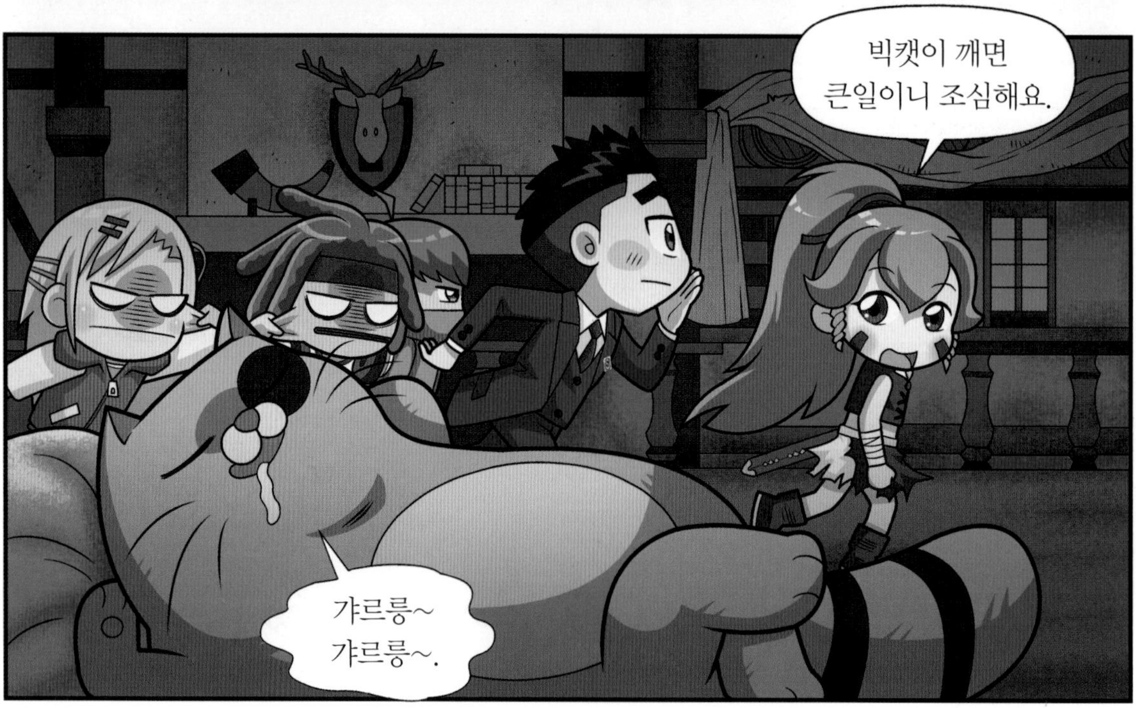
빅캣이 깨면 큰일이니 조심해요.
갸르릉~ 갸르릉~.

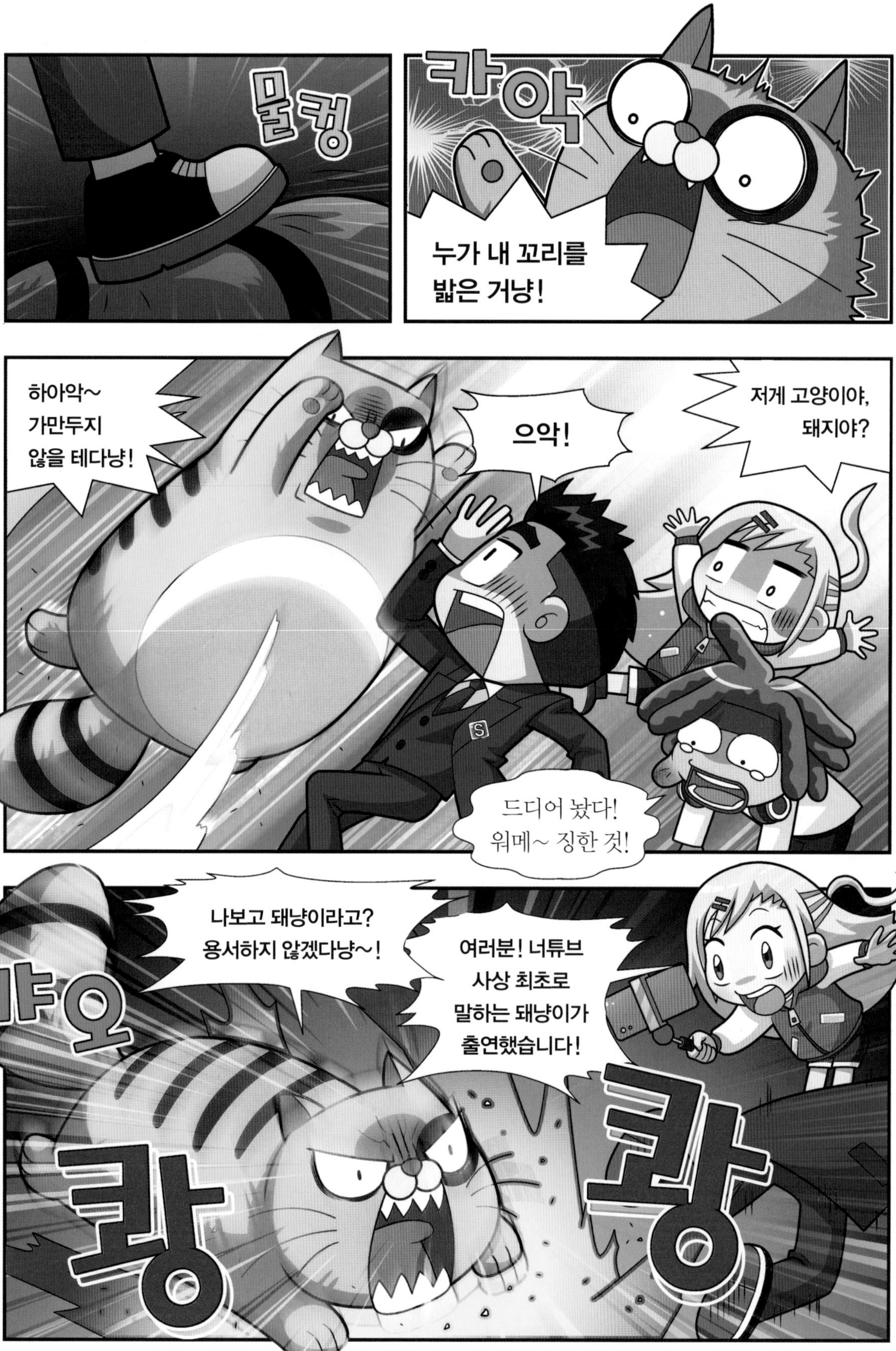

물컹
카약
누가 내 꼬리를 밟은 거냥!
하아악~ 가만두지 않을 테다냥!
으악!
저게 고양이야, 돼지야?
드디어 놨다! 워메~ 징한 것!
캬오
나보고 돼냥이라고? 용서하지 않겠다냥~!
여러분! 너튜브 사상 최초로 말하는 돼냥이가 출연했습니다!
쾅
쾅

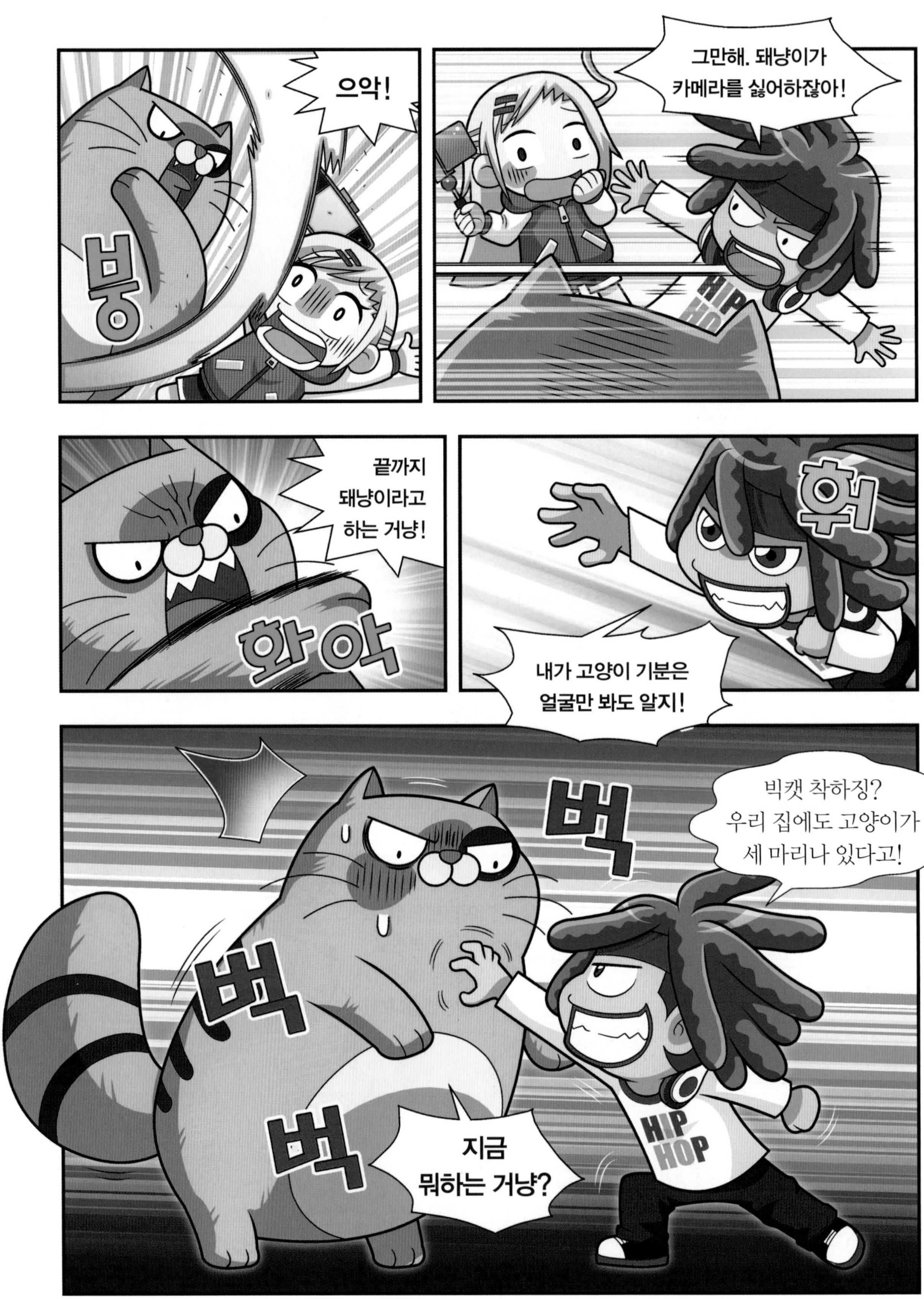
으악!
붕
그만해. 돼냥이가
카메라를 싫어하잖아!
끝까지
돼냥이라고
하는 거냥!
화악
휙
내가 고양이 기분은
얼굴만 봐도 알지!
벅
빅캣 착하징?
우리 집에도 고양이가
세 마리나 있다고!
벅
벅
지금
뭐하는 거냥?

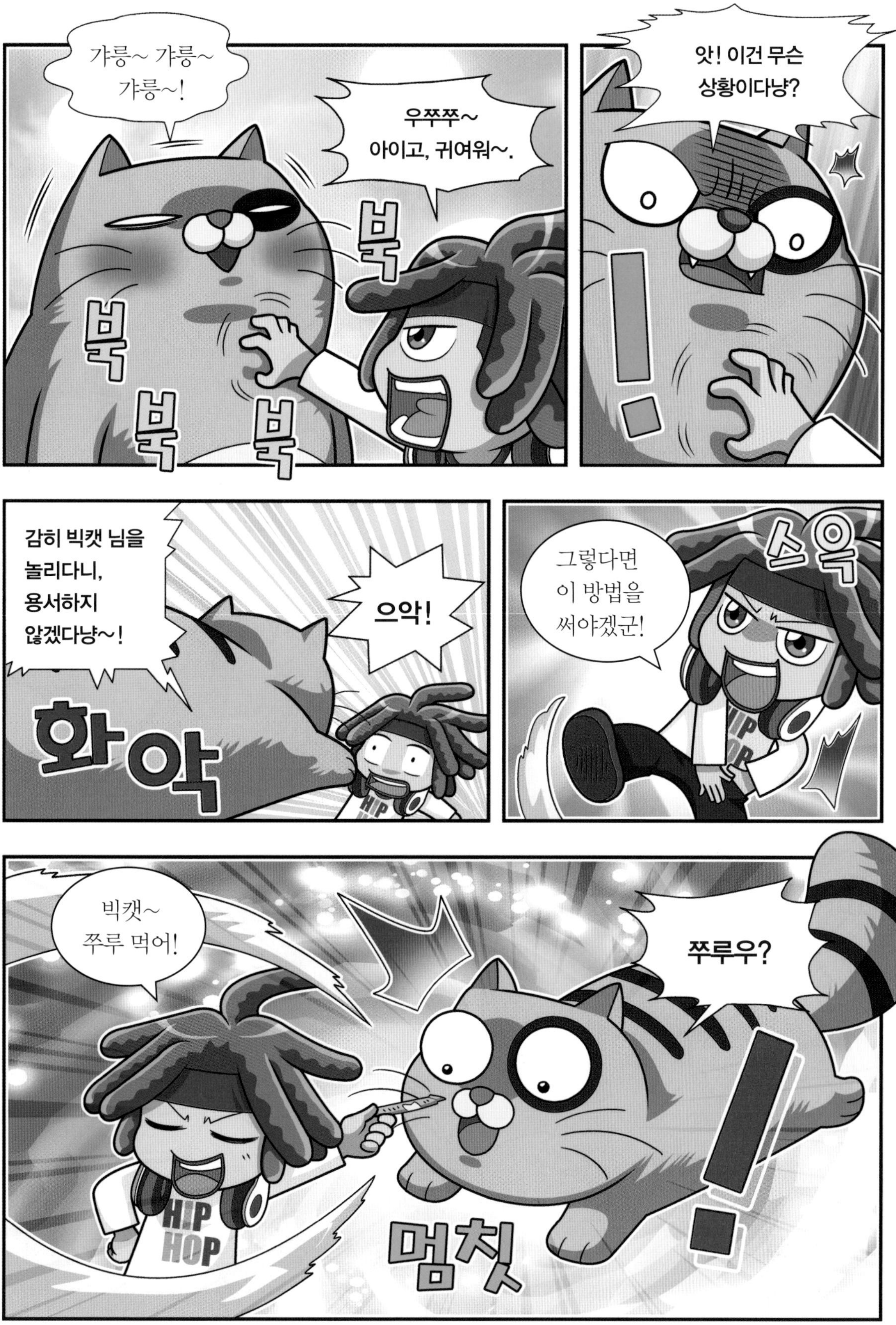

갸릉~ 갸릉~ 갸릉~!
우쭈쭈~ 아이고, 귀여워~.
북
북
북
북
앗! 이건 무슨 상황이다냥?
!
감히 빅캣 님을 놀리다니, 용서하지 않겠다냥~!
으악!
화악
그렇다면 이 방법을 써야겠군!
스윽
빅캣~ 쭈루 먹어!
쭈루우?
멈칫
!

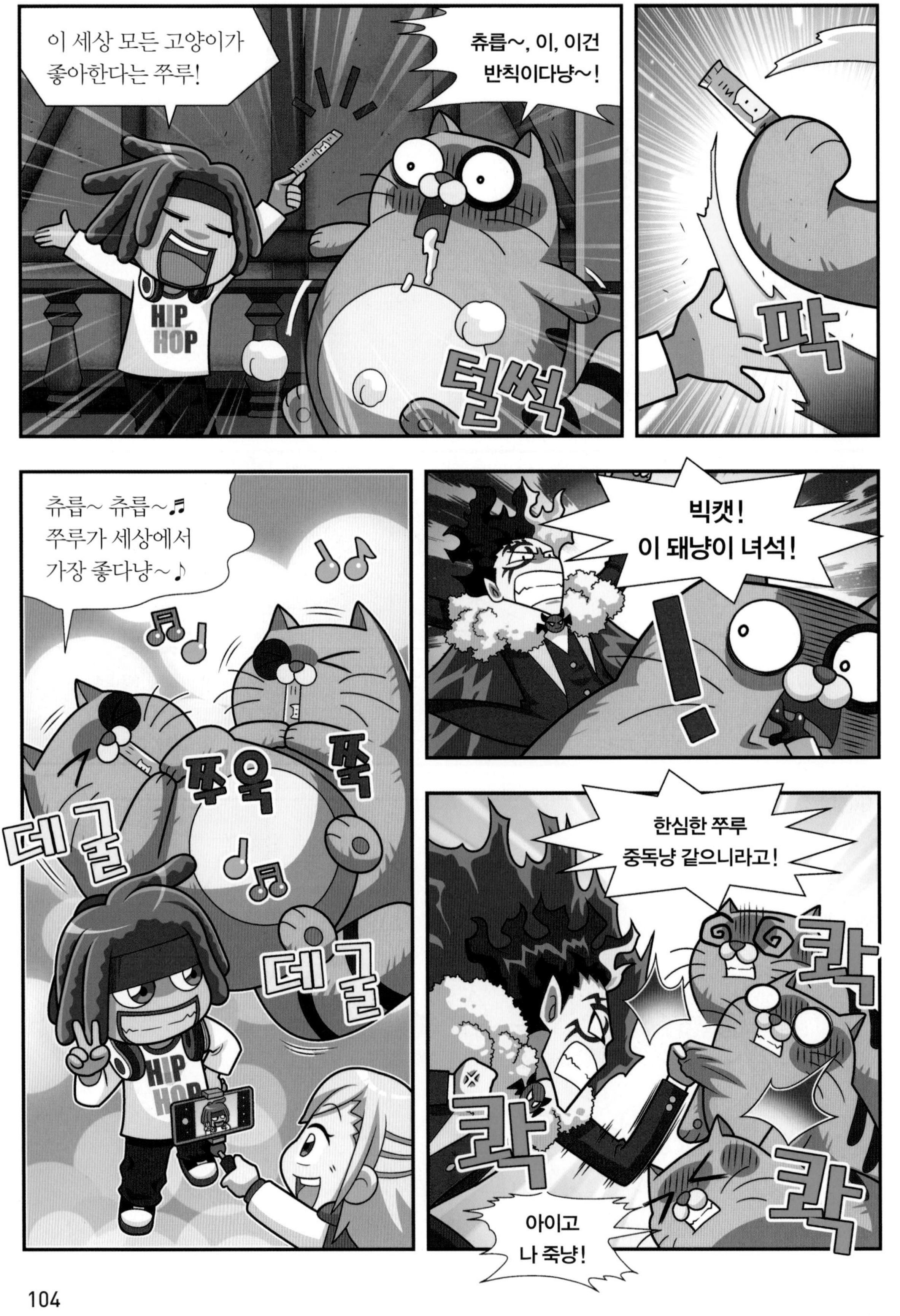

이 세상 모든 고양이가 좋아한다는 쭈루!
츄릅~, 이, 이건 반칙이다냥~!
덥석
팍
츄릅~ 츄릅~♬ 쭈루가 세상에서 가장 좋다냥~♪
쪼옥
쪽
데굴
데굴
빅캣! 이 돼냥이 녀석!
!
한심한 쭈루 중독냥 같으니라고!
콱
콱
콱
아이고 나 죽냥!

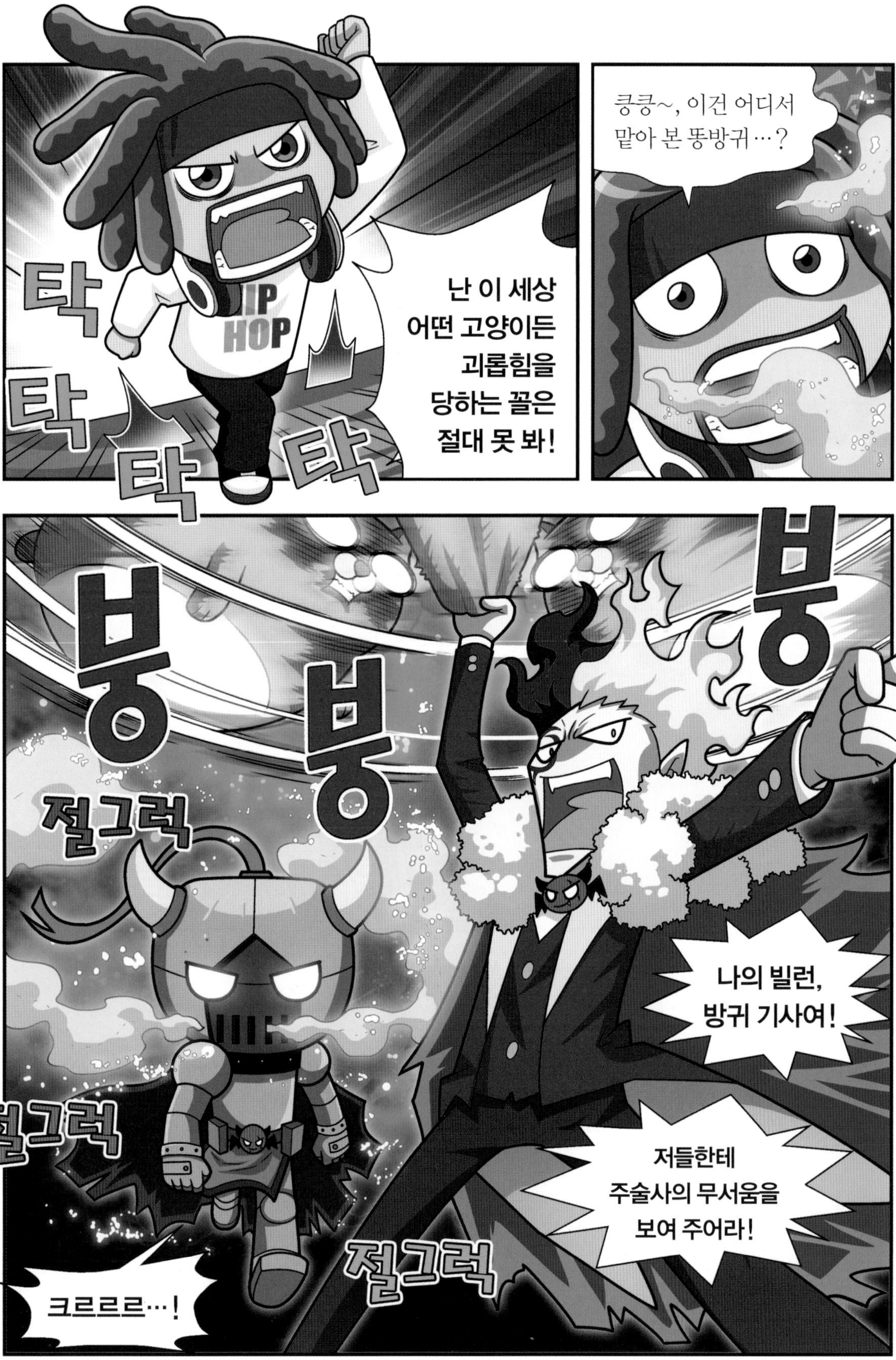
탁
탁
탁
탁
난 이 세상 어떤 고양이든 괴롭힘을 당하는 꼴은 절대 못 봐!
킁킁~, 이건 어디서 맡아 본 똥방귀…?
붕
붕
붕
절그럭
나의 빌런, 방귀 기사여!
저들한테 주술사의 무서움을 보여 주어라!
절그럭
절그럭
크르르르…!

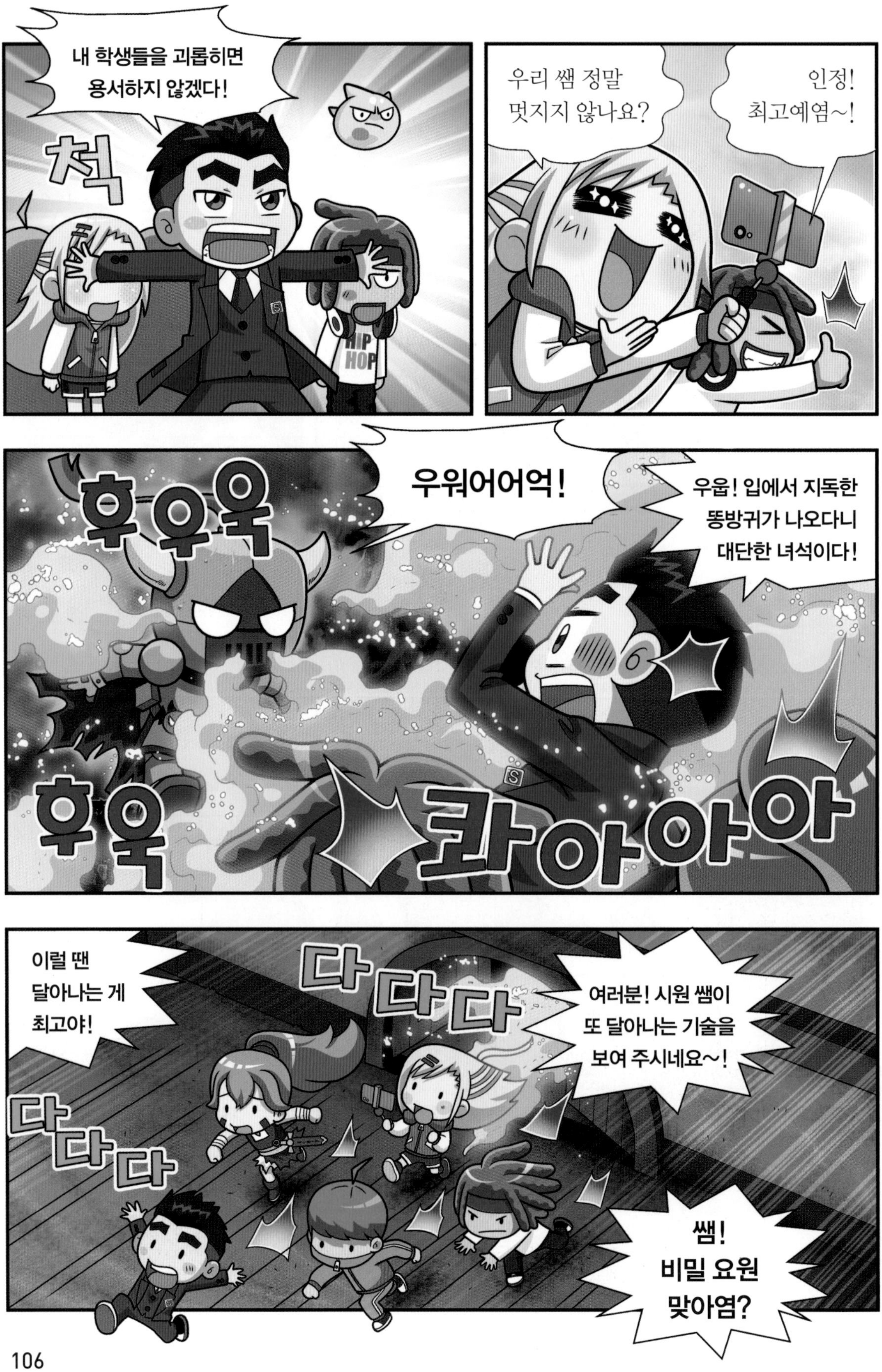

내 학생들을 괴롭히면 용서하지 않겠다!
척
우리 쌤 정말 멋지지 않나요?
인정! 최고예염~!
후우욱
우워어어억!
우웁! 입에서 지독한 똥방귀가 나오다니 대단한 녀석이다!
후욱
콰아아아
이럴 땐 달아나는 게 최고야!
다다다
여러분! 시원 쌤이 또 달아나는 기술을 보여 주시네요~!
다다다
쌤! 비밀 요원 맞아염?

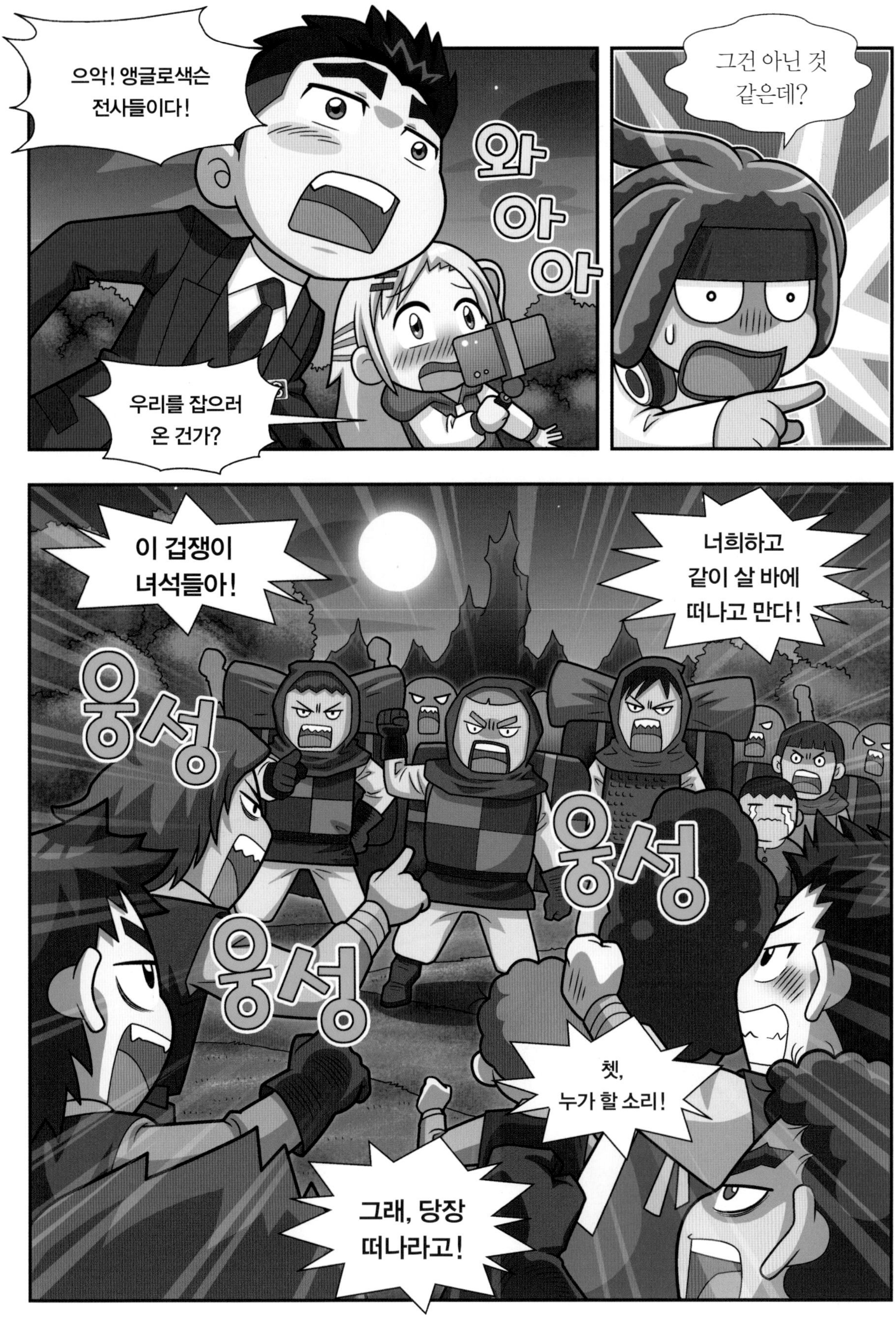

으악! 앵글로색슨 전사들이다!
와아아
우리를 잡으러 온 건가?
그건 아닌 것 같은데?
이 겁쟁이 녀석들아!
너희하고 같이 살 바에 떠나고 만다!
웅성
웅성
웅성
쳇, 누가 할 소리!
그래, 당장 떠나라고!

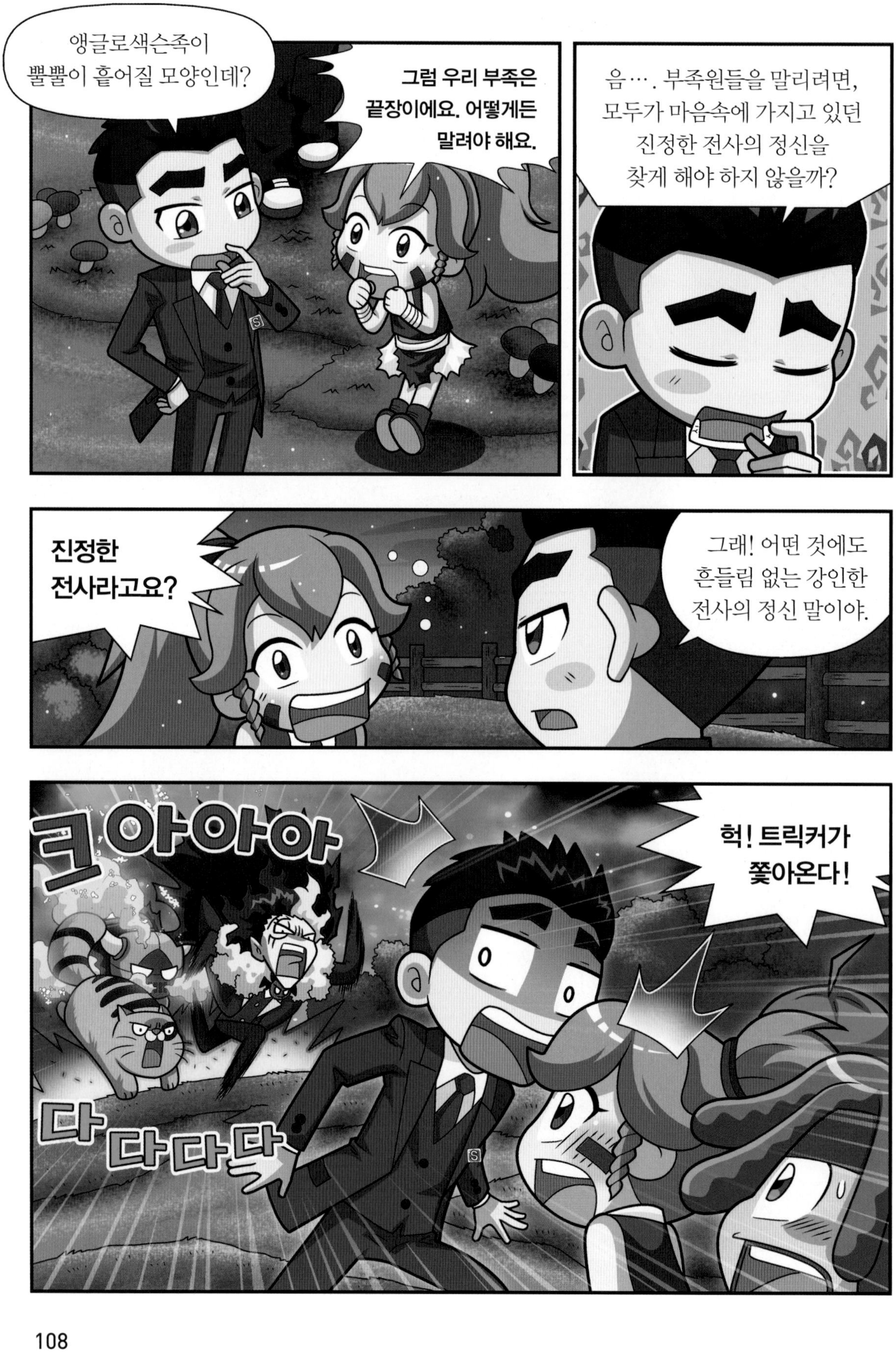
앵글로색슨족이
뿔뿔이 흩어질 모양인데?
그럼 우리 부족은
끝장이에요. 어떻게든
말려야 해요.
음…. 부족원들을 말리려면,
모두가 마음속에 가지고 있던
진정한 전사의 정신을
찾게 해야 하지 않을까?
진정한
전사라고요?
그래! 어떤 것에도
흔들림 없는 강인한
전사의 정신 말이야.
크아아아
헉! 트릭커가
쫓아온다!
다다다다

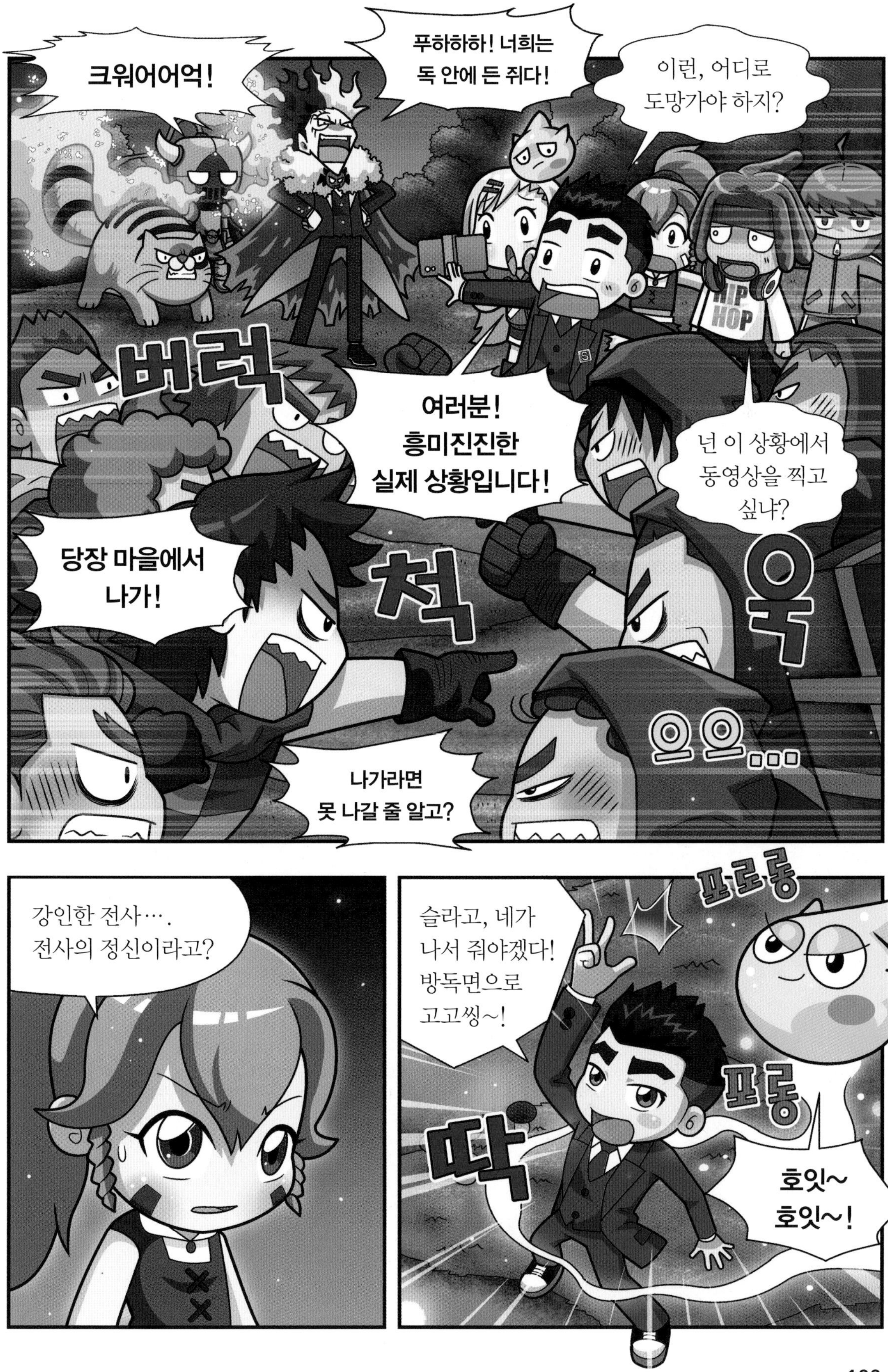
크워어어억!
푸하하하! 너희는 독 안에 든 쥐다!
이런, 어디로 도망가야 하지?
버럭
여러분! 흥미진진한 실제 상황입니다!
넌 이 상황에서 동영상을 찍고 싶냐?
당장 마을에서 나가!
척
욱
으으...
나가라면 못 나갈 줄 알고?
강인한 전사…. 전사의 정신이라고?
슬라고, 네가 나서 줘야겠다! 방독면으로 고고씽~!
뽀로롱
뽀롱
딱
호잇~ 호잇~!

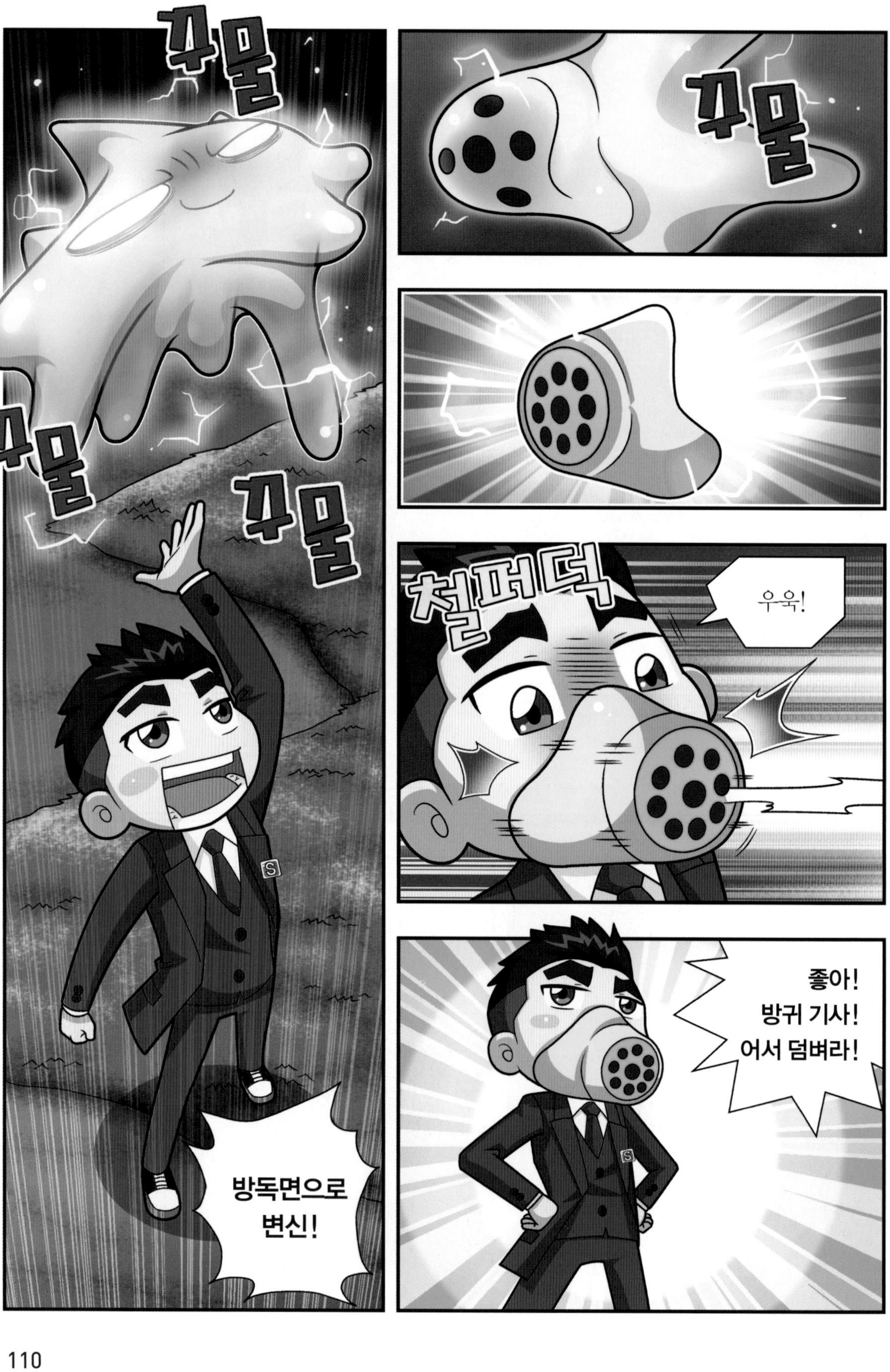
꾸물
꾸물
꾸물
방독면으로
변신!
꾸물
철퍼덕
우욱!
좋아!
방귀 기사!
어서 덤벼라!

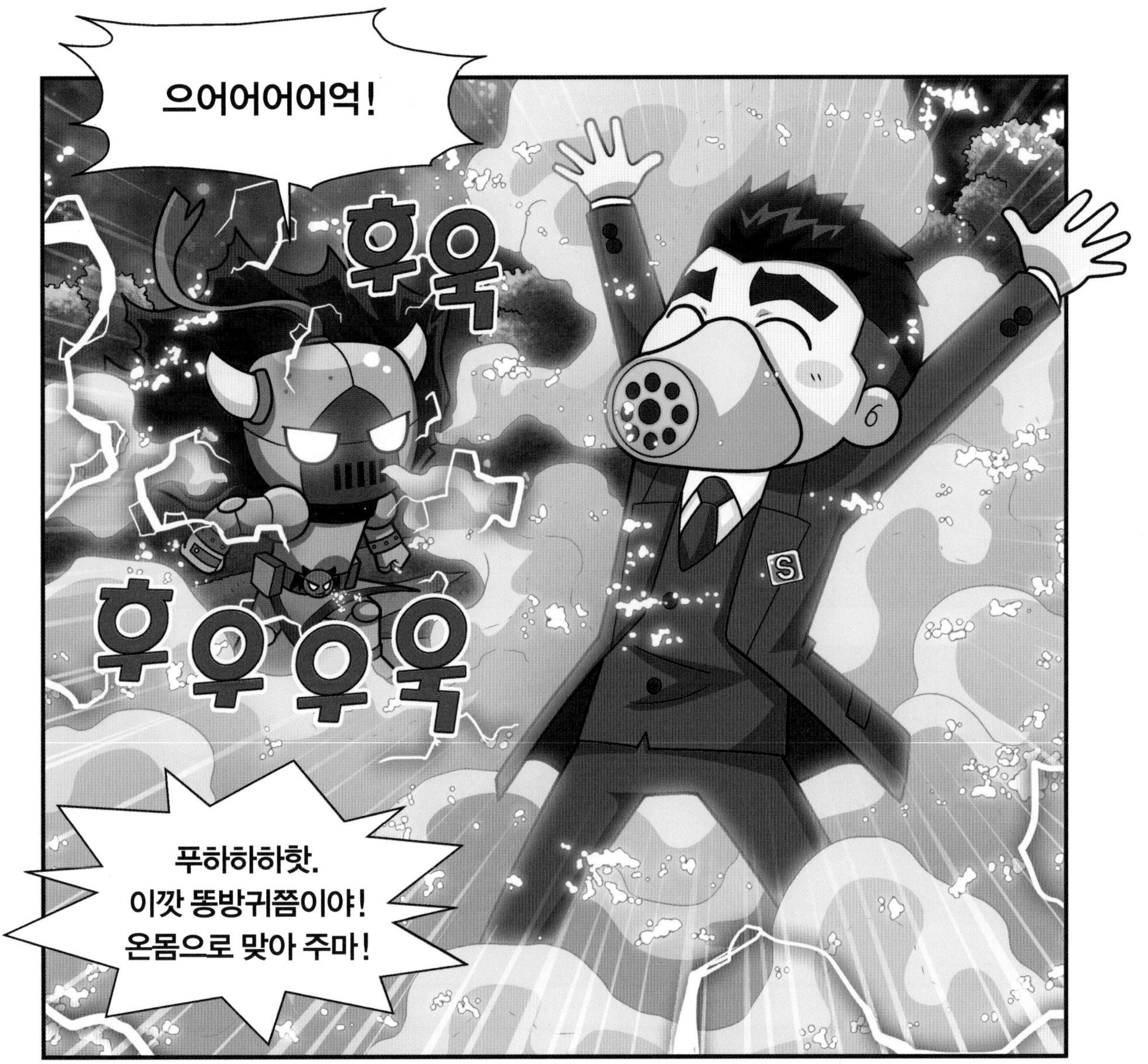
으어어어어억!
후욱
후우우욱
푸하하하핫.
이깟 똥방귀쯤이야!
온몸으로 맞아 주마!

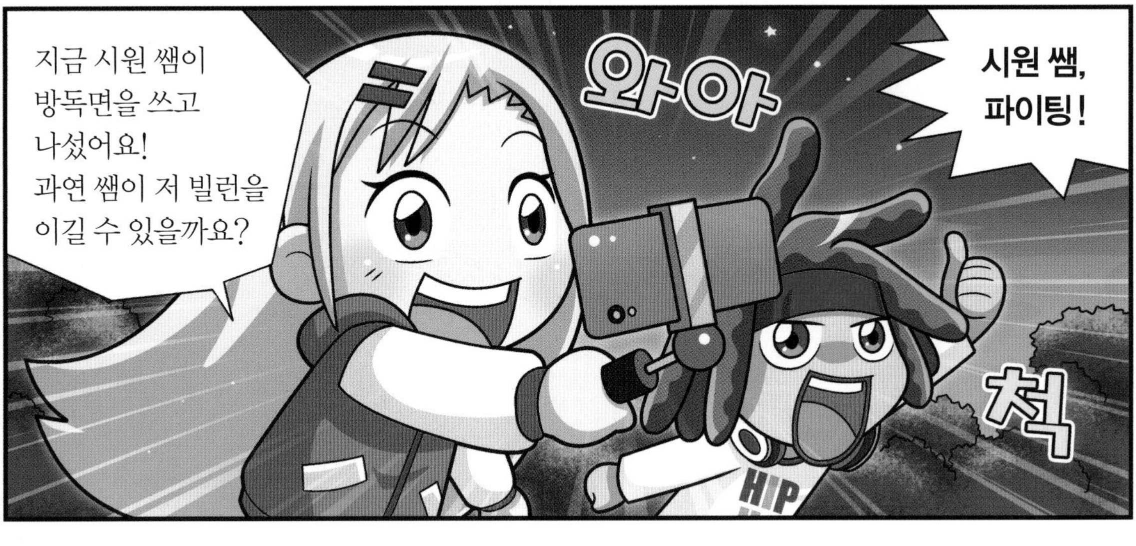
지금 시원 쌤이
방독면을 쓰고
나섰어요!
과연 쌤이 저 빌런을
이길 수 있을까요?
와아
시원 쌤,
파이팅!
척

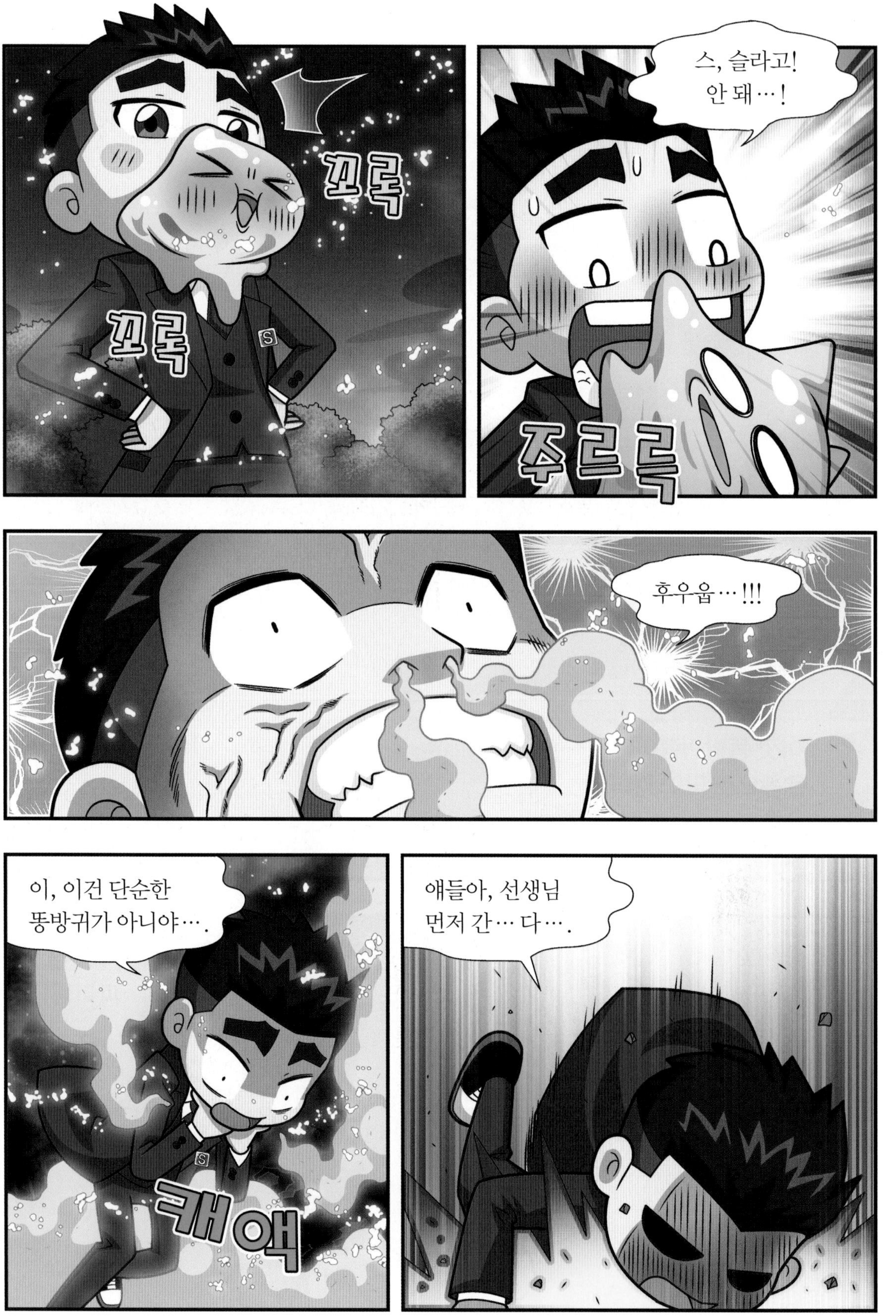
꼬록
꼬록
스, 슬라고!
안 돼…!
주르륵
후우읍…!!!
이, 이건 단순한
똥방귀가 아니야….
캐액
얘들아, 선생님
먼저 간… 다….

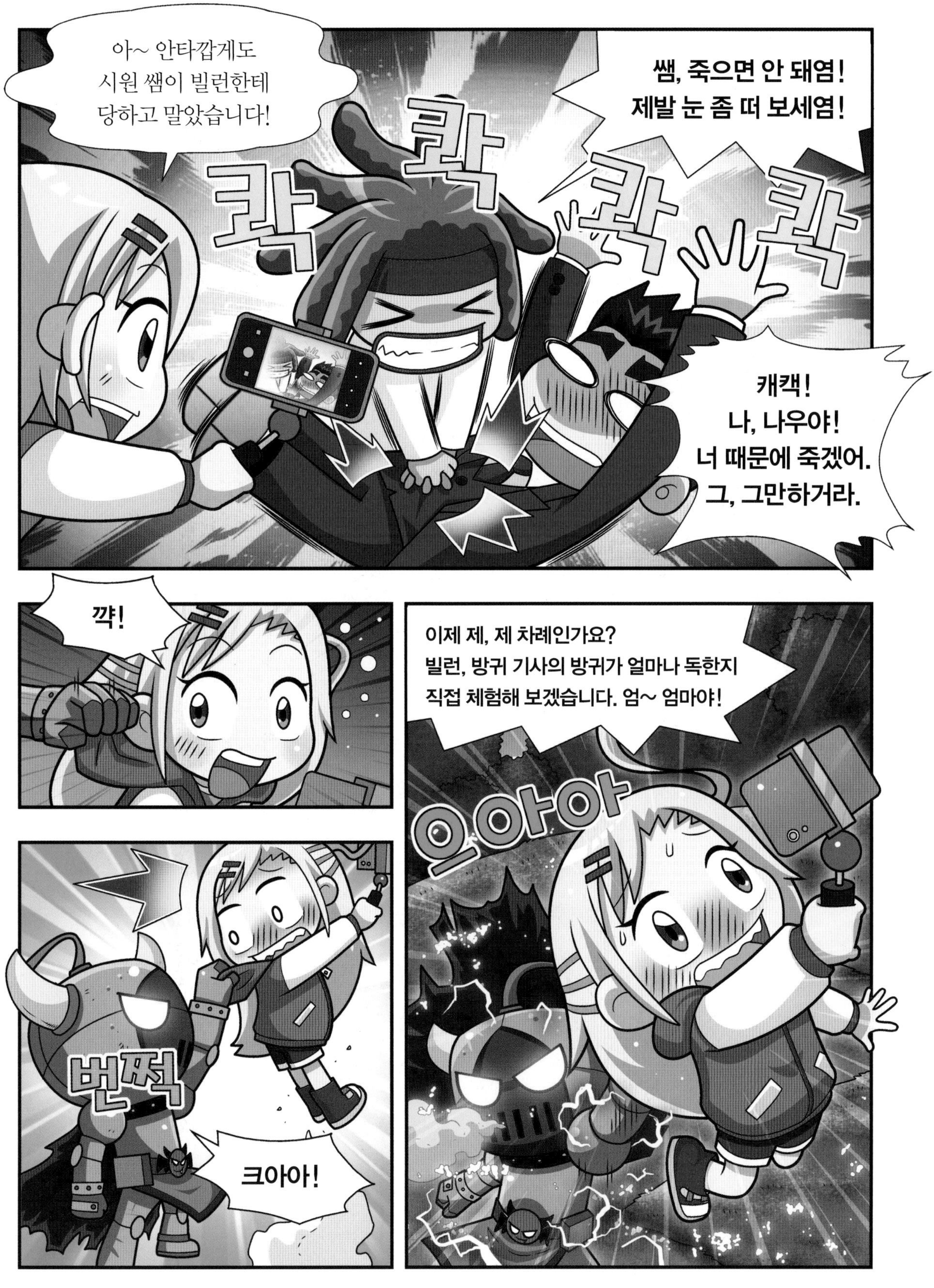
아~ 안타깝게도
시원 쌤이 빌런한테
당하고 말았습니다!
쌤, 죽으면 안 돼염!
제발 눈 좀 떠 보세염!
콱 콱 콱 콱
캐캑!
나, 나우야!
너 때문에 죽겠어.
그, 그만하거라.
꺅!
번쩍
크아아!
이제 제, 제 차례인가요?
빌런, 방귀 기사의 방귀가 얼마나 독한지
직접 체험해 보겠습니다. 엄~ 엄마야!
으아아

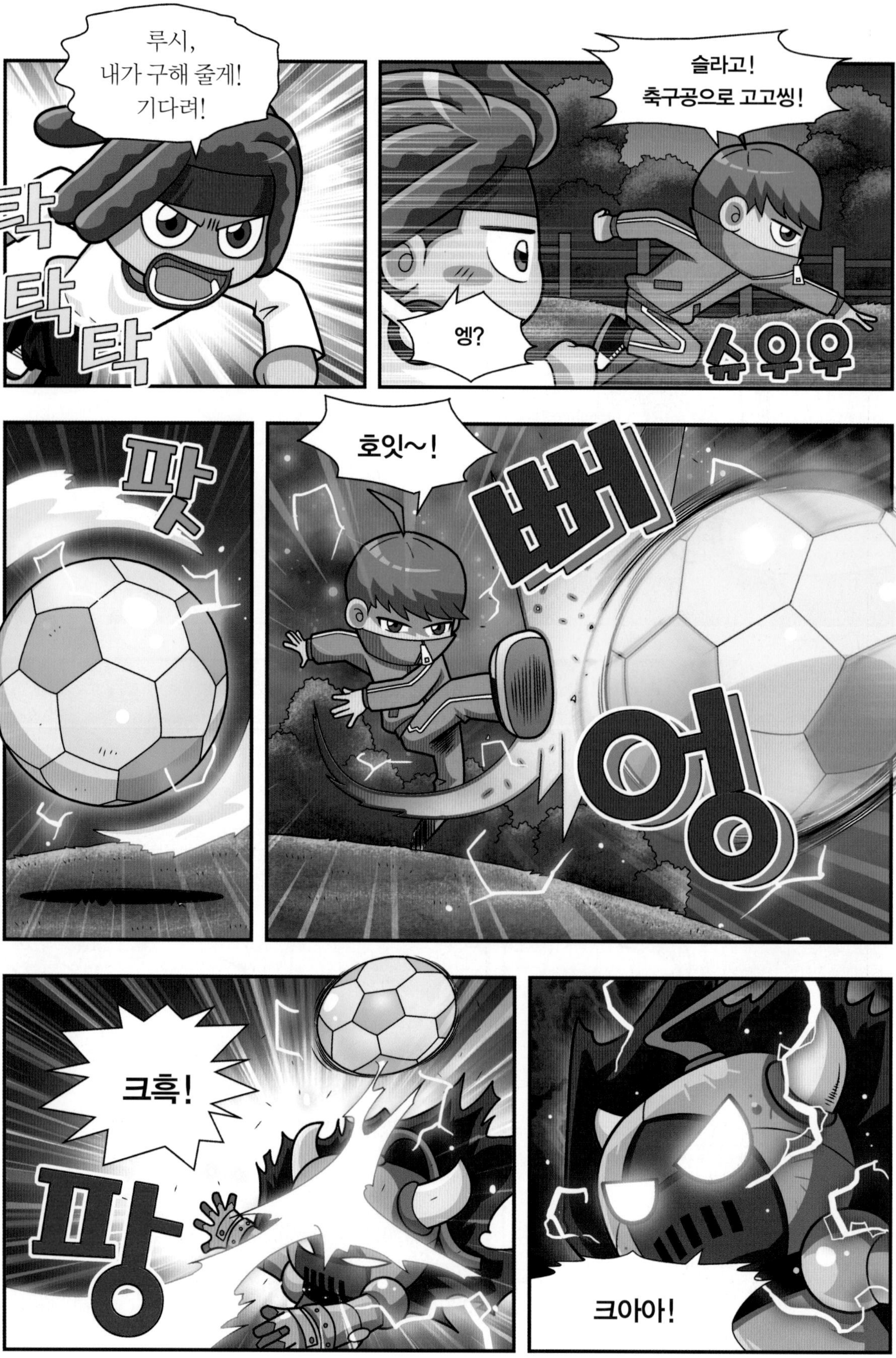
루시,
내가 구해 줄게!
기다려!
탁
탁
탁
슬라고!
축구공으로 고고씽!
엥?
슈우우
팟
호잇~!
뻐
엉
크흑!
팡
크아아!

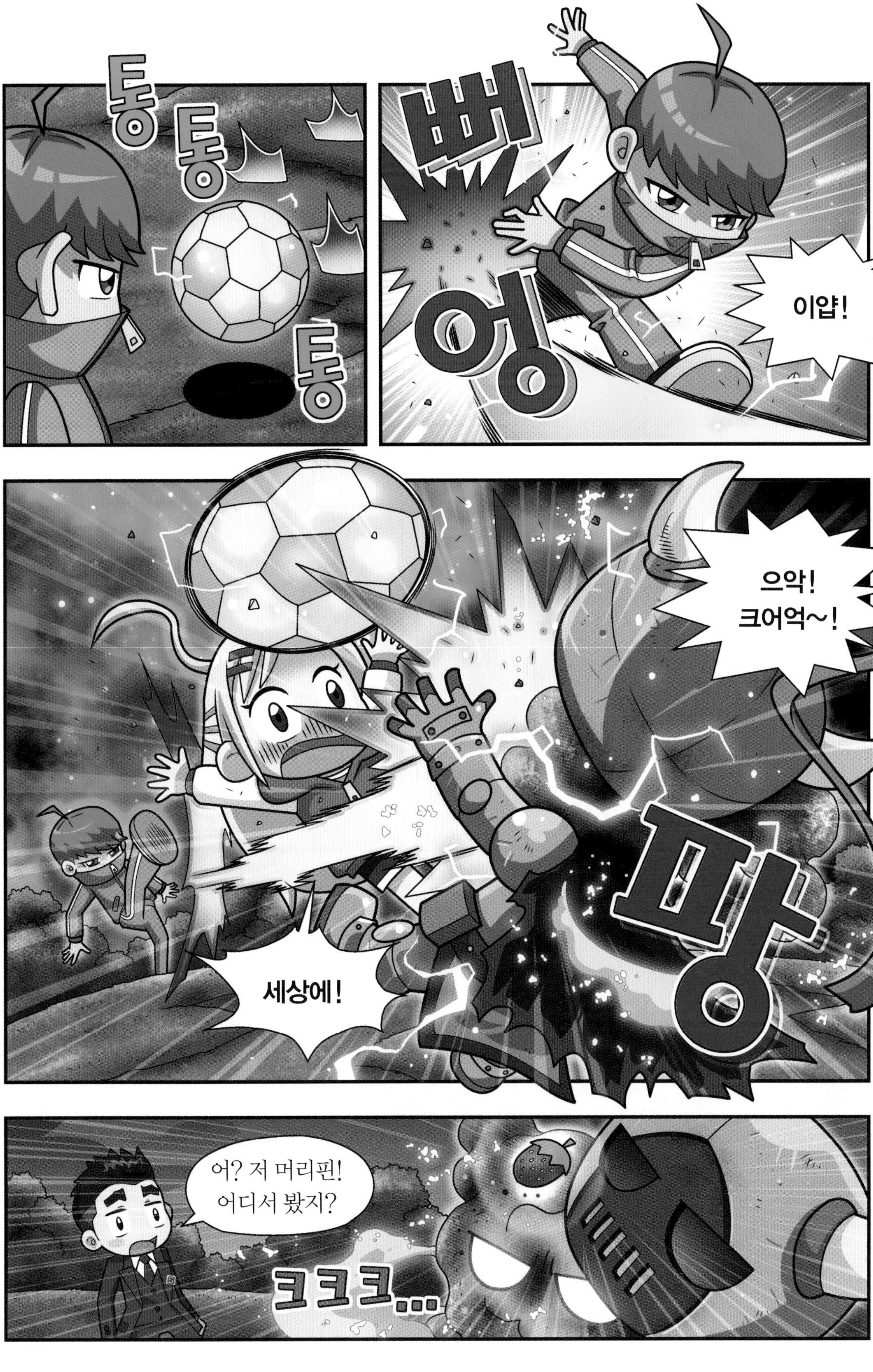

통
통
통
뻐
엉
이얍!
으악!
크어억~!
세상에!
팡
어? 저 머리핀!
어디서 봤지?
크크크...

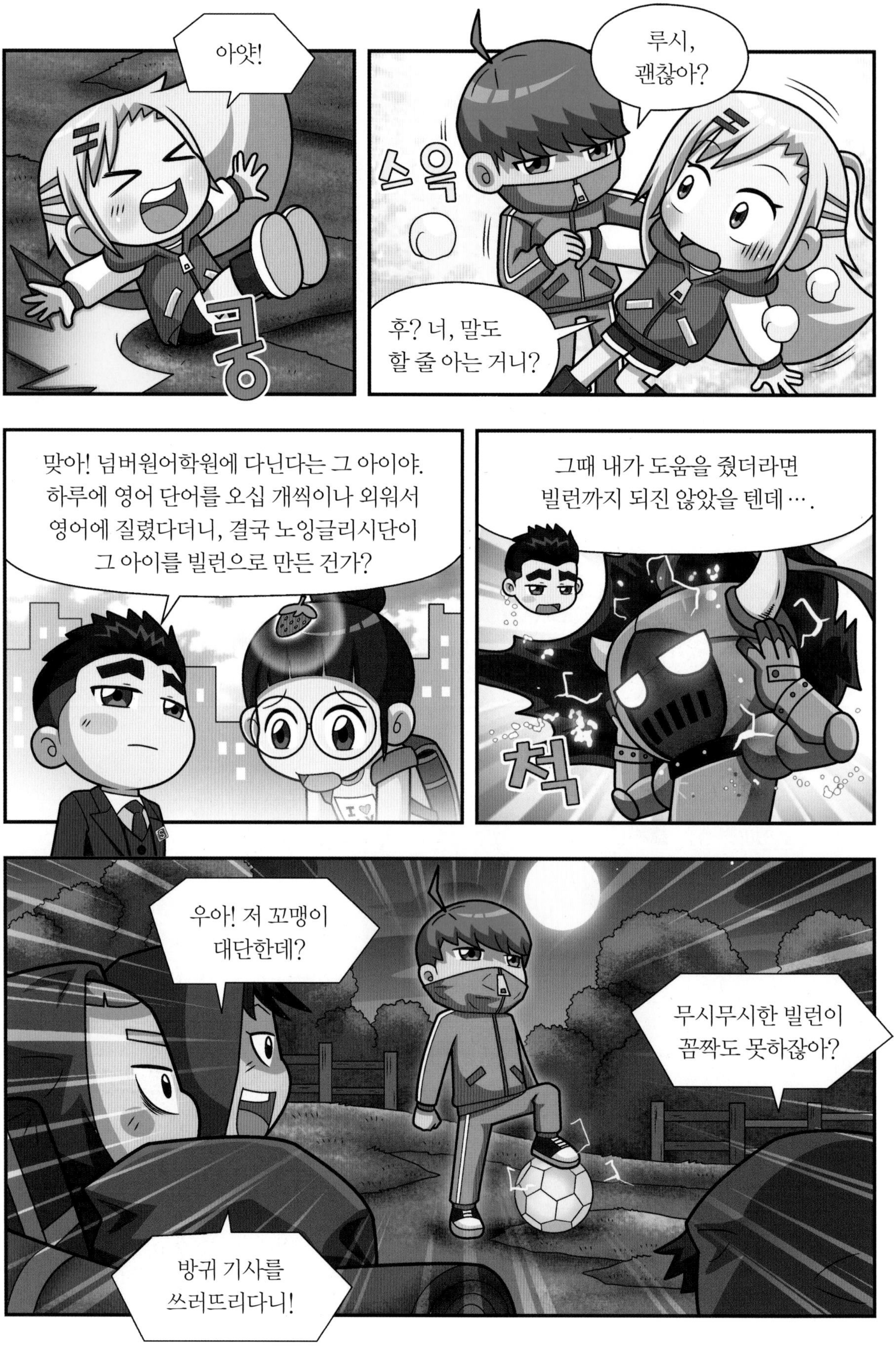

아얏!
쿵
스윽
루시,
괜찮아?
후? 너, 말도
할 줄 아는 거니?
맞아! 넘버원어학원에 다닌다는 그 아이야.
하루에 영어 단어를 오십 개씩이나 외워서
영어에 질렸다더니, 결국 노잉글리시단이
그 아이를 빌런으로 만든 건가?
그때 내가 도움을 줬더라면
빌런까지 되진 않았을 텐데….
척
우아! 저 꼬맹이
대단한데?
무시무시한 빌런이
꼼짝도 못하잖아?
방귀 기사를
쓰러뜨리다니!

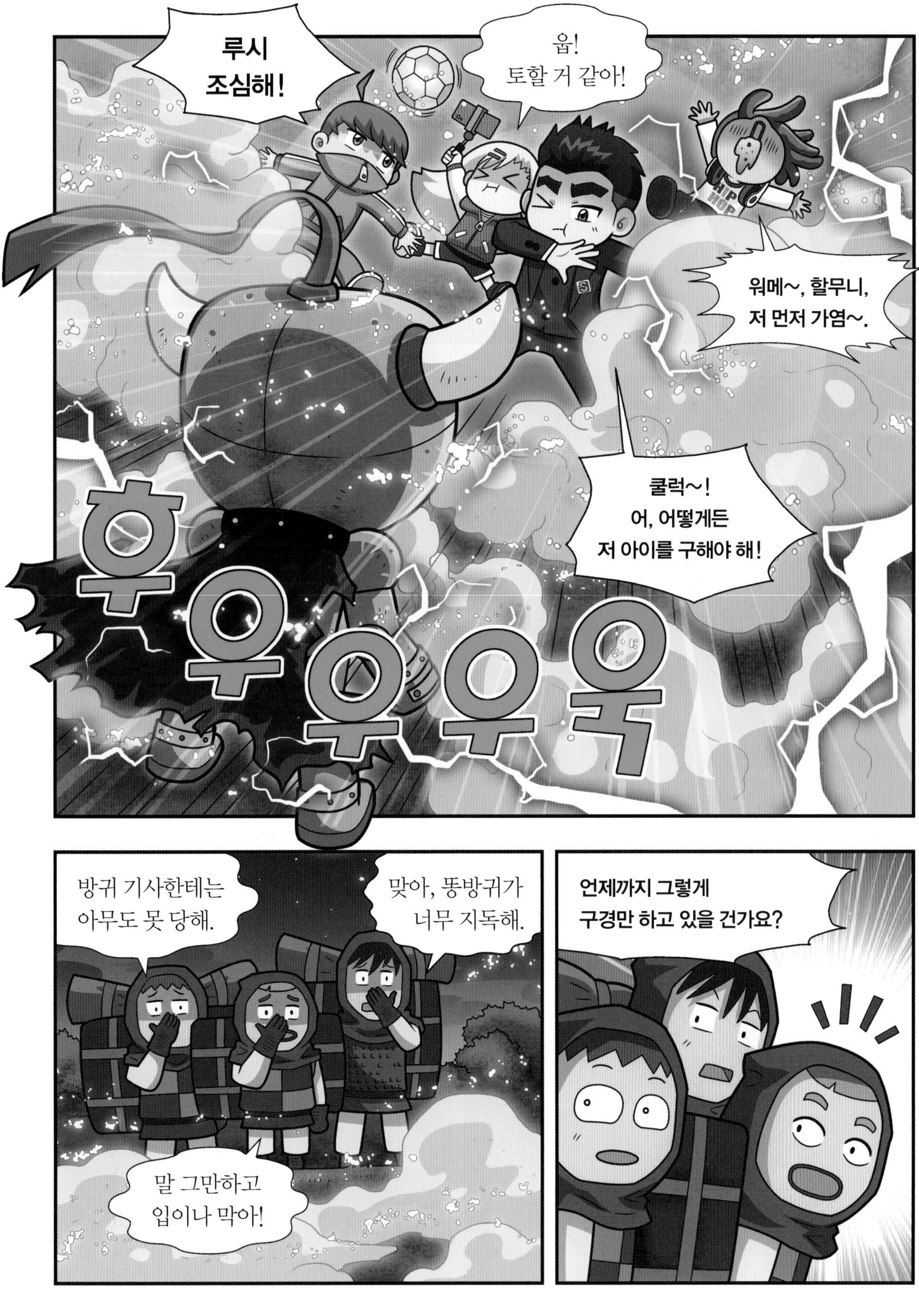
루시 조심해!
웁! 토할 거 같아!
워메~, 할무니, 저 먼저 가염~.
쿨럭~! 어, 어떻게든 저 아이를 구해야 해!
후우우우욱
방귀 기사한테는 아무도 못 당해.
맞아, 똥방귀가 너무 지독해.
말 그만하고 입이나 막아!
언제까지 그렇게 구경만 하고 있을 건가요?

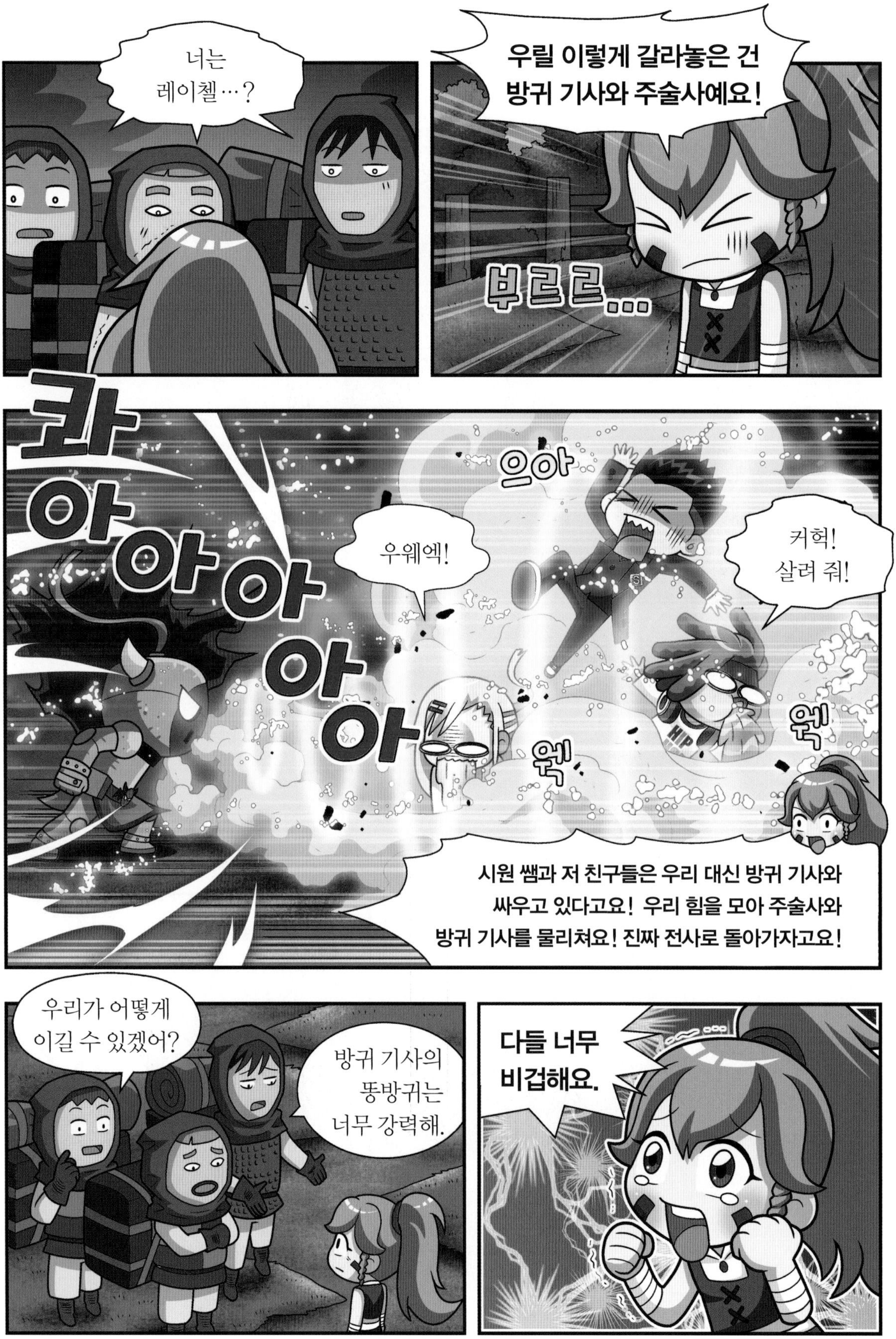
너는
레이첼…?
우릴 이렇게 갈라놓은 건
방귀 기사와 주술사예요!
부르르…
콰아아아아아
으아
우웨엑!
커헉!
살려 줘!
웩
웩
시원 쌤과 저 친구들은 우리 대신 방귀 기사와
싸우고 있다고요! 우리 힘을 모아 주술사와
방귀 기사를 물리쳐요! 진짜 전사로 돌아가자고요!
우리가 어떻게
이길 수 있겠어?
방귀 기사의
똥방귀는
너무 강력해.
다들 너무
비겁해요.

버럭
Who are you?*
엥? 갑자기 뭐지?
뭐라고?
앗! 영어다! 저게 키 문장과 연관된 힌트 문장이지?
Who are you?
나는 사람인데?
나는 조지고.
나는 앤드루의 형이지.
멍~
Who am I? I am a warrior!**
탁 탁 탁 탁
와! 구독자 여러분. 멋진 전사 레이첼이 달려갑니다!

* 너희는 누구야? ** 나는 누구일까? 나는 전사야!

Chapter 6

전사의 정신

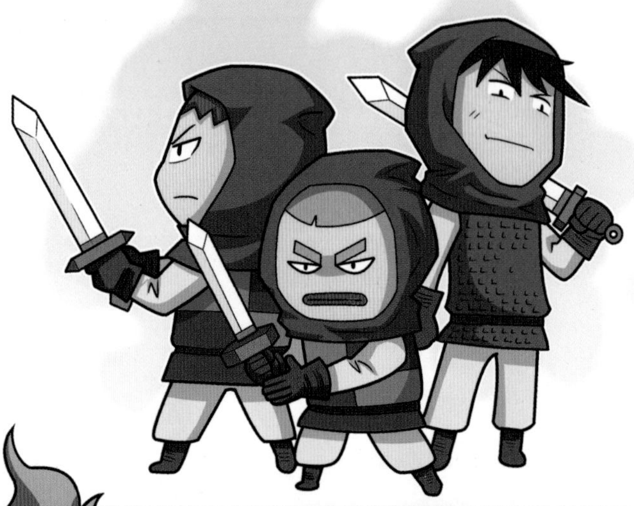

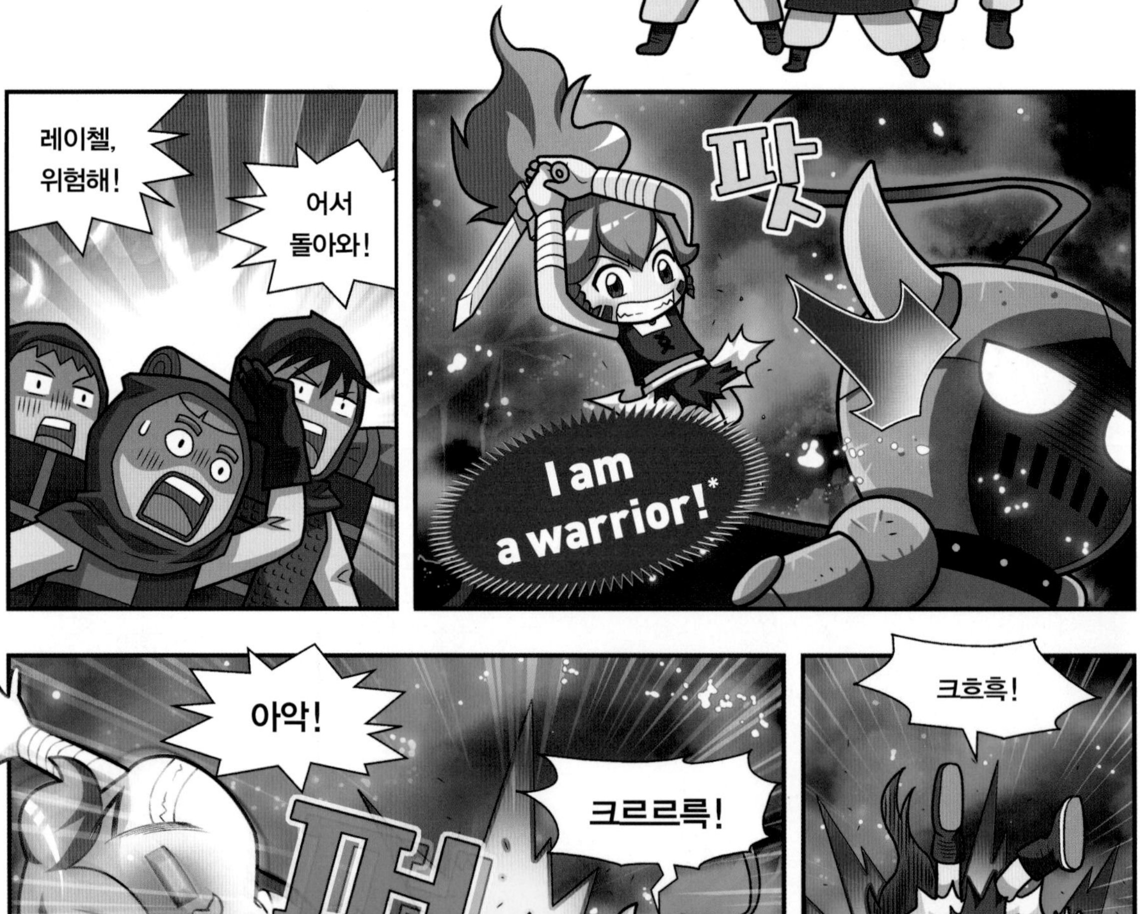

레이첼,
위험해!
어서
돌아와!
팍
I am
a warrior!*
아악!
퍽
크르르륵!
크흐흑!
쿠당탕

* 나는 전사야!

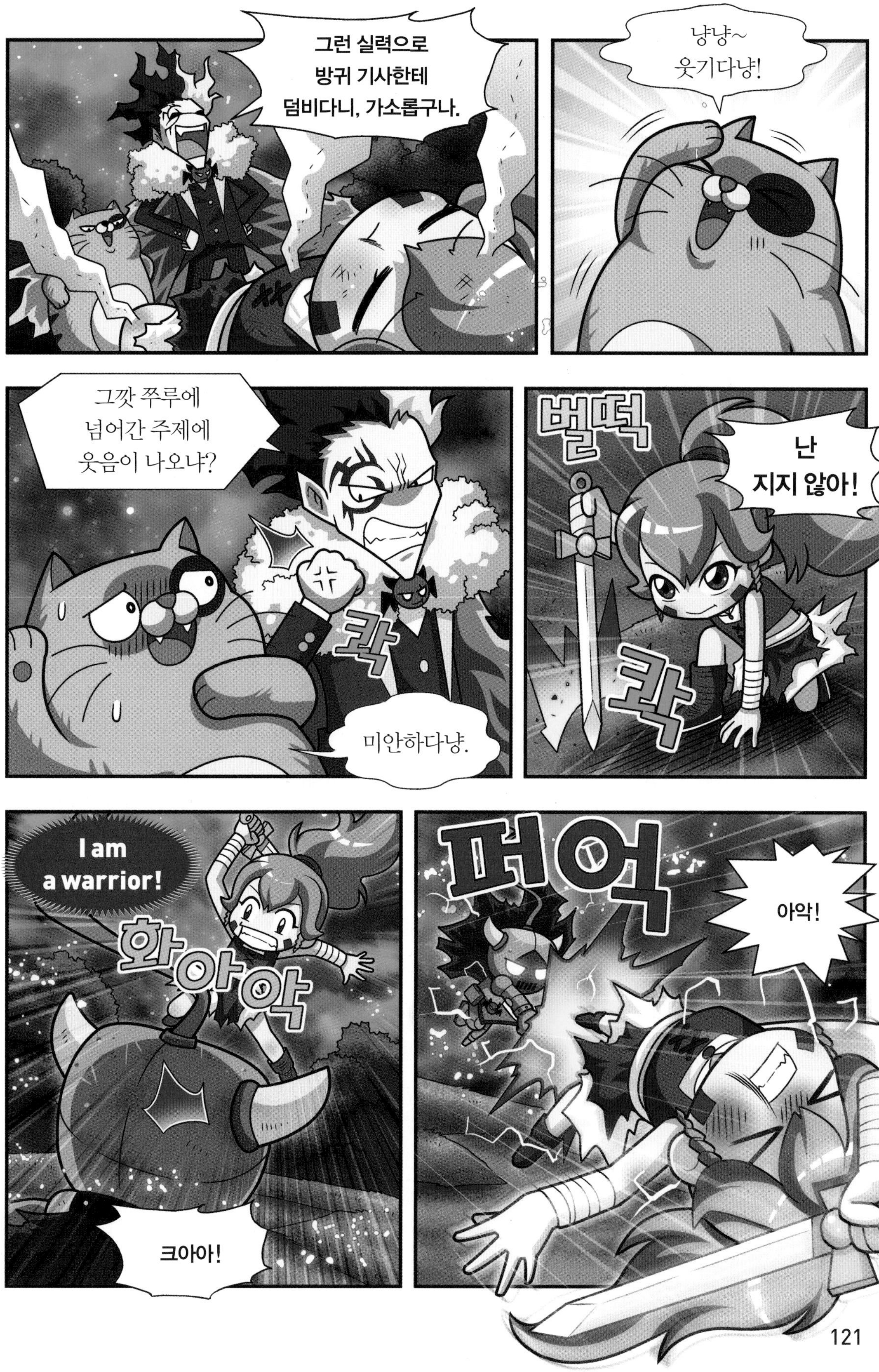

그런 실력으로 방귀 기사한테 덤비다니, 가소롭구나.
냥냥~ 웃기다냥!
그깟 쭈루에 넘어간 주제에 웃음이 나오냐?
콱
미안하다냥.
벌떡
난 지지 않아!
콱
I am a warrior!
화아악
크아아!
퍼억
아악!

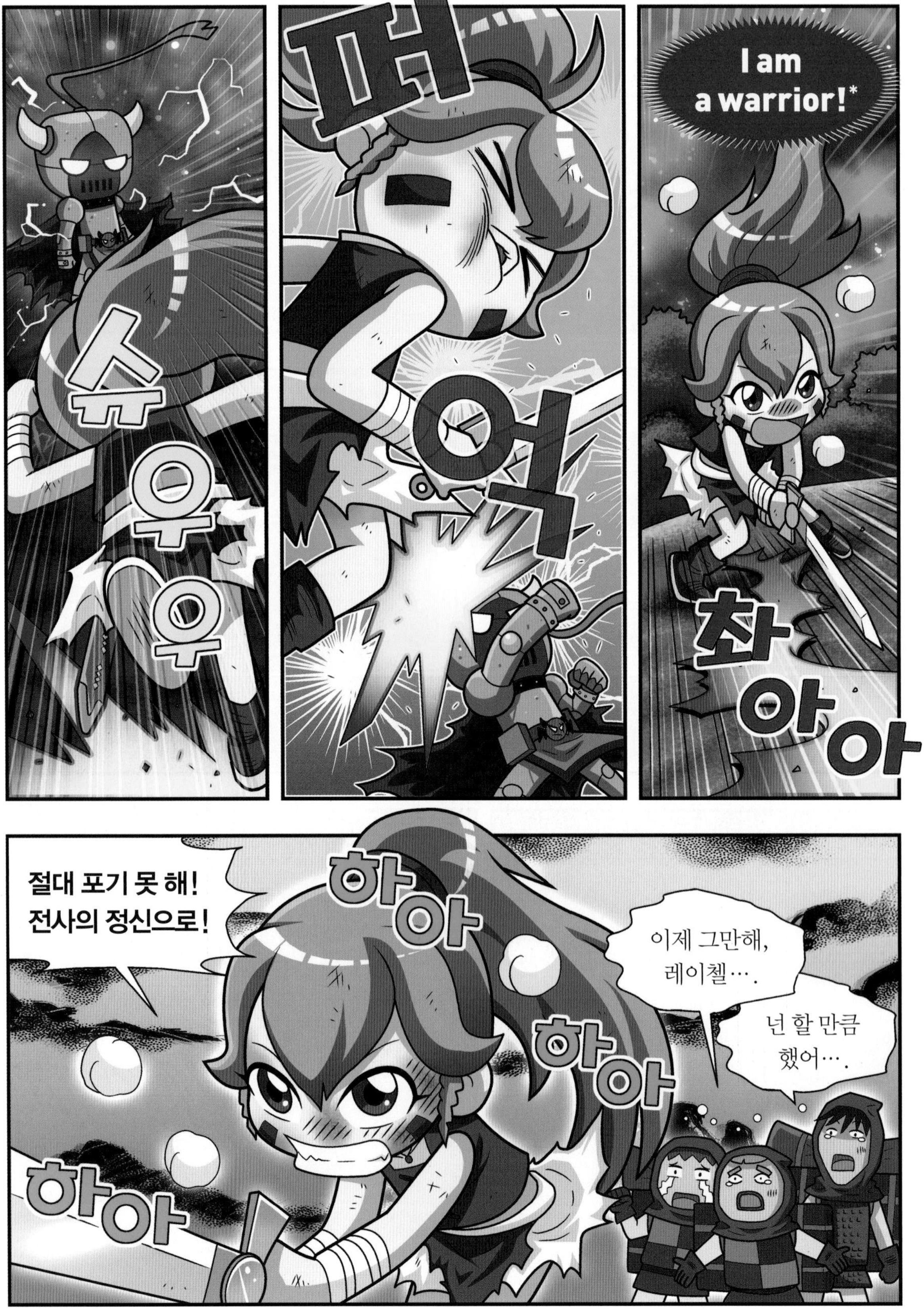
슈우우
퍼억
I am a warrior!*
촤아아
절대 포기 못 해! 전사의 정신으로!
하아
하아
하아
이제 그만해, 레이첼….
넌 할 만큼 했어….

* 나는 전사야!

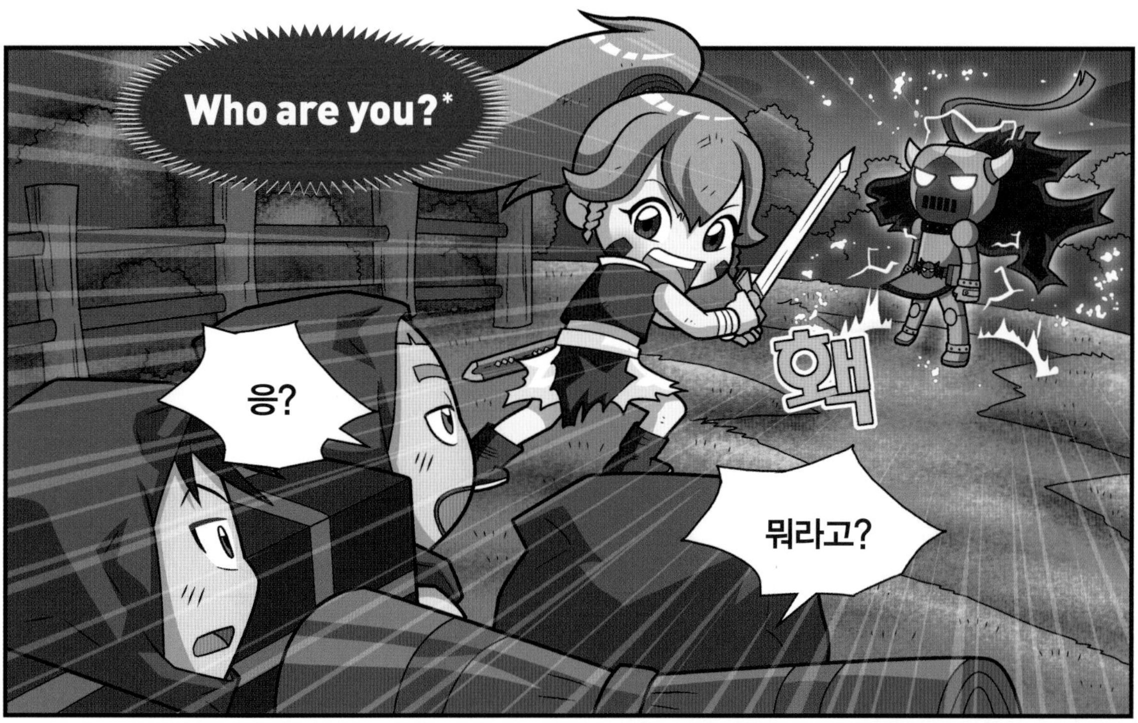
Who are you?*
응?
홱
뭐라고?

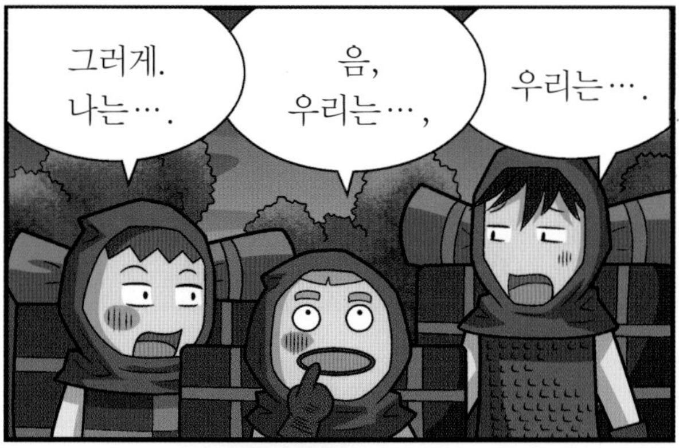
그러게. 나는….
음, 우리는…,
우리는….

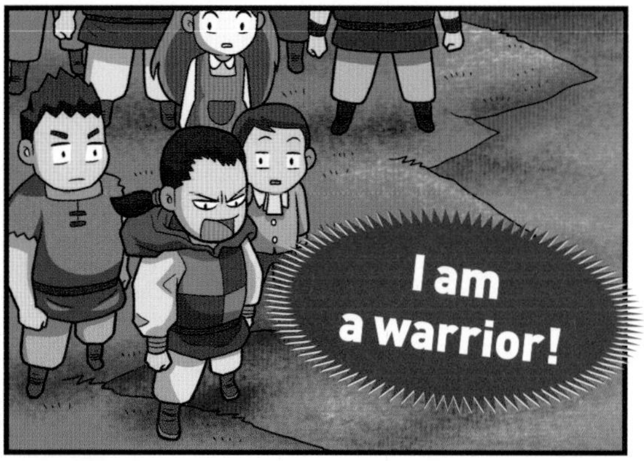
I am a warrior!

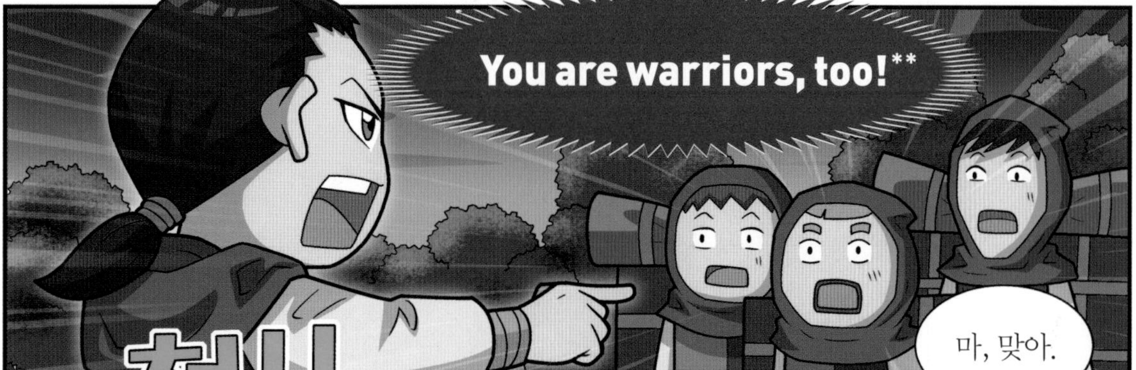
You are warriors, too!**
척!!
마, 맞아.

* 너희는 누구야? ** 너희도 전사들이야!

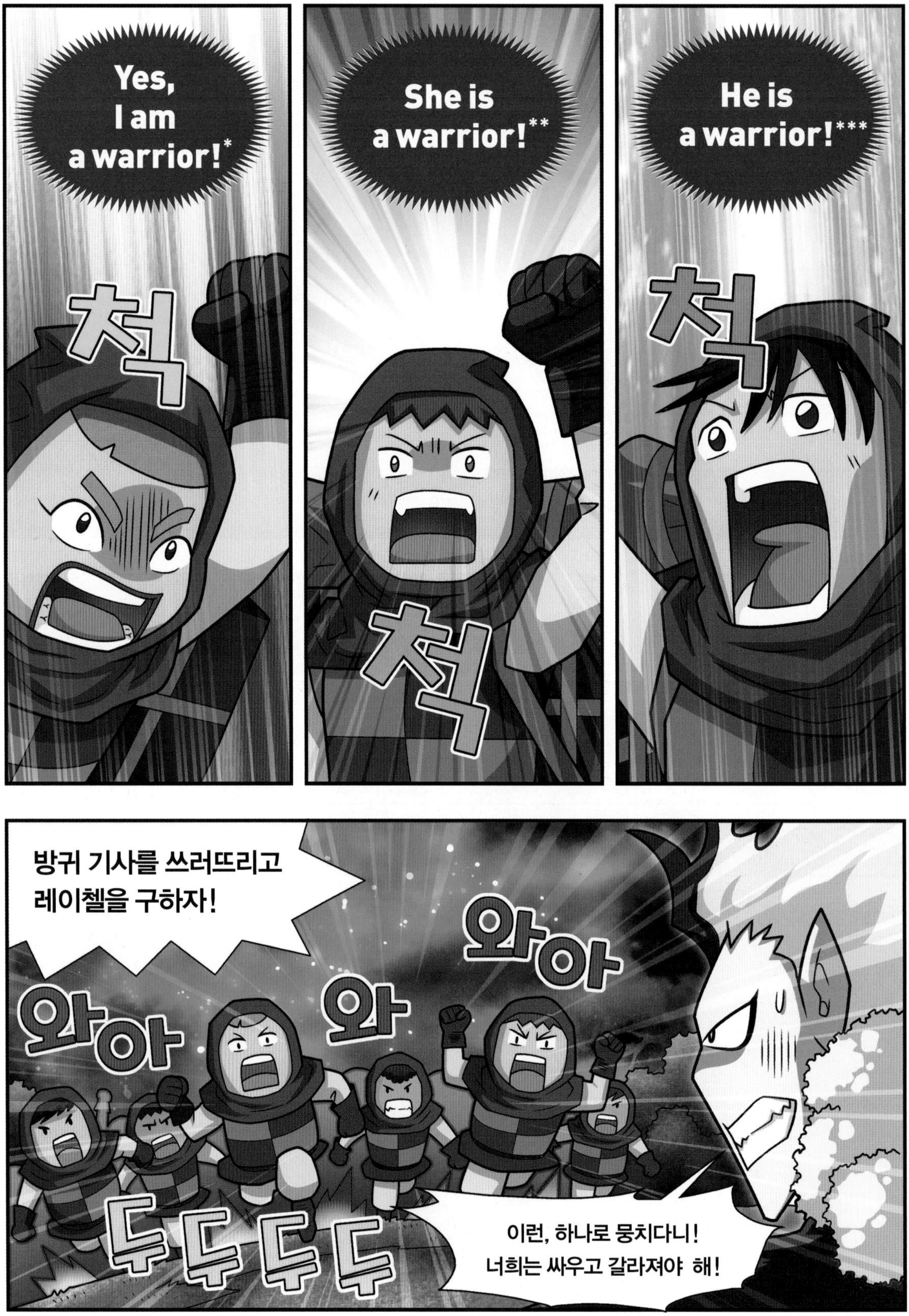
Yes, I am a warrior!*
척
She is a warrior!**
척
He is a warrior!***
척
방귀 기사를 쓰러뜨리고
레이첼을 구하자!
와아
와아
와
두두두두
이런, 하나로 뭉치다니!
너희는 싸우고 갈라져야 해!

* 그래, 나는 전사야! ** 그녀는 전사야!
*** 그는 전사야!

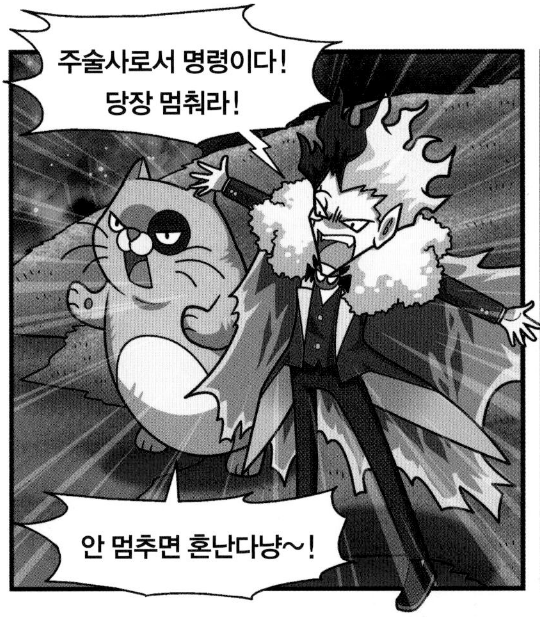
주술사로서 명령이다! 당장 멈춰라!
안 멈추면 혼난다냥~!
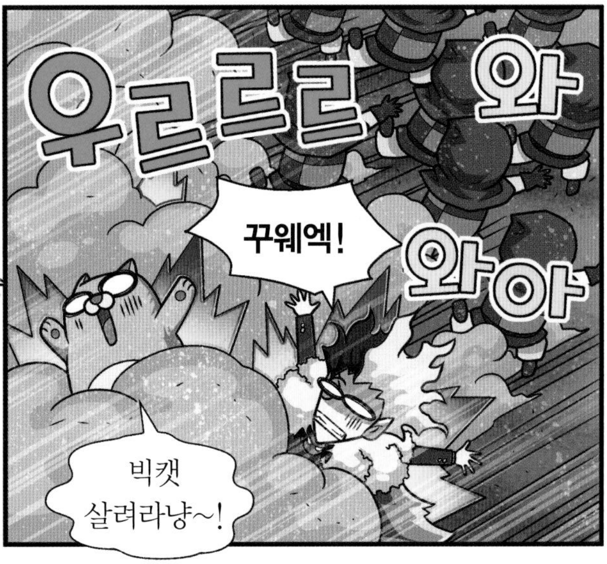
우르르르 와
꾸웨엑!
와아아
빅캣 살려라냥~!
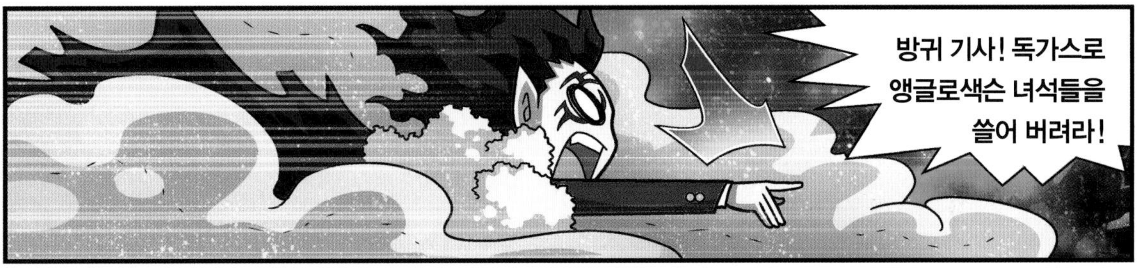
방귀 기사! 독가스로 앵글로색슨 녀석들을 쓸어 버려라!
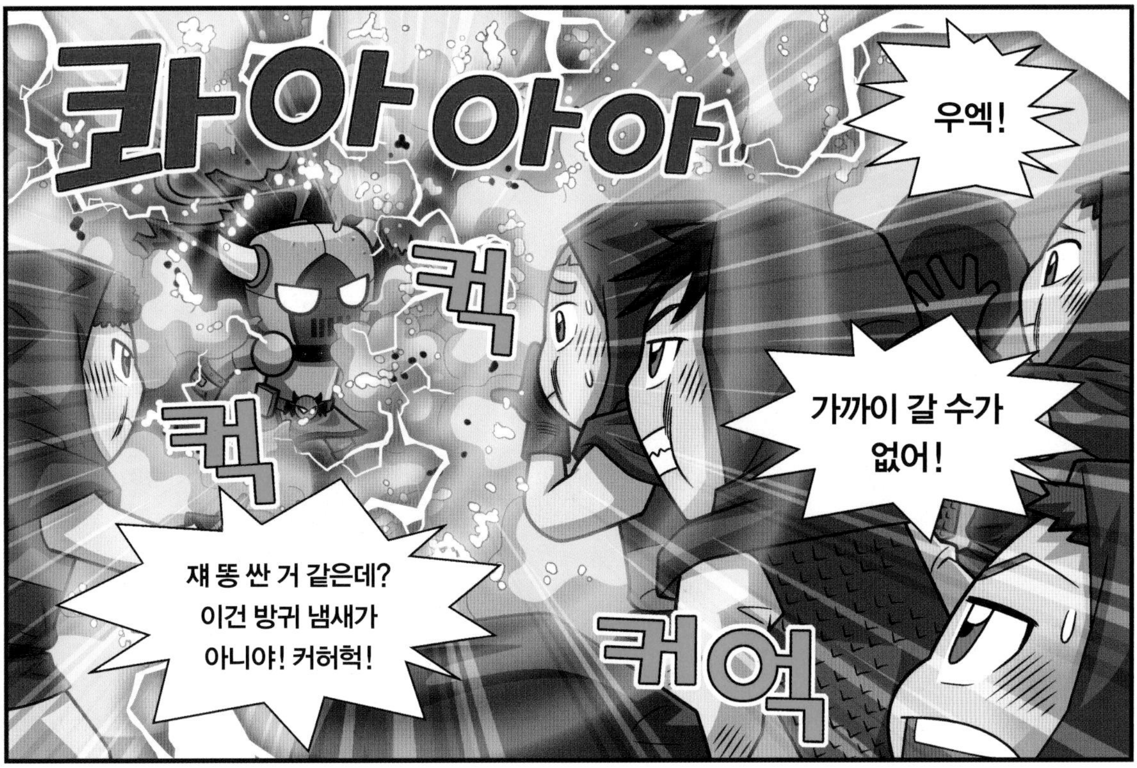
콰아아아아
우엑!
컥
컥
가까이 갈 수가 없어!
재 똥 싼 거 같은데? 이건 방귀 냄새가 아니야! 커허헉!
커억

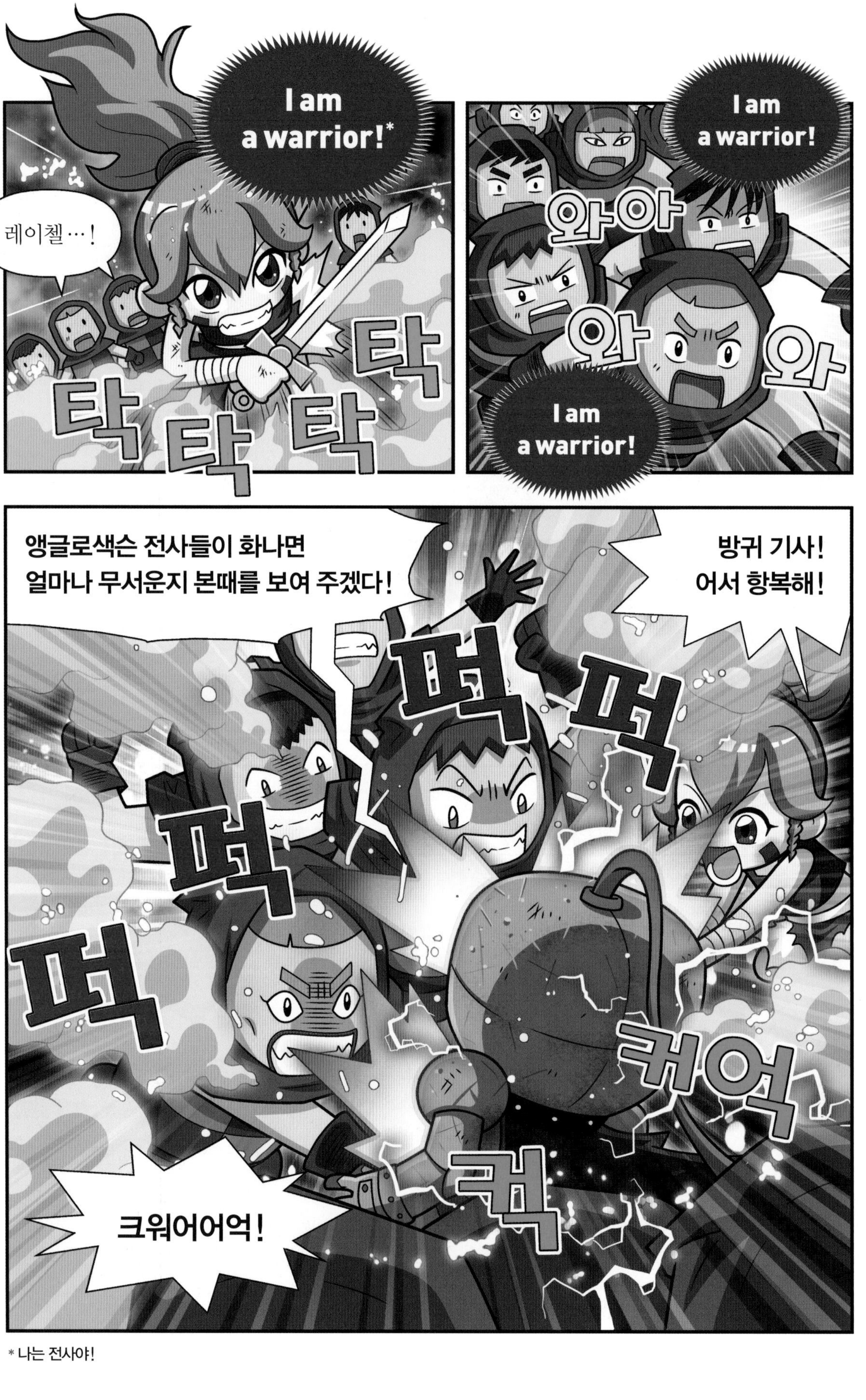
I am a warrior!*
레이첼…!
탁 탁 탁 탁
I am a warrior!
와아
와 와
I am a warrior!
앵글로색슨 전사들이 화나면
얼마나 무서운지 본때를 보여 주겠다!
방귀 기사!
어서 항복해!
퍽 퍽 퍽 퍽
커억
컥
크워어어억!

* 나는 전사야!

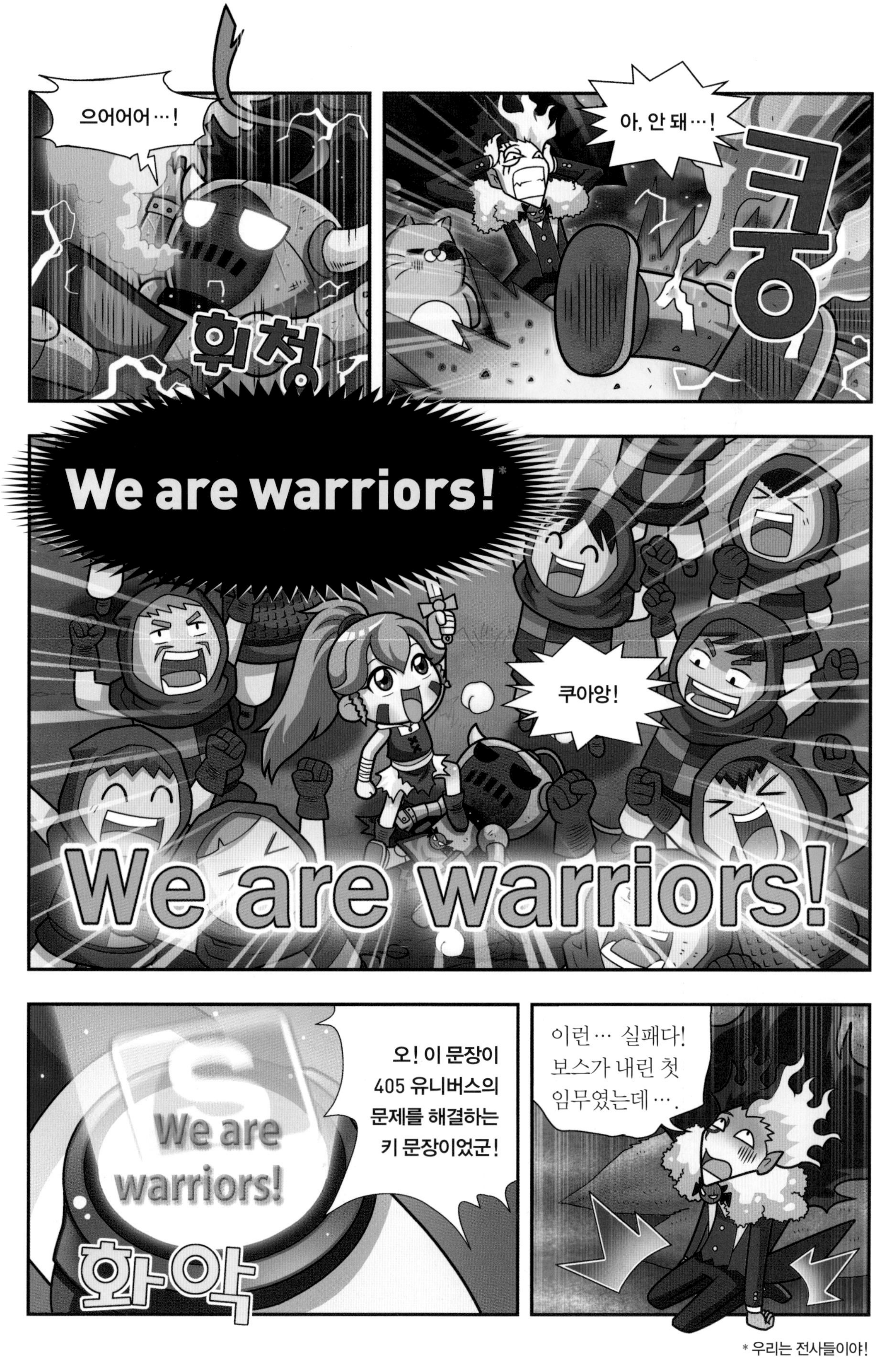
으어어어…!
휘청
아, 안 돼…!
쿵
We are warriors!*
쿠아앙!
We are warriors!
S
We are warriors!
화악
오! 이 문장이 405 유니버스의 문제를 해결하는 키 문장이었군!
이런… 실패다! 보스가 내린 첫 임무였는데….

* 우리는 전사들이야!

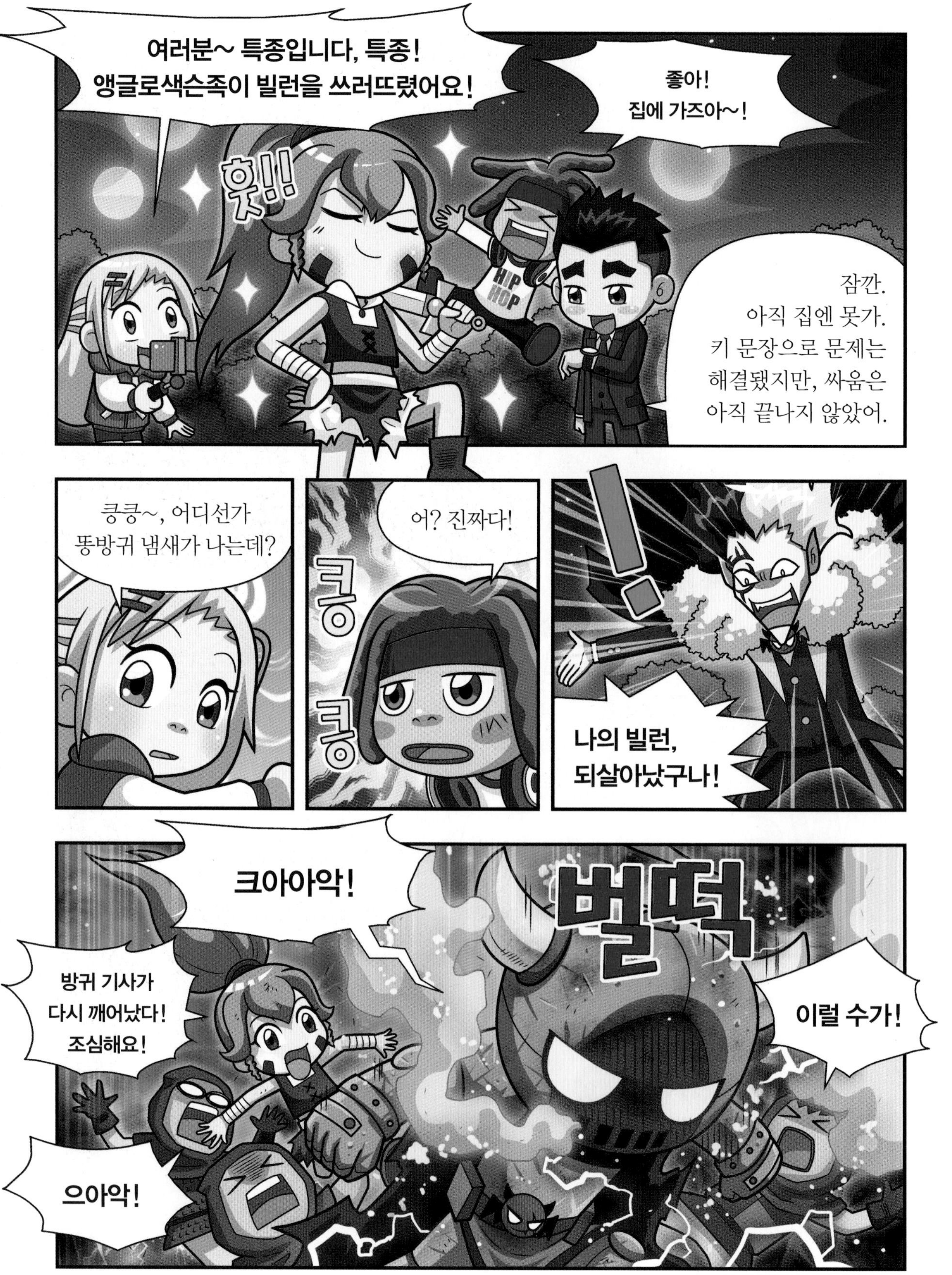
여러분~ 특종입니다, 특종!
앵글로색슨족이 빌런을 쓰러뜨렸어요!
훗!!
좋아!
집에 가즈아~!
잠깐.
아직 집엔 못가.
키 문장으로 문제는
해결됐지만, 싸움은
아직 끝나지 않았어.
킁킁~, 어디선가
똥방귀 냄새가 나는데?
어? 진짜다!
쿵
쿵
!
나의 빌런,
되살아났구나!
크아아악!
벌떡
방귀 기사가
다시 깨어났다!
조심해요!
이럴 수가!
으아악!

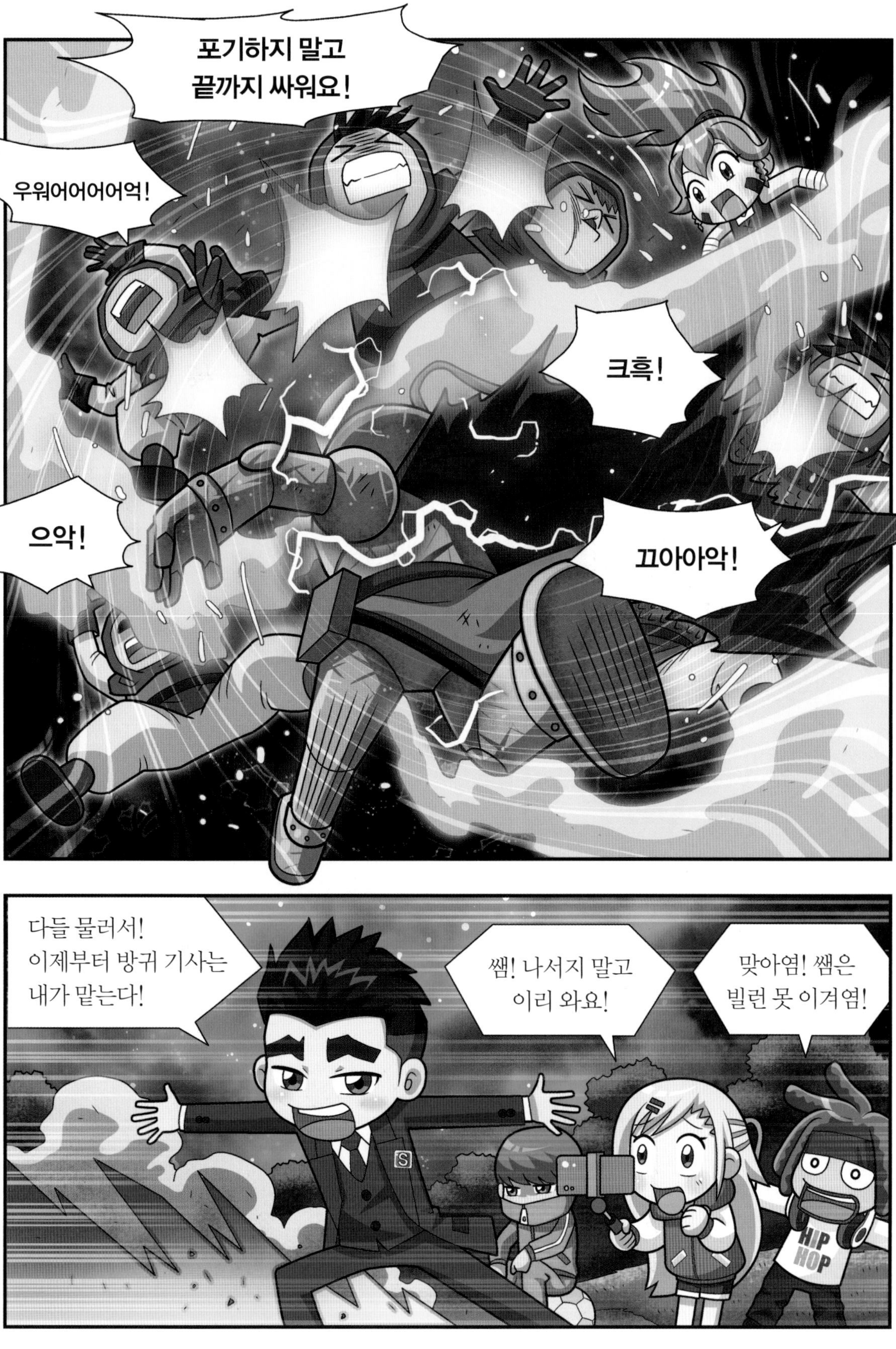
포기하지 말고
끝까지 싸워요!
우워어어어어억!
크흑!
으악!
끄아아악!
다들 물러서!
이제부터 방귀 기사는
내가 맡는다!
쌤! 나서지 말고
이리 와요!
맞아염! 쌤은
빌런 못 이겨염!
HIP
HOP

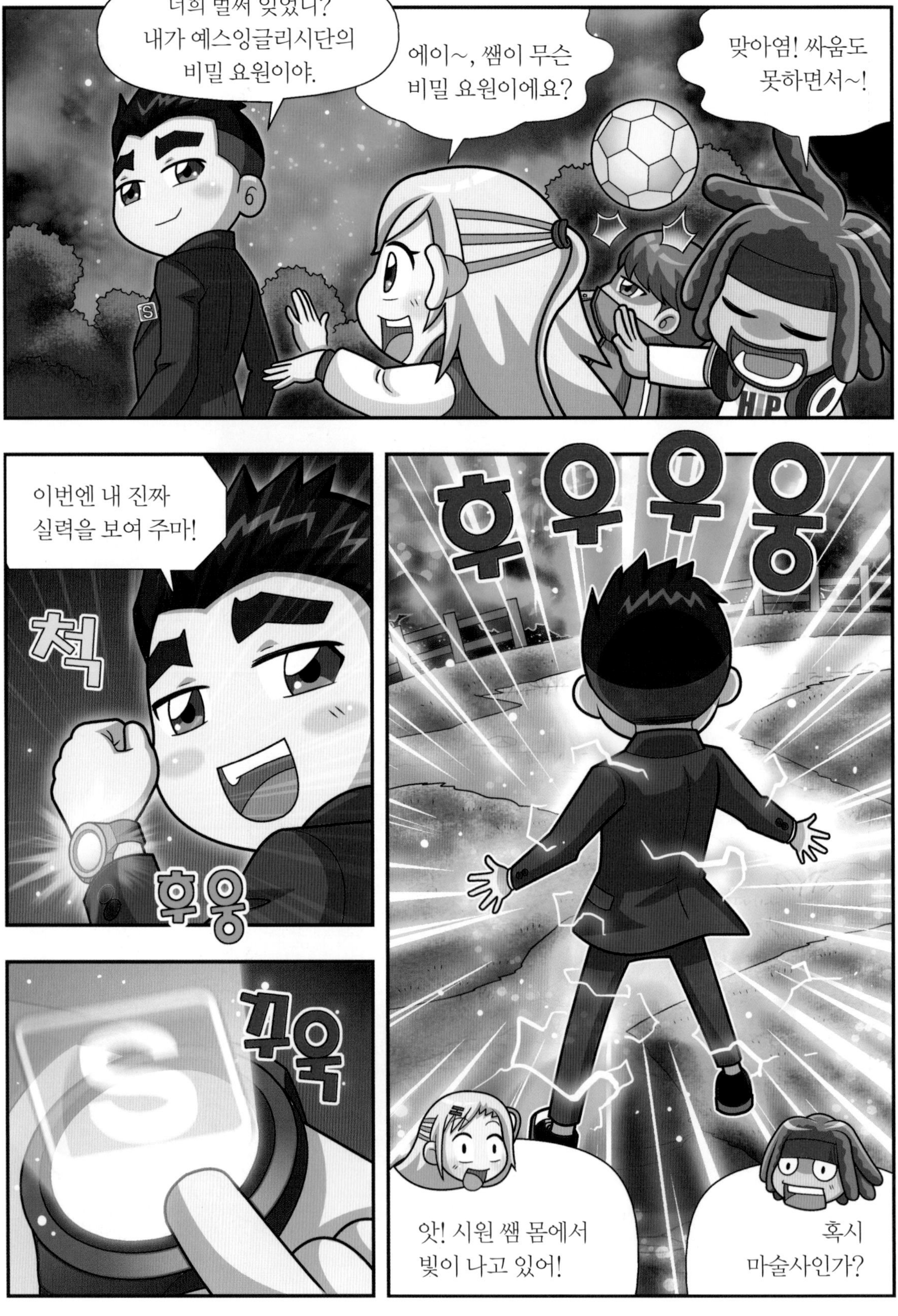
너희 벌써 잊었니? 내가 예스잉글리시단의 비밀 요원이야.
에이~, 쌤이 무슨 비밀 요원이에요?
맞아염! 싸움도 못하면서~!
HIP
이번엔 내 진짜 실력을 보여 주마!
척
후웅
꾸욱
후우우웅
앗! 시원 쌤 몸에서 빛이 나고 있어!
혹시 마술사인가?

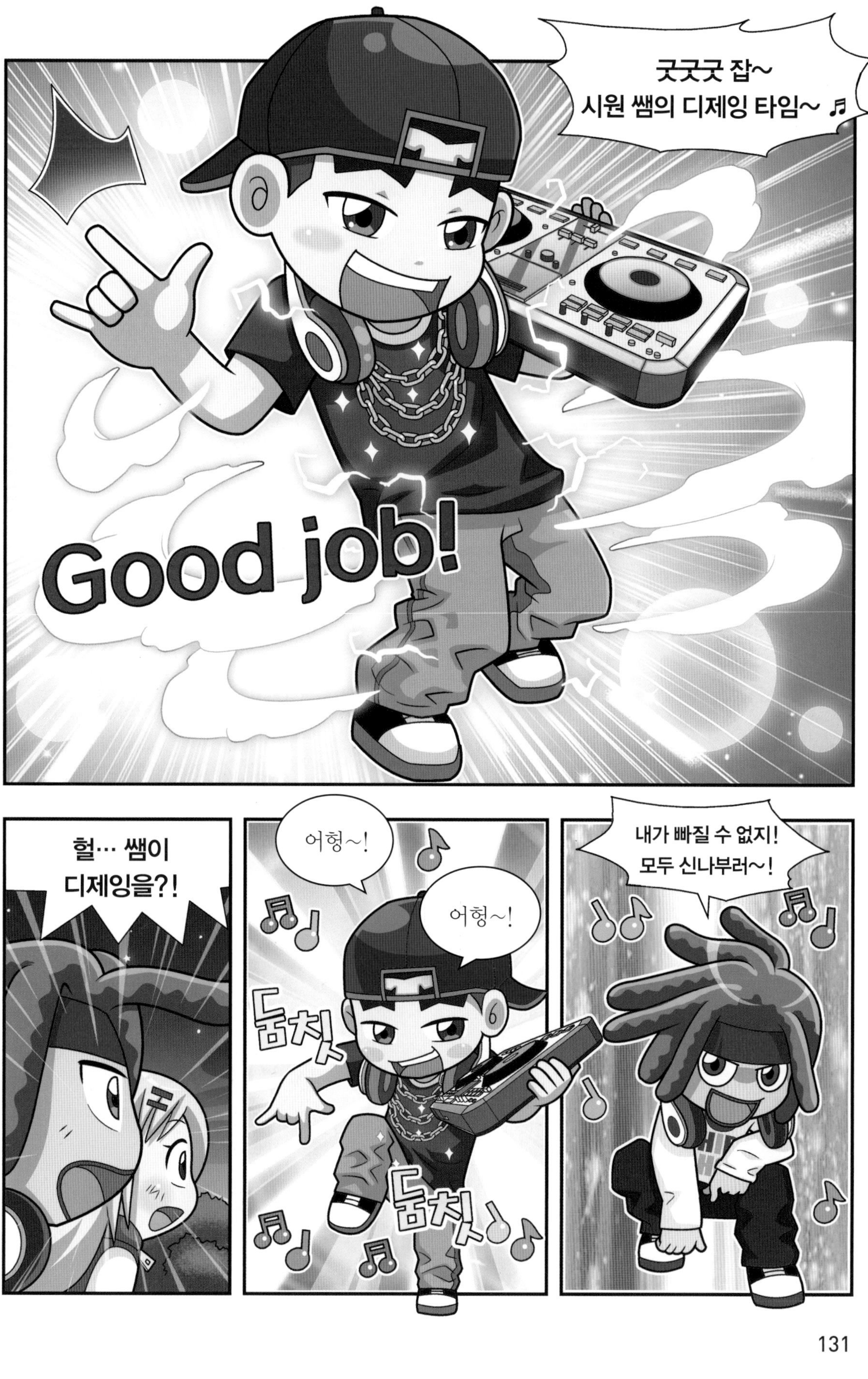
굿굿굿 잡~
시원 쌤의 디제잉 타임~ ♬
Good job!
헐… 쌤이
디제잉을?!
어헝~!
어헝~!
둠칫
둠칫
내가 빠질 수 없지!
모두 신나부러~!

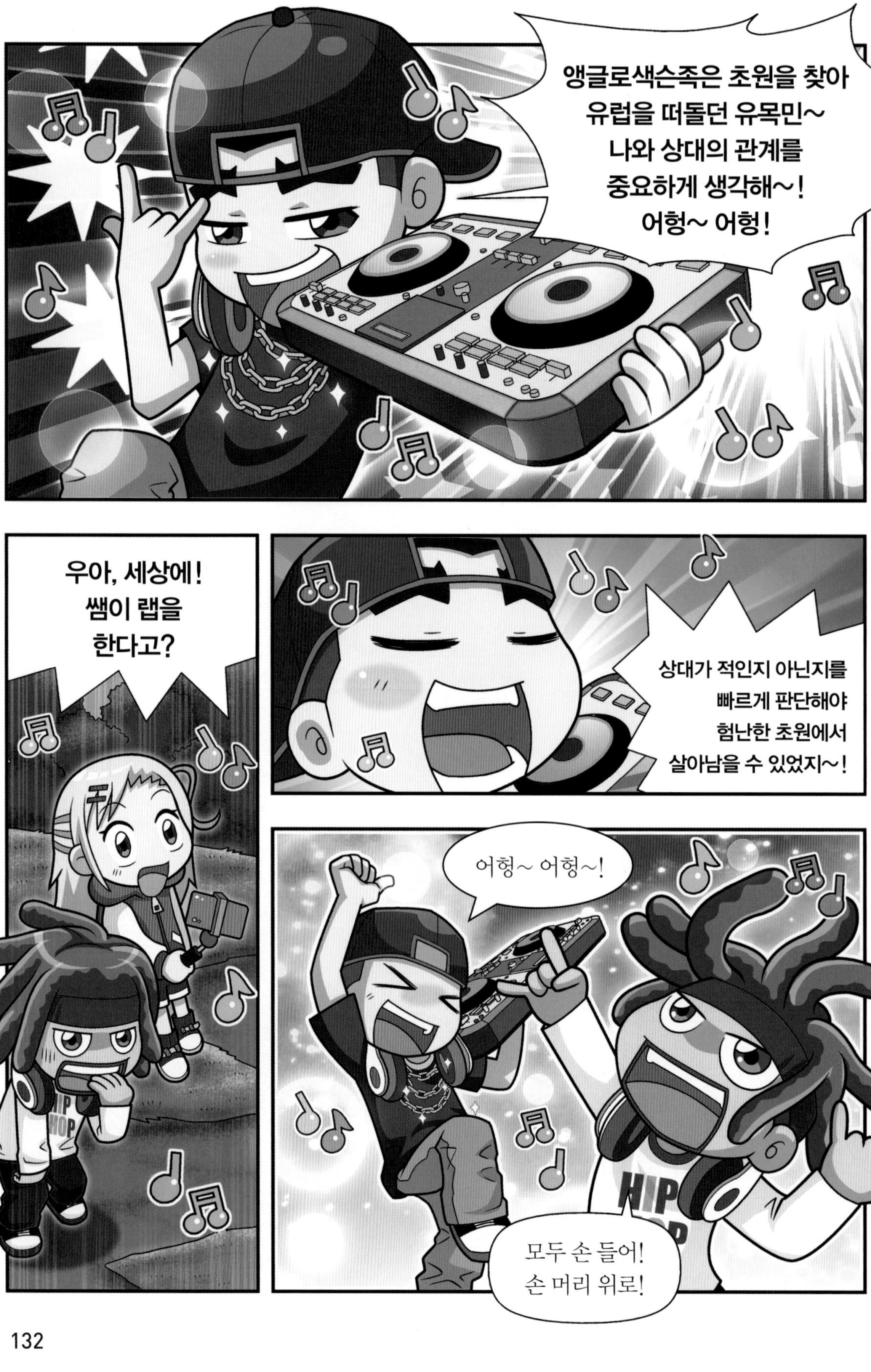
앵글로색슨족은 초원을 찾아
유럽을 떠돌던 유목민~
나와 상대의 관계를
중요하게 생각해~!
어헝~ 어헝!
우아, 세상에!
쌤이 랩을
한다고?
상대가 적인지 아닌지를
빠르게 판단해야
험난한 초원에서
살아남을 수 있었지~!
어헝~ 어헝~!
모두 손 들어!
손 머리 위로!

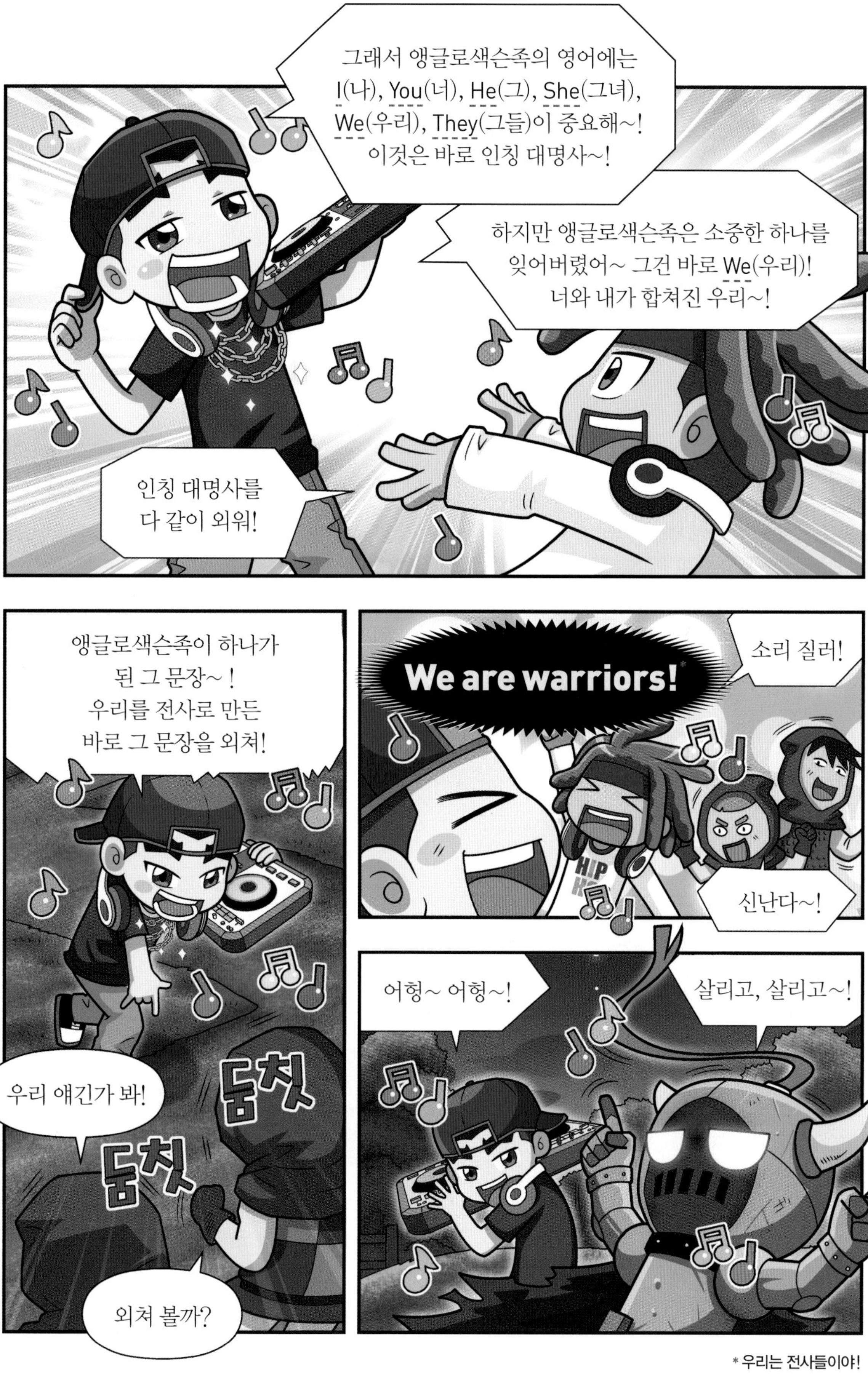
그래서 앵글로색슨족의 영어에는 I(나), You(너), He(그), She(그녀), We(우리), They(그들)이 중요해~! 이것은 바로 인칭 대명사~!
하지만 앵글로색슨족은 소중한 하나를 잊어버렸어~ 그건 바로 We(우리)! 너와 내가 합쳐진 우리~!
인칭 대명사를 다 같이 외워!
앵글로색슨족이 하나가 된 그 문장~! 우리를 전사로 만든 바로 그 문장을 외쳐!
우리 얘긴가 봐!
둠칫
둠칫
외쳐 볼까?
We are warriors!*
소리 질러!
신난다~!
어헝~ 어헝~!
살리고, 살리고~!

* 우리는 전사들이야!

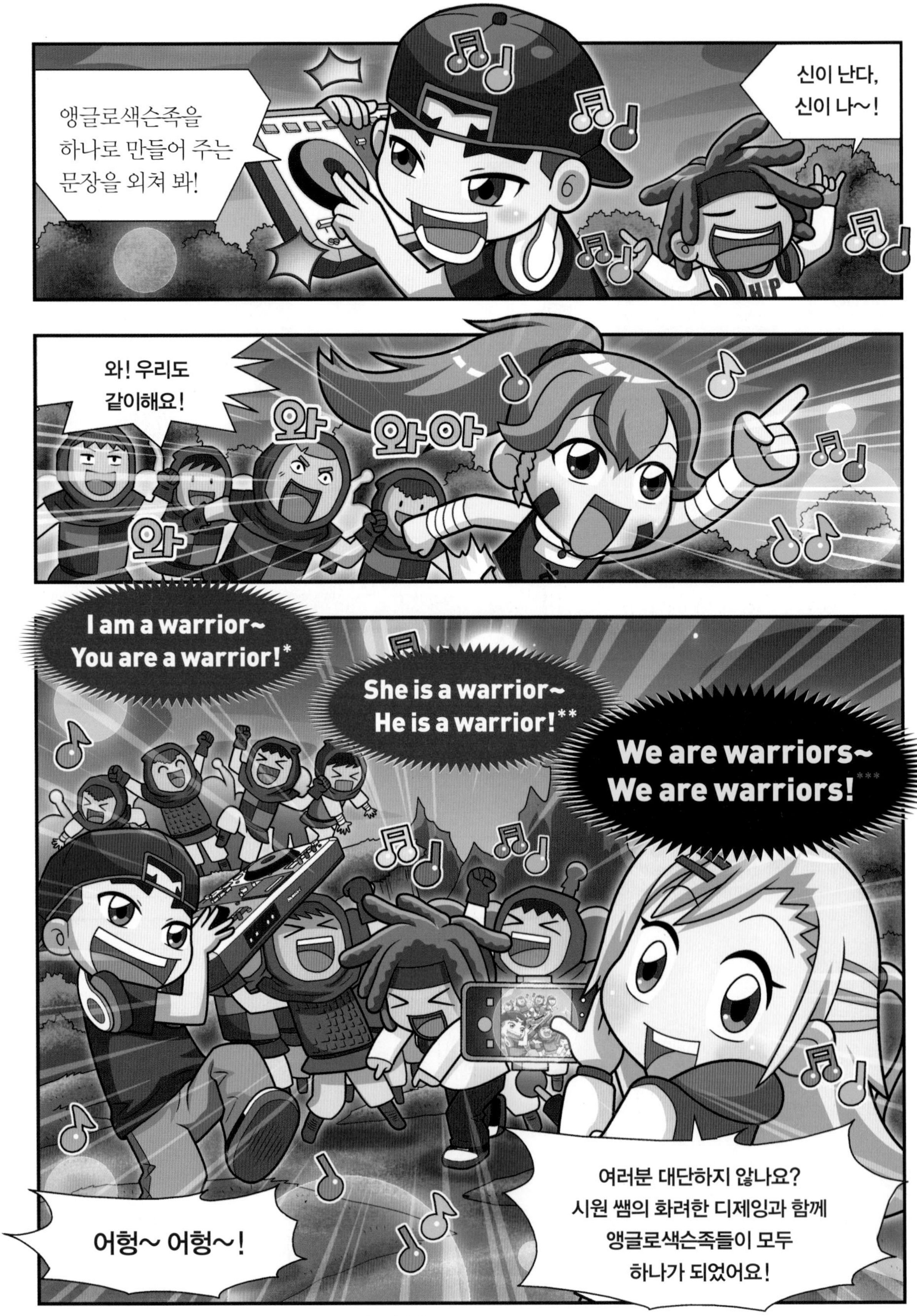
앵글로색슨족을 하나로 만들어 주는 문장을 외쳐 봐!
신이 난다, 신이 나~!
와! 우리도 같이해요!
와
와아
와
I am a warrior~ You are a warrior!*
She is a warrior~ He is a warrior!**
We are warriors~ We are warriors!***
어헝~ 어헝~!
여러분 대단하지 않나요? 시원 쌤의 화려한 디제잉과 함께 앵글로색슨족들이 모두 하나가 되었어요!

* 나는 전사야~ 너는 전사야! ** 그녀는 전사야~ 그는 전사야!
*** 우리는 전사들이야~ 우리는 전사들이지!

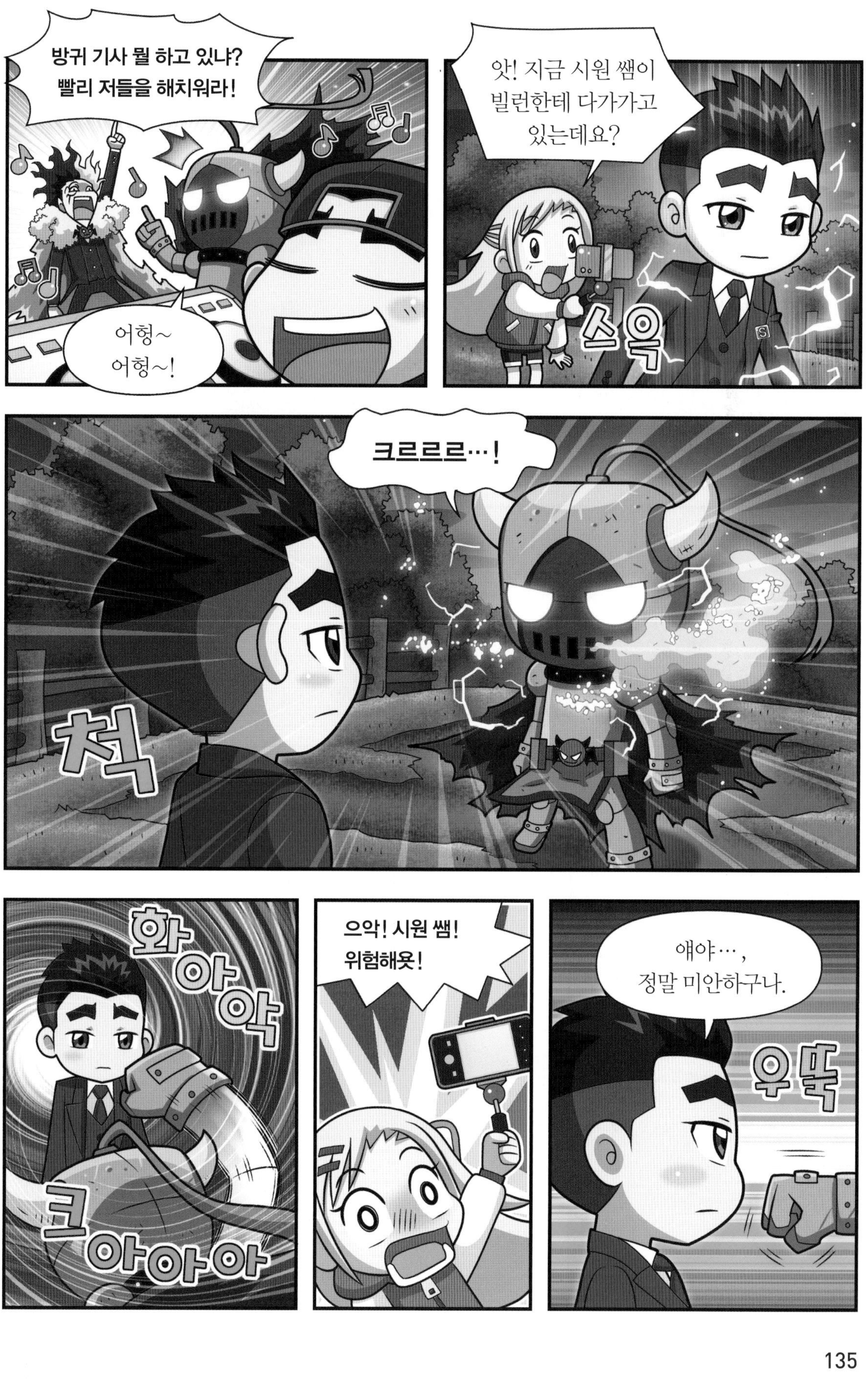
방귀 기사 뭘 하고 있냐? 빨리 저들을 해치워라!
어헝~ 어헝~!
앗! 지금 시원 쌤이 빌런한테 다가가고 있는데요?
스윽
크르르르…!
척
화아악
크아아아아
으악! 시원 쌤! 위험해욧!
얘야…, 정말 미안하구나.
우뚝

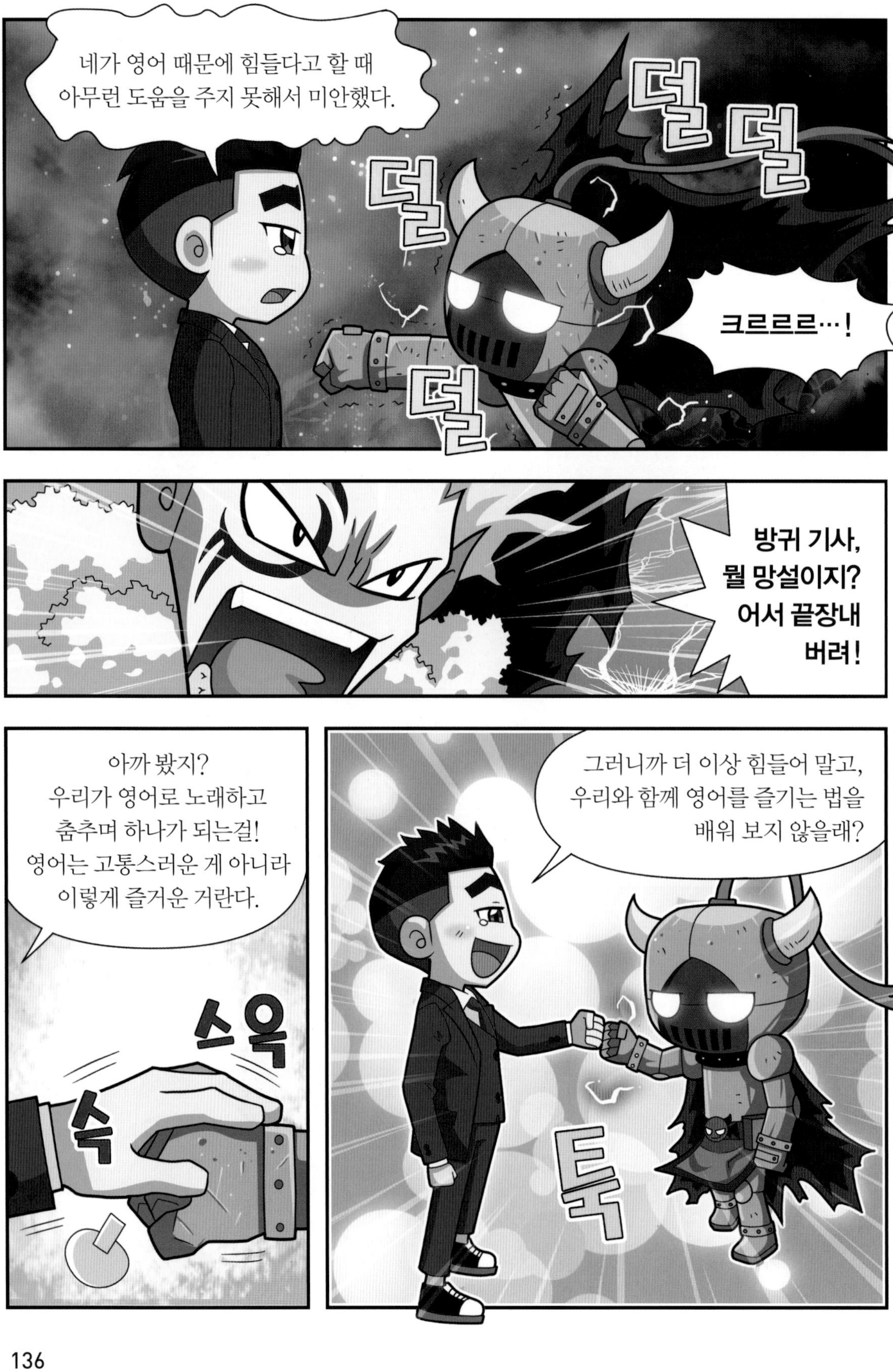

네가 영어 때문에 힘들다고 할 때
아무런 도움을 주지 못해서 미안했다.
덜덜
덜
덜
크르르르…!
방귀 기사,
뭘 망설이지?
어서 끝장내
버려!
아까 봤지?
우리가 영어로 노래하고
춤추며 하나가 되는걸!
영어는 고통스러운 게 아니라
이렇게 즐거운 거란다.
스윽
슥
그러니까 더 이상 힘들어 말고,
우리와 함께 영어를 즐기는 법을
배워 보지 않을래?
툭

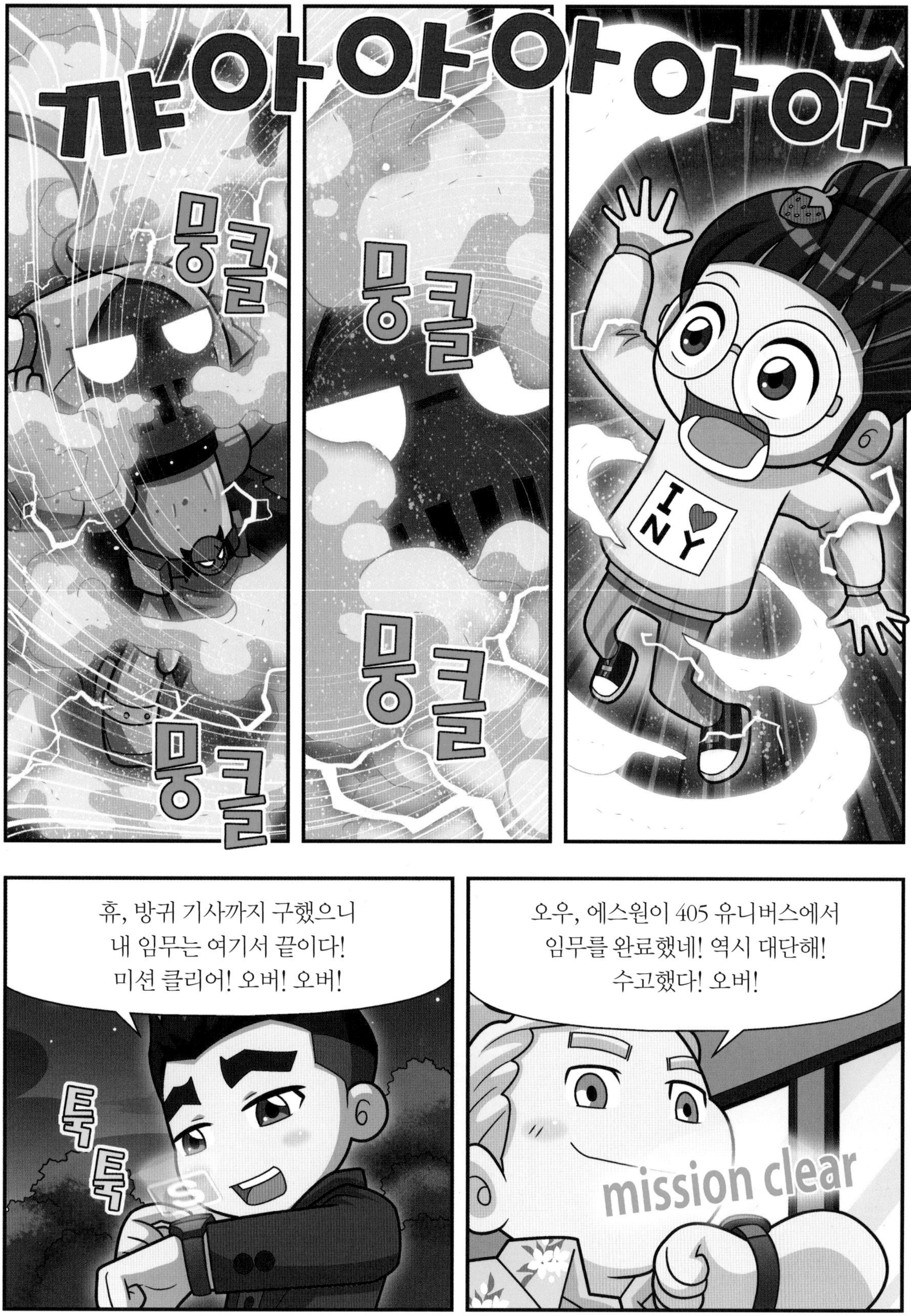
꺄아아아아아아
뭉클
뭉클
뭉클
뭉클
휴, 방귀 기사까지 구했으니 내 임무는 여기서 끝이다! 미션 클리어! 오버! 오버!
톡톡
오우, 에스원이 405 유니버스에서 임무를 완료했네! 역시 대단해! 수고했다! 오버!
mission clear

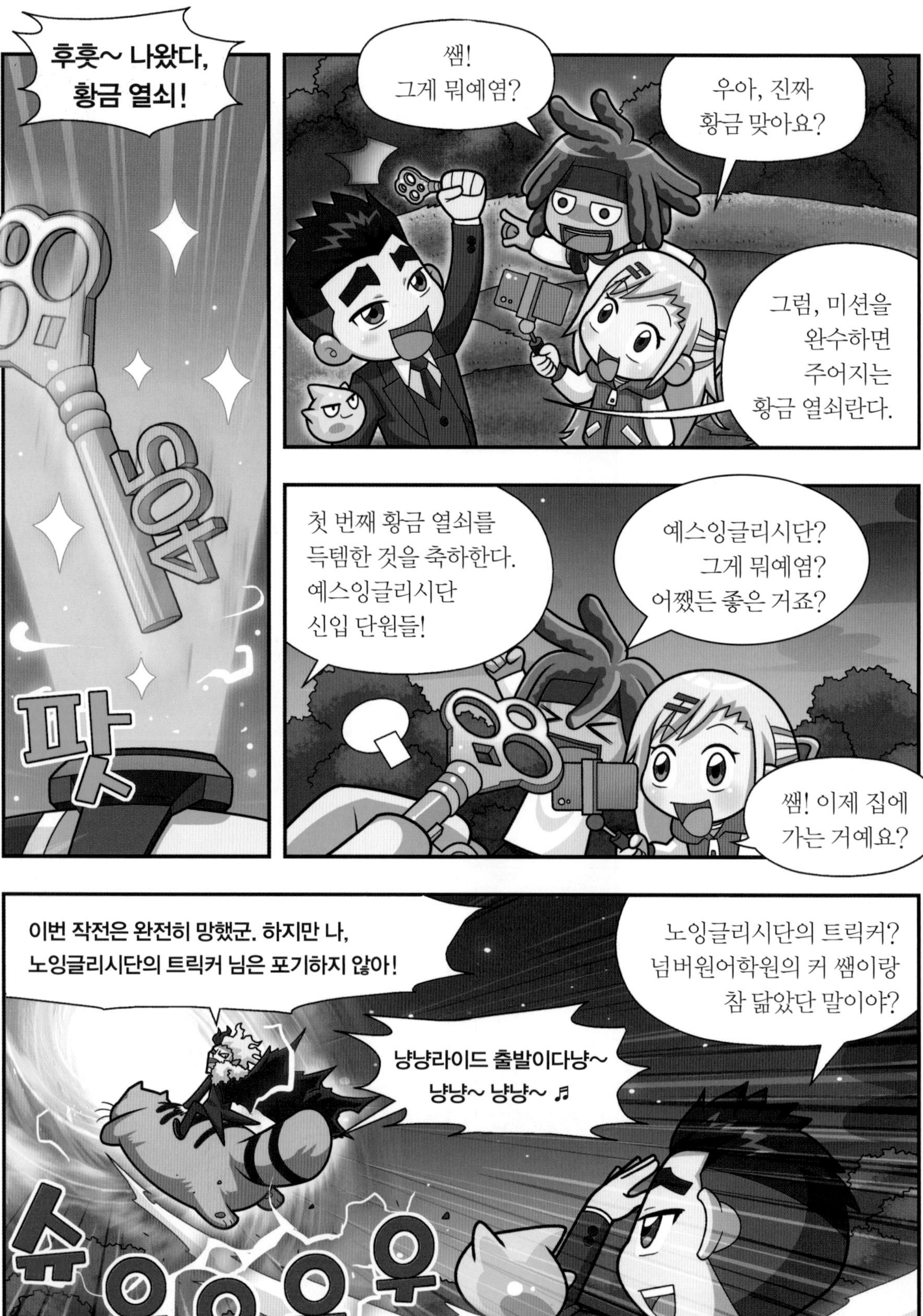

후훗~ 나왔다, 황금 열쇠!
쌤! 그게 뭐예염?
우아, 진짜 황금 맞아요?
그럼, 미션을 완수하면 주어지는 황금 열쇠란다.
파앗
첫 번째 황금 열쇠를 득템한 것을 축하한다. 예스잉글리시단 신입 단원들!
예스잉글리시단? 그게 뭐예염? 어쨌든 좋은 거죠?
쌤! 이제 집에 가는 거예요?
이번 작전은 완전히 망했군. 하지만 나, 노잉글리시단의 트릭커 님은 포기하지 않아!
노잉글리시단의 트릭커? 넘버원어학원의 커 쌤이랑 참 닮았단 말이야?
냥냥라이드 출발이다냥~ 냥냥~ 냥냥~ ♬
슈우우우우

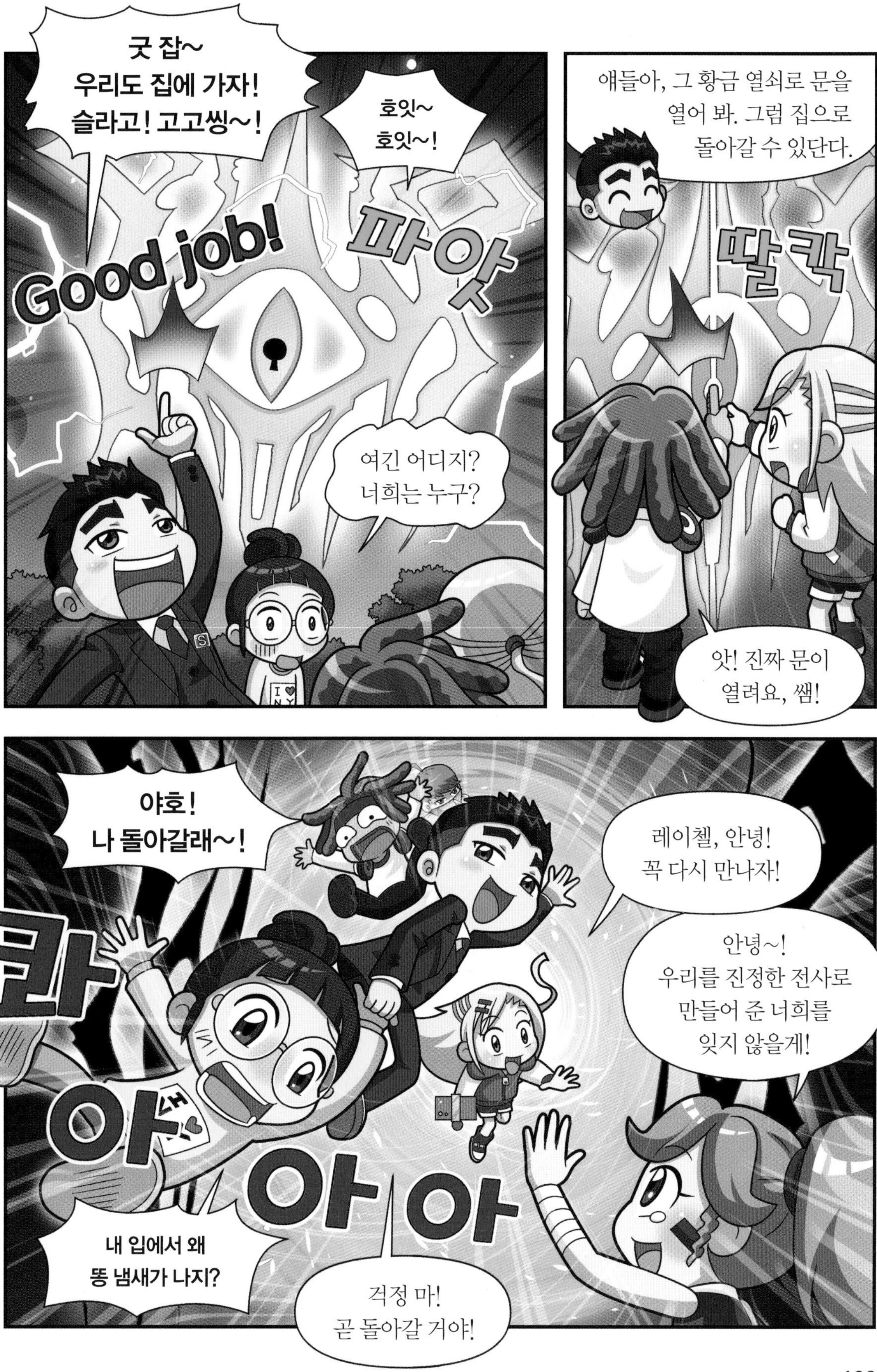
굿 잡~
우리도 집에 가자!
슬라고! 고고씽~!
호잇~
호잇~!
Good job!
파앗
여긴 어디지?
너희는 누구?
얘들아, 그 황금 열쇠로 문을
열어 봐. 그럼 집으로
돌아갈 수 있단다.
딸칵
앗! 진짜 문이
열려요, 쌤!
야호!
나 돌아갈래~!
레이첼, 안녕!
꼭 다시 만나자!
안녕~!
우리를 진정한 전사로
만들어 준 너희를
잊지 않을게!
콰아아아
내 입에서 왜
똥 냄새가 나지?
걱정 마!
곧 돌아갈 거야!

예스어학원
수업 시간

1교시 · **단어** Vocabulary 🔊

2교시 · **문법 1, 2, 3** Grammar 1,2,3 ▶️

3교시 · **게임** Recess

4교시 · **읽고 쓰기** Reading & Writing

5교시 · **유니버스 이야기** Story

6교시 · **말하기** Speaking

7교시 · **쪽지 시험** Quiz

예스어학원의 수업 시간표야!
공부를 시작하기 전에
시간표 정도는 봐 둬야겠지?

예스잉글리시단 훈련 코스
4단계를 통과하면 너희는 예스잉글리시단 단원이 되어 영어를 지키는 유능한 전사가 될 것이다!
S
1단계 단어 훈련
영어 단어를 확실하게 외운다! 실시!
2단계 문법 훈련
영어 문법을 차근차근 배운다! 실시!
3단계 읽고 쓰기 훈련
영어 문장을 술술 읽고 쓴다! 실시!
4단계 말하기 훈련
영어로 자유롭게 대화한다! 실시!
사실 예스잉글리시단 훈련 코스라는 건 아무도 모르겠지? 큭큭!
TOP SECRET

1교시 단어 • Vocabulary

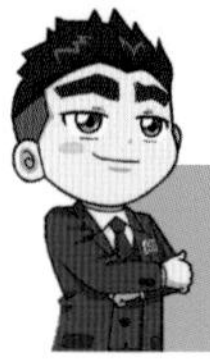

step 1. 단어 강의

영어의 첫걸음은 단어라고 할 수 있지. 단어를 많이 알아야 영어를 잘할 수 있단다.
1권의 필수 단어를 한번 외워 볼까?

No.	교실 물건들	School Supplies
1	연필	pencil
2	펜	pen
3	가방	bag
4	책	book
5	책상	desk
6	의자	chair
7	자	ruler
8	지우개	eraser
9	칠판	blackboard
10	크레용	crayon

No.	가족	Family
11	할머니	grandmother
12	할아버지	grandfather
13	엄마	mother
14	아빠	father
15	여자 형제	sister
16	남자 형제	brother
17	이모/고모	aunt
18	삼촌	uncle
19	사촌	cousin
20	부모님	parents

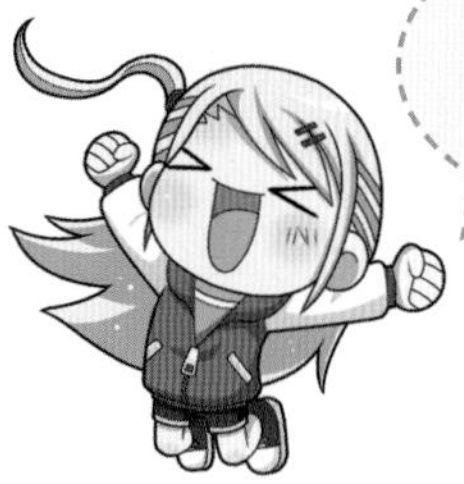
교실 물건들, 가족,
직업에 대한 단어네요?
내 직업은 너튜버인데~
히힛!

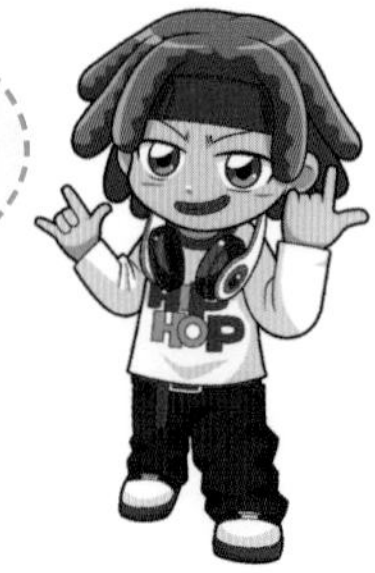
스웩~!
서른 개나 되는 단어를
어떻게 다 외워요!

원어민 발음 듣기
QR코드를 찍어 봐!

No.	직업	Job
21	요리사	cook
22	간호사	nurse
23	택시 운전사	taxi driver
24	의사	doctor
25	경찰관	police officer

No.	직업	Job
26	농부	farmer
27	선생님	teacher
28	학생	student
29	가수	singer
30	전사	warrior

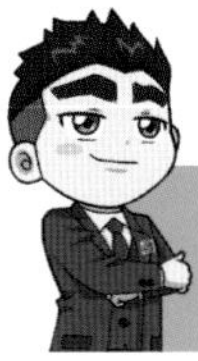

step 2. 단어 시험

하루에 하나씩만 외워 봐!
한 달이면 다 외울 수 있겠지?
중요한 건 하루에 하나를 외워도
확실히 외워야 한다는 것,
잊지 마!

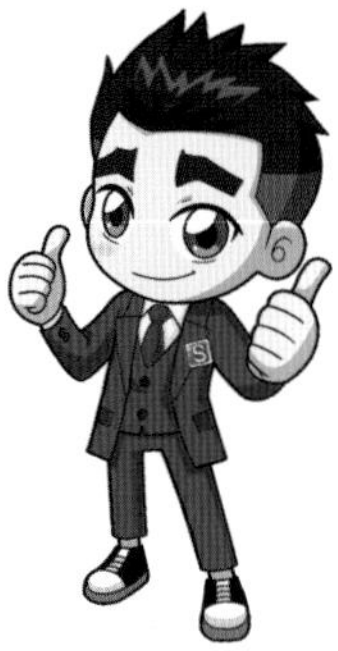

단어를 확실하게 외웠는지 한번 볼까? 빈칸을 채워 봐.

- 책 ____________________
- 연필 ____________________
- 부모님 ____________________
- 할아버지 ____________________
- 가방 ____________________
- 선생님 ____________________
- 학생 ____________________
- 의사 ____________________
- 지우개 ____________________
- 전사 ____________________

* 정답은 162쪽에 있습니다.

2교시 ·g· 문법 1 • Grammar 1

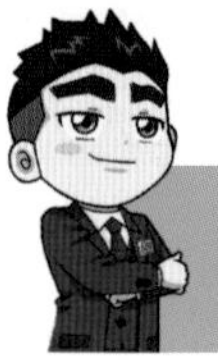

step 1. 문법 강의

인칭 대명사는 사람을 가리키는 대명사야. 나와 우리는 1인칭이고, 너는 2인칭이야. 나와 네가 아닌 나머지 제3자 전부는 3인칭이라고 해. '주어'는 동작을 하는 주체로, 우리말에서는 '은, 는, 이, 가'를 붙여 말하지. 주어의 역할을 하는 인칭 대명사를 '주격 인칭 대명사'라고 해.

시원 쌤표 영어 구구단

주격 인칭 대명사				
수/인칭	1인칭	2인칭	3인칭	
단수	I 나는	you 너는	he 그는	she 그녀는
복수	we 우리는	you 너희는	they 그들은	

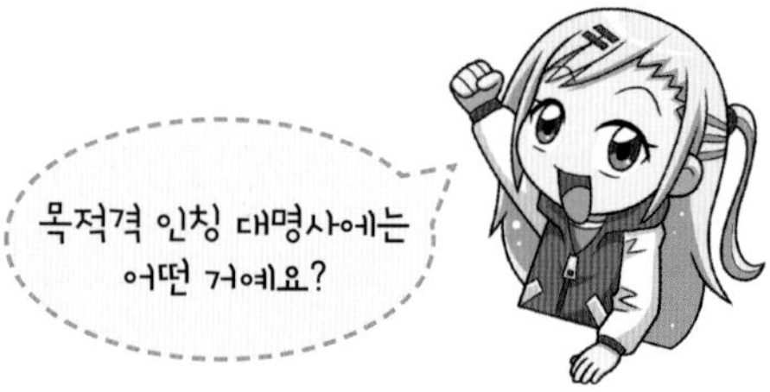
목적격 인칭 대명사에는 어떤 거예요?

'목적어'는 동작의 대상으로, 우리말에서는 '을, 를'을 붙여 말해. 목적어의 역할을 하는 인칭 대명사를 '목적격 인칭 대명사'라고 해.

시원 쌤표 영어 구구단

목적격 인칭 대명사				
수/인칭	1인칭	2인칭	3인칭	
단수	me 나를	you 너를	him 그를	her 그녀를
복수	us 우리를	you 너희를	them 그들을	

동영상 강의 보기
QR코드를 찍어 봐!

step 2. 문법 정리

인칭 대명사를 문장으로 표현해 봐!

주격 인칭 대명사		목적격 인칭 대명사	
나는 엄마다.	**I am a mother.**	나는 나를 사랑한다.	**I love me.**
너는 아빠다.	**You are a father.**	나는 너를 사랑한다.	**I love you.**
그는 할아버지다.	**He is a grandfather.**	나는 그를 사랑한다.	**I love him.**
그녀는 여자 형제다.	**She is a sister.**	나는 그녀를 사랑한다.	**I love her.**
우리는 부모다.	**We are parents.**	나는 우리를 사랑한다.	**I love us.**
너희는 사촌들이다.	**You are cousins.**	나는 너희를 사랑한다.	**I love you.**
그들은 남자 형제들이다.	**They are brothers.**	나는 그들을 사랑한다.	**I love them.**

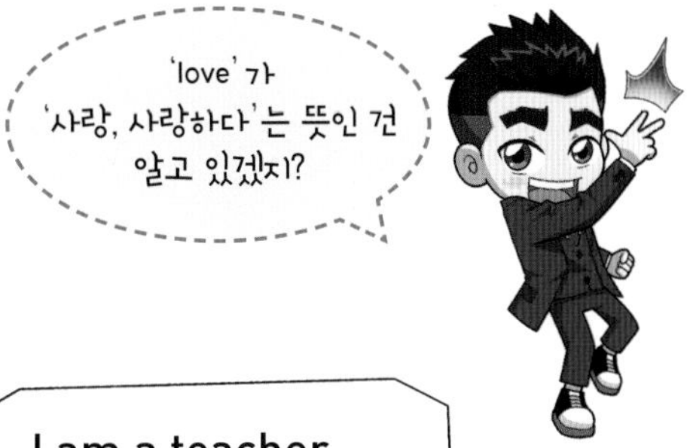
'love'가
'사랑, 사랑하다'는 뜻인 건
알고 있겠지?

step 3. 문법 대화

인칭 대명사가 나온 대화를 한번 들어 봐!

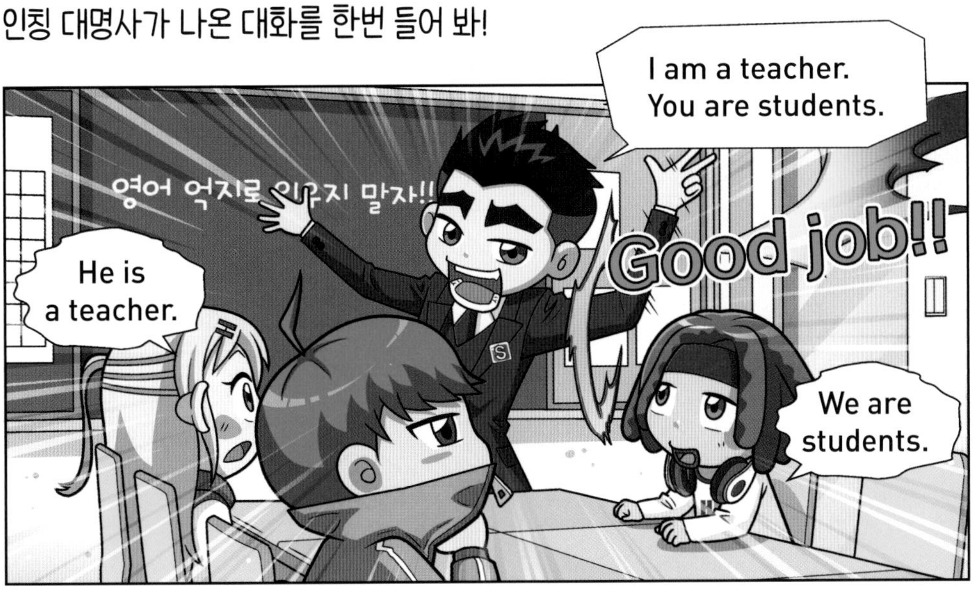
I am a teacher.
You are students.
영어 억지로 외우지 말자!!
He is a teacher.
Good job!!
We are students.

2교시 ·g· 문법 2 • Grammar 2

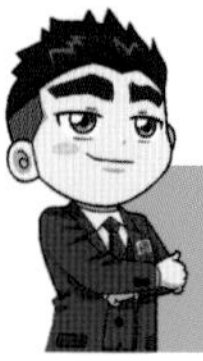

step 1. 문법 강의

Be 동사는 영어의 기본이라고 할 수 있지. 문장은 '주체 + 행동'으로 이루어지는데, 이 행동을 담당하는 단어를 동사라고 해. 동사는 Be 동사와 Be 동사가 아닌 동사로 나뉘어.

Be 동사	be, am, is, are, was, were
Be 동사가 아닌 동사	go, run, stop, play, have, study, sleep...

Be 동사는 앞에 오는 주어의 상태를 설명할 때 사용하고, '~이다'로 해석해.
즉, '주체 + Be 동사 + 명사'는 '주체는 명사다.'로 해석할 수 있어.

주체	Be 동사	명사
I	am	Siwon.

그리고 Be 동사는 신기한 특징이 있어. 앞에 오는 주체에 따라 모양이 바뀐단다.

시원 쌤표 영어 구구단

<table>
<tr><th>수</th><th colspan="2">단수</th><th colspan="2">복수</th></tr>
<tr><td>인칭</td><td>주어</td><td>Be 동사</td><td>주어</td><td>Be 동사</td></tr>
<tr><td>1</td><td>I</td><td>am</td><td>we</td><td rowspan="5">are</td></tr>
<tr><td>2</td><td>you</td><td>are</td><td>you</td></tr>
<tr><td rowspan="3">3</td><td>he</td><td rowspan="3">is</td><td rowspan="3">they</td></tr>
<tr><td>she</td></tr>
<tr><td>it</td></tr>
</table>

동영상 강의 보기
QR코드를 찍어 봐!

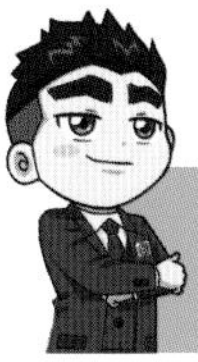

step 2. 문법 정리

Be 동사를 문장으로 표현해 봐!

Be 동사 + 단수 명사		Be 동사 + 복수 명사	
의사	**a doctor**	가수들	**singers**
의사다	**be a doctor**	가수들이다	**be singers**
나는 의사다.	**I am a doctor.**	우리는 가수들이다.	**We are singers.**
학생	**a student**	요리사들	**cooks**
학생이다	**be a student**	요리사들이다	**be cooks**
너는 학생이다.	**You are a student.**	그들은 요리사들이다.	**They are cooks.**

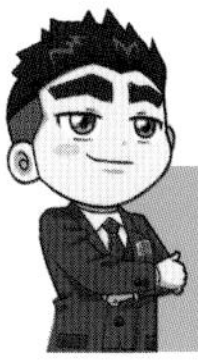

step 3. 문법 대화

Be 동사가 나온 대화를 한번 들어 봐!

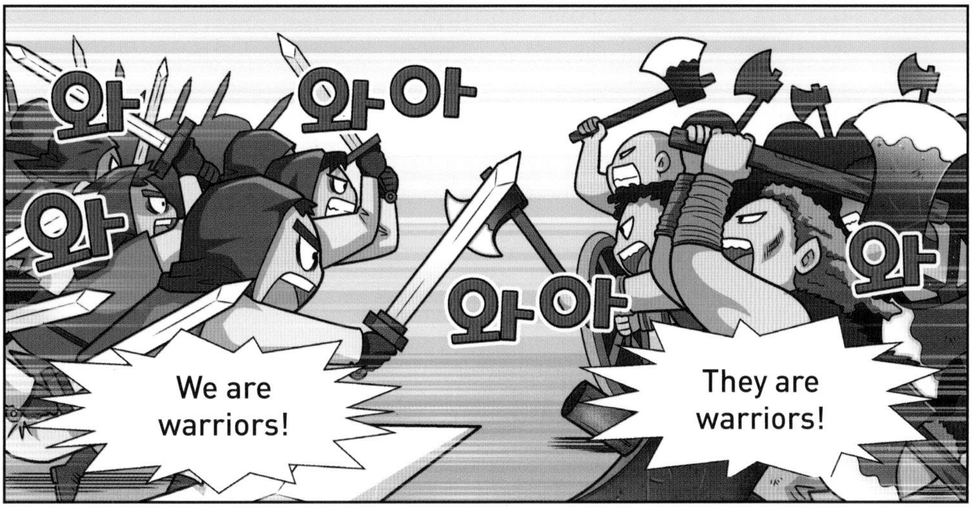
와
와아
와
와아
와
We are warriors!
They are warriors!

step 1. 문법 강의

Be 동사를 사용한 질문이 하고 싶다면, Be 동사를 앞으로 옮겨 주고, 마지막에 물음표를 붙이면 된단다. Yes나 No로 대답을 할 수 있지.

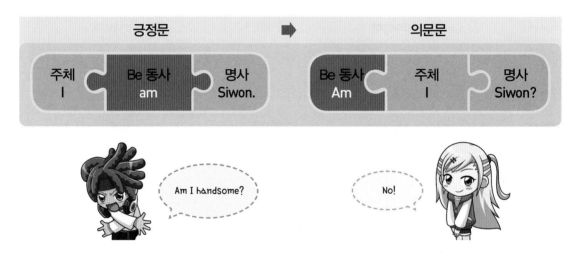

긍정문			➡	의문문		
주체 I	Be 동사 am	명사 Siwon.		Be 동사 Am	주체 I	명사 Siwon?

Am I handsome?

No!

'나는 OO이야.'라는 대답이 듣고 싶다면 '너는 누구야?'라고 물어봐야 하겠지? who는 '누구'라는 뜻으로, 사람을 가리켜 누구인지 물을 때는 who를 이용한 의문문을 써. 'Who + Be 동사 + 주어?'는 '~은(는) 누구입니까?'라는 뜻이 되지. 대답은 '주어 + Be 동사 + 직업, 이름 또는 관계'로 하면 된단다.

🔑 시원 쌤표 영어 구구단

Who 의문문		
의문사	Be 동사	주어?
	am	I?
Who	are	you?
		you / we / they?
	is	he / she?

동영상 강의 보기
QR코드를 찍어 봐!

step 2. 문법 정리

Yes/No 의문문과 Who 의문문을 비교해 봐!

Yes/No 의문문		Who 의문문	
나는 전사일까?	**Am I a warrior?**	나는 누구일까?	**Who am I?**
당신은 선생님이세요?	**Are you a teacher?**	너는 누구야?	**Who are you?**
우리는 요리사들이야?	**Are we cooks?**	우리는 누구야?	**Who are we?**
그들은 간호사들이야?	**Are they nurses?**	그들은 누구야?	**Who are they?**
그는 가수야?	**Is he a singer?**	그는 누구야?	**Who is he?**
그녀는 경찰관이야?	**Is she a police officer?**	그녀는 누구야?	**Who is she?**

step 3. 문법 대화

의문문이 나온 대화를 한번 들어 봐!

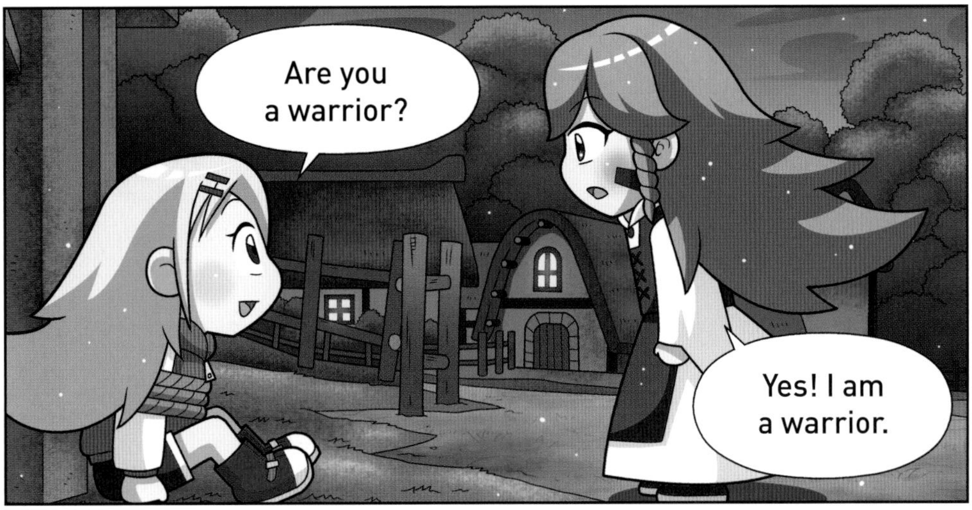
Are you
a warrior?
Yes! I am
a warrior.

시원 쌤은 모르는 채팅방(3)

 드디어 쉬는 시간이다!
내가 재미있는 영어 퀴즈 하나 낼게.
맞혀 봐!

 좋아! 내가 맞혀 주지!

 네 마리의 고양이가
괴물이 되면?

 정답! 포켓몬스터*!
four+cat+monster

 딩동댕동~! 영어 좀 하는데?

 핵인싸가 되려면 기본이지!
나도 내 볼게.

• **포켓몬스터 Pokemon**

* 포켓몬스터는 미국에서 Pokemon으로 소개되었다.

시원 쌤은 모르는 채팅방(3)

그래, 한번 내 봐!

모래에 살고 있는 마녀는
누구일까?

에잇! 모래에서
마녀가 어떻게 살아.

정답은 샌드위치•!
sand+witch

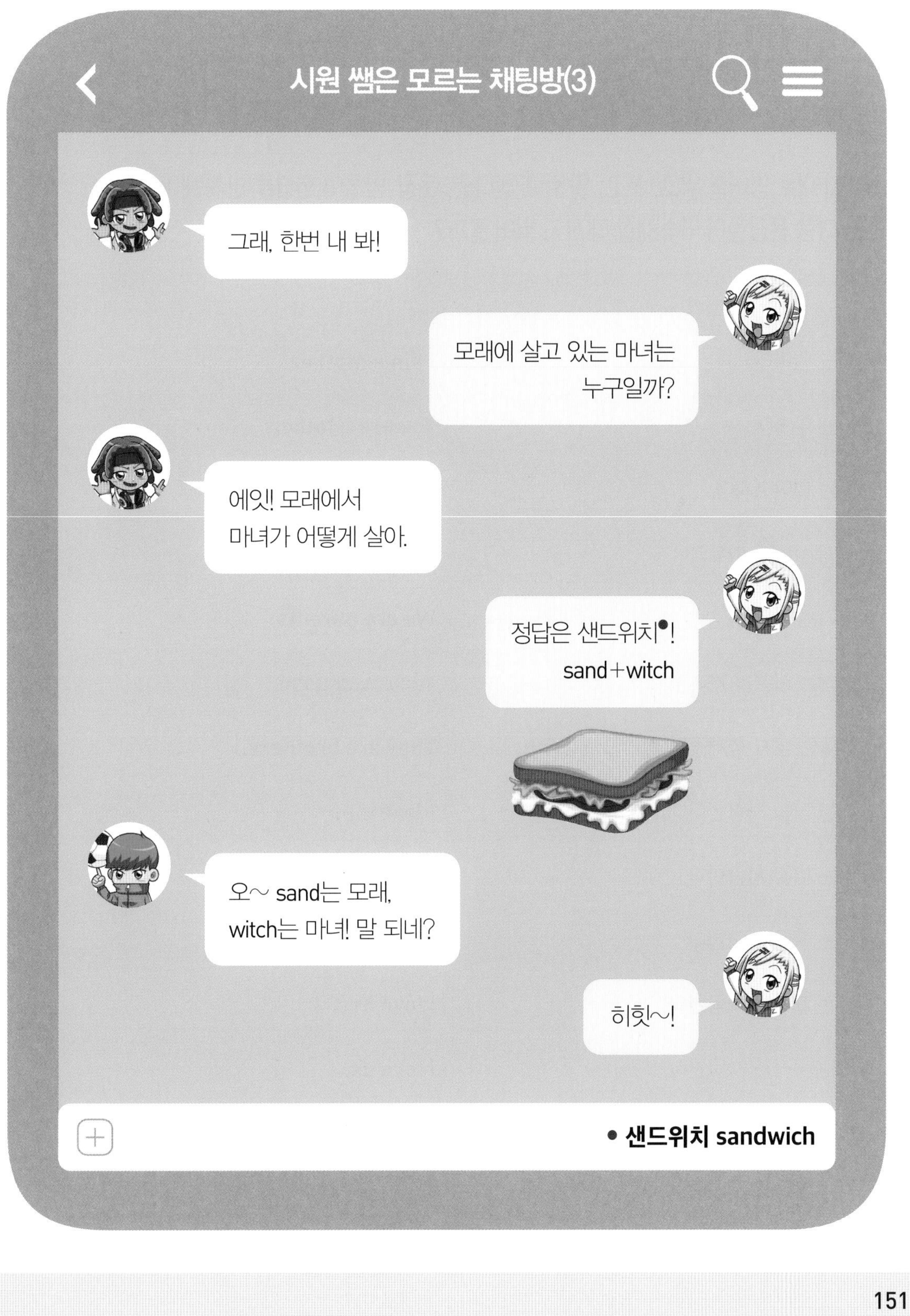

오~ sand는 모래,
witch는 마녀! 말 되네?

히힛~!

• 샌드위치 sandwich

4교시 읽고 쓰기 • Reading & Writing

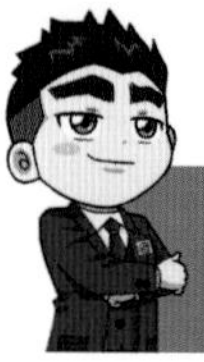

step 1. 읽기

자유자재로 영어를 읽고, 쓰고, 말하고 싶다면, 문장 만들기 연습을 반복해야 하지.
먼저 다음 문장들이 익숙해질 때까지 읽어 볼까?

• 나는 엄마다.	**I am a mother.**
• 너는 아빠다.	**You are a father.**
• 그는 할아버지다.	**He is a grandfather.**
• 그녀는 여자 형제다.	**She is a sister.**
• 우리는 부모다.	**We are parents.**
• 너희는 사촌들이다.	**You are cousins.**
• 그들은 남자 형제들이다.	**They are brothers.**
• 나는 나를 사랑한다.	**I love me.**
• 나는 너를 사랑한다.	**I love you.**
• 나는 그를 사랑한다.	**I love him.**
• 나는 그녀를 사랑한다.	**I love her.**
• 나는 우리를 사랑한다.	**I love us.**
• 나는 너희를 사랑한다.	**I love you.**
• 나는 그들을 사랑한다.	**I love them.**

문장 만들기 연습

1회 ☐ 2회 ☐ 3회 ☐

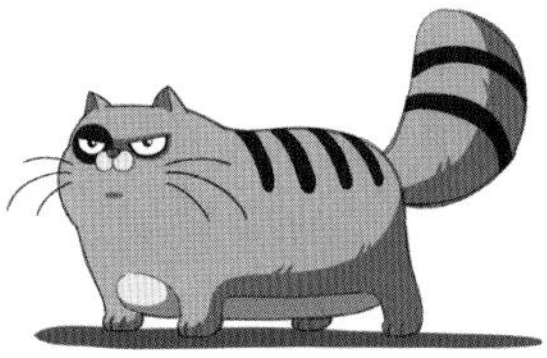

• 나는 의사다.	I am a doctor.
• 너는 학생이다.	You are a student.
• 그는 선생님이다.	He is a teacher.
• 우리는 가수들이다.	We are singers.
• 너희는 농부들이다.	You are farmers.
• 그들은 요리사들이다.	They are cooks.
• 나는 누구일까?	Who am I?
• 너는 누구야?	Who are you?
• 우리는 누구야?	Who are we?
• 그들은 누구야?	Who are they?
• 그는 누구야?	Who is he?
• 나는 전사일까?	Am I a warrior?
• 당신은 선생님입니까?	Are you a teacher?
• 우리는 요리사들이야?	Are we cooks?
• 그들은 간호사들이야?	Are they nurses?
• 그녀는 경찰관이야?	Is she a police officer?

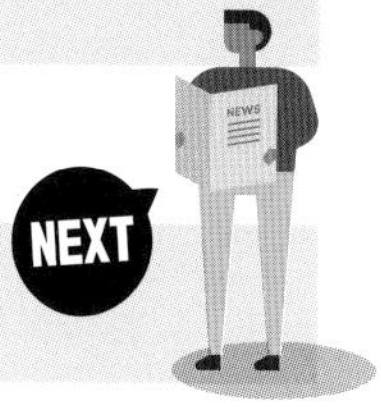
NEXT

4교시 읽고 쓰기 • Reading & Writing

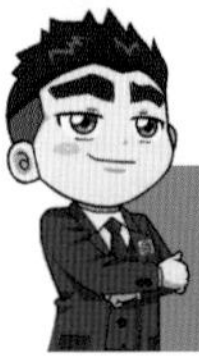

step 2. 쓰기

익숙해진 문장들을 이제 한번 써 볼까? 괄호 안의 단어를 보고, 순서에 맞게 문장을 만들어 보자.

❶ 나는 엄마다. ______________________. (I , a, mother, am)

❷ 나는 의사다. ______________________. (a, doctor, am, I)

❸ 우리는 부모다. ______________________. (parents, are, We)

❹ 그는 선생님이다. ______________________. (He, a, is, teacher)

❺ 너는 학생이다. ______________________. (are, You, student, a)

❻ 너희는 사촌들이다. ______________________. (are, cousins, You)

❼ 그들은 요리사들이다. ______________________. (They, cooks, are)

❽ 그녀는 여자 형제다. ______________________. (She, a, sister, is)

❾ 너희는 농부들이다. ______________________. (are, farmers, You)

❿ 나는 너를 사랑한다. ______________________. (love, I, you)

이제 의문문을 영어로 써 볼까? 영작을 하다 보면 실력이 훨씬 늘 거야. 잘 모르겠으면,
아래에 있는 WORD BOX를 참고해!

❶ 너는 누구야? _____ ?

❷ 그는 누구야? _____ ?

❸ 당신은 선생님입니까? _____ ?

❹ 그들은 누구야? _____ ?

❺ 나는 누구일까? _____ ?

❻ 그녀는 경찰관이야? _____ ?

❼ 나는 전사일까? _____ ?

❽ 그들은 간호사들이야? _____ ?

WORD BOX

- is
- are
- a
- who
- you
- she
- they
- he
- teacher
- am
- police officer
- I
- nurses
- warrior

* 정답은 162쪽에 있습니다.

5교시 유니버스 이야기 • Story

우리가 첫 번째로 다녀온 곳은 바로 405 유니버스란다. 앵글로색슨족과 켈트족이 전쟁을 벌이고 있던 곳이지. 용맹한 전사들의 유니버스이자, 인칭 대명사의 유니버스이기도 해. 어떤 곳인지 좀 더 자세히 알아볼까?

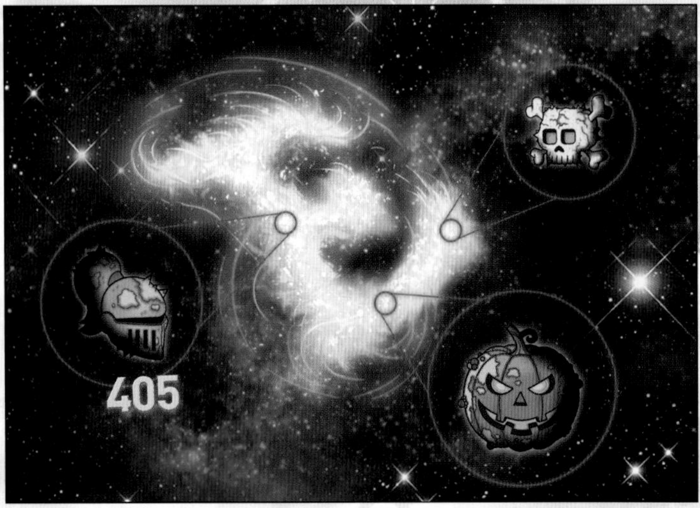
405

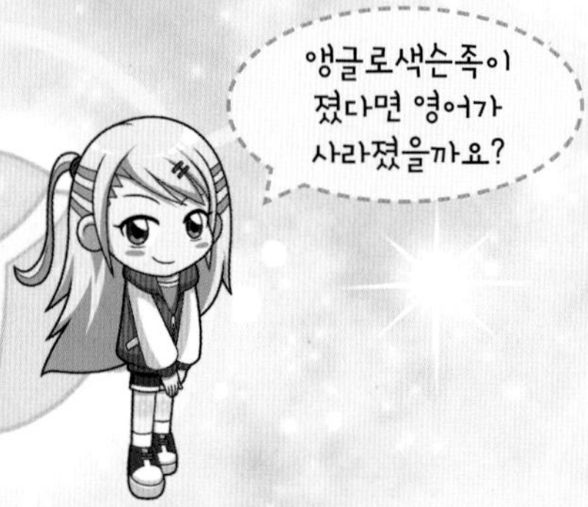
앵글로색슨족이
졌다면 영어가
사라졌을까요?

◀ 405 유니버스

위치 영어의 시작점 근처

상황 앵글로색슨족과 켈트족이 전쟁으로 대치 중

키 문장 We are warriors!

405 유니버스 이야기 : 인칭 대명사

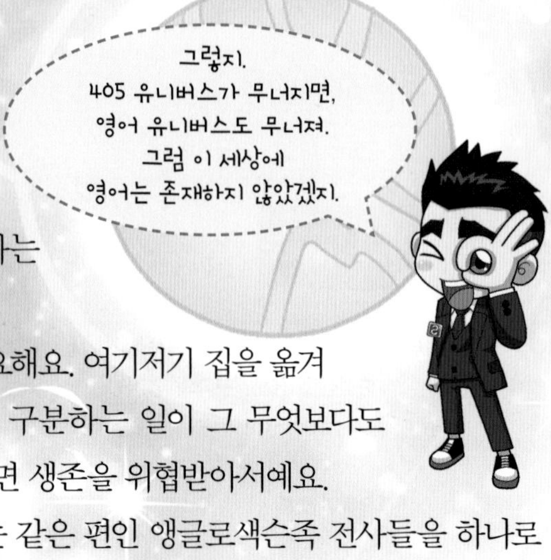
그렇지.
405 유니버스가 무너지면,
영어 유니버스도 무너져.
그럼 이 세상에
영어는 존재하지 않았겠지.

405 유니버스는 영어 유니버스 중에서도 영어의 시작점 가까이에 있는 곳이에요. 앵글로색슨족과 켈트족 전사들이 자신들의 용맹함을 뽐내며 싸우고 있지요. 전사의 용맹함을 사랑하는 멋진 유니버스랍니다.

이 유니버스에서는 인칭 대명사가 엄청나게 중요해요. 여기저기 집을 옮겨 다니는 유목민인 앵글로색슨족에게는 나와 남을 구분하는 일이 그 무엇보다도 중요하거든요. 적과 동지를 한눈에 구별하지 못하면 생존을 위협받아서예요.

이 유니버스의 키 문장인 "We are warriors!"는 같은 편인 앵글로색슨족 전사들을 하나로 뭉치게 한 멋진 말이랍니다.

우리 지구의 실제 이야기 : 영어의 시작

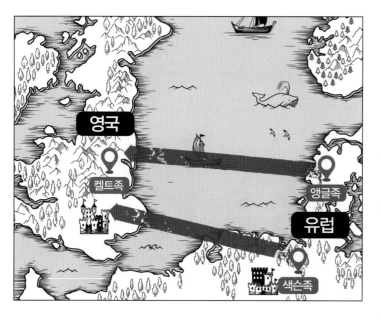

405 유니버스의 이야기가 우리와 무슨 연관이 있는 지 궁금하지요? 지도를 보며 알아보아요. 우리 지구에도 앵글로색슨족과 켈트족이 있어요. 450년경, 유럽에 살던 앵글족과 색슨족은 바다 건너 섬나라인 영국에 진출했어요. 이들을 합쳐서 앵글로색슨족이라고 부르는데, 이들은 영국 잉글랜드(England)에 살던 켈트족을 몰아내고 영국 땅을 차지했지요. 그리고 자신들이 쓰던 언어를 잉글랜드의 언어로 만들었어요. 이게 바로 지금 우리가 아는 English, 즉 영어의 시작이랍니다.

앵글로색슨족의 언어가 영어라는 것을 밝히는 베오울프!

'베오울프'는 총 3,182행의 고대 영어로 써진 영문학 최초의 서사시예요. 한 영웅의 일대기를 그리고 있어요. 앵글로색슨 전사들의 충성심은 물론, 지금의 영어와 상당히 비슷한 고대 영어의 흔적을 찾을 수 있지요. 영국의 대영 박물관에 소장되어 있어요.

〈베오울프 원본의 첫째 장〉 ▶

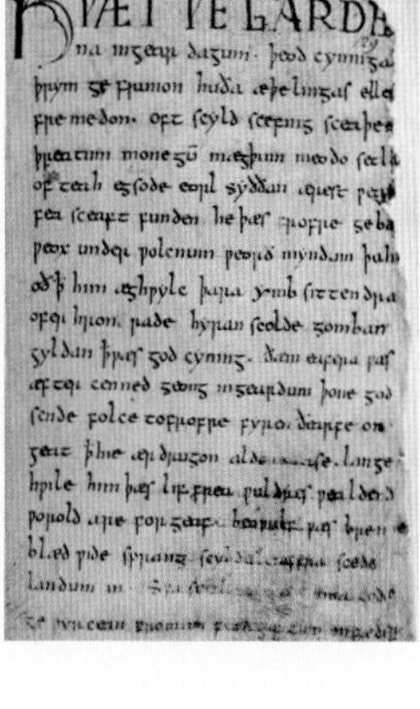

우아! 그런데, 앵글로색슨족이 영어를 썼다는 건 어떻게 알아요?

예스잉글리시단에서 이 정도 정보 수집쯤이야!

157

와~ 굿 잡이 이런 표현이었구나!

step 1. 대화 보기

만화 속에서 자주 나오는 대사, 굿 잡! 어떨 때 쓰는 걸까?

Good job!

굿 잡~~! 좋은 질문이에요.

완전 굿 잡~~~! 기분 짱이었어!

Good job!

굿 잡~! 맞아!

step 2. 대화 더하기

시원 쌤이 누군가가 기특하고 잘해서 칭찬하고 싶을 때 쓰는 대표 대사 '굿 잡!' 영어로는 'Good job!' 이라고 써. 영어를 그냥 우리 말로 옮기면 '좋은 직업'이라는 뜻인데 말할 때는 칭찬으로 사용한다니 신기하지? 그럼 누군가를 '잘했어!' 라고 칭찬할 때 쓸 수 있는 영어 표현은 'Good job' 하나밖에 없을까? 아니야. 엄청나게 많아. 몇 개만 알려줄게. 루시, 나우, 리아의 말을 듣고 큰 소리로 따라해 보렴.

친구들과 이야기할 때도 꼭 써 봐!

Well done!

Way to go!

That's the way!

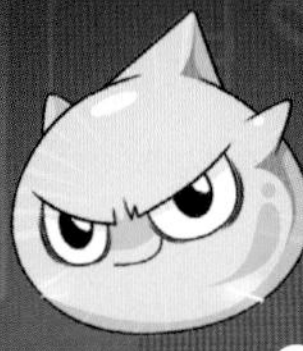

한눈에 보는 이번 수업 핵심 정리

여기까지 열심히 공부한 여러분 모두 굿 잡!
어떤 걸 배웠는지 떠올려 볼까?

1. 인칭 대명사와 Be 동사를 배웠어.

주체 | Be 동사 | 명사.

Be 동사는 앞에 오는 주체에 따라 모양이 바뀌어.

2. Be 동사 의문문을 배웠어.

Be 동사 | 주체 | 명사?

Be 동사를 사용한 질문은 이렇게 생겼어.

Who | Be 동사 | 주체?

이런 질문을 받으면 '주어 + Be 동사 + 명사'로 대답해 보자!

어때, 쉽지? 다음 시간에 또 보자!

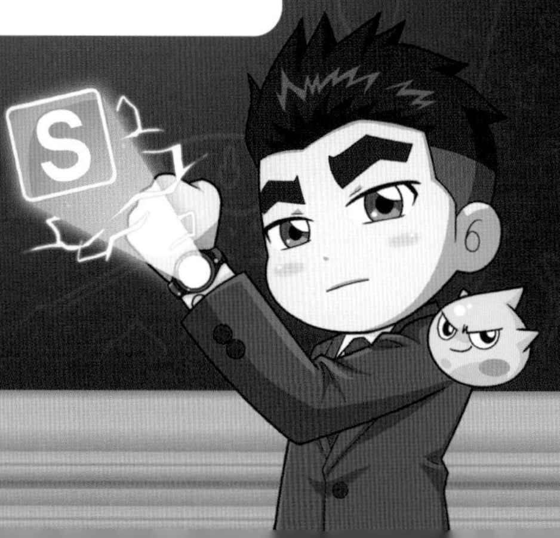

S

7교시 쪽지 시험 • Quiz

수업 시간에 잘 들었는지 쪽지 시험을 한번 볼까?

1. 가족을 나타내는 단어가 아닌 것은 무엇일까요?

sister   grandfather   uncle   farmer

2. 목적격 인칭 대명사가 아닌 것은 무엇일까요?

me   I   us   him

3. Be 동사가 아닌 것은 무엇일까요?

is   are   am   do

4. 다음 중 틀린 말은 어느 것일까요?

① Be 동사는 앞에 오는 주체에 따라 모양이 바뀐다.
② Be 동사는 늘 똑같은 모양이다.
③ Be 동사는 앞에 오는 주어의 상태를 설명할 때 사용한다.
④ 동사는 Be 동사와 Be 동사가 아닌 동사로 나누어진다.

5. 다음 중 올바른 문장은 무엇일까요?

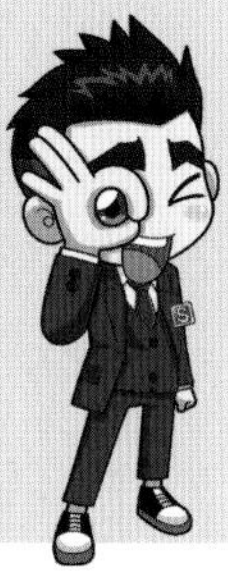

① We are a student!
② She are doctors.
③ They are singers.
④ You is a teacher.

6. 다음 중 틀린 문장은 무엇일까요?

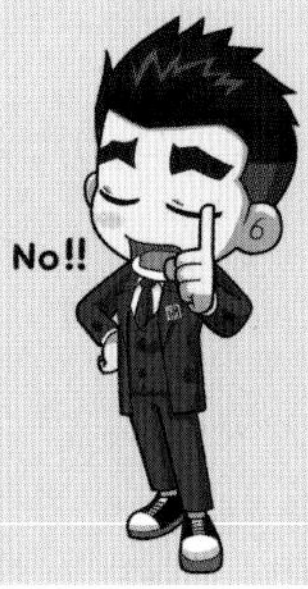
No!!

① Who is you?
② Are you a teacher?
③ Am I a warrior?
④ Are they students?

7. 문장의 빈칸을 완성해 보세요.

① 그는 농부다. ( ) ( ) a farmer.
② 우리는 부모다. ( ) ( ) parents.
③ 당신은 선생님입니까? ( ) ( ) a teacher?
④ 그들은 학생들이야? ( ) ( ) students?

8. 다음의 대화를 완성해 보세요.

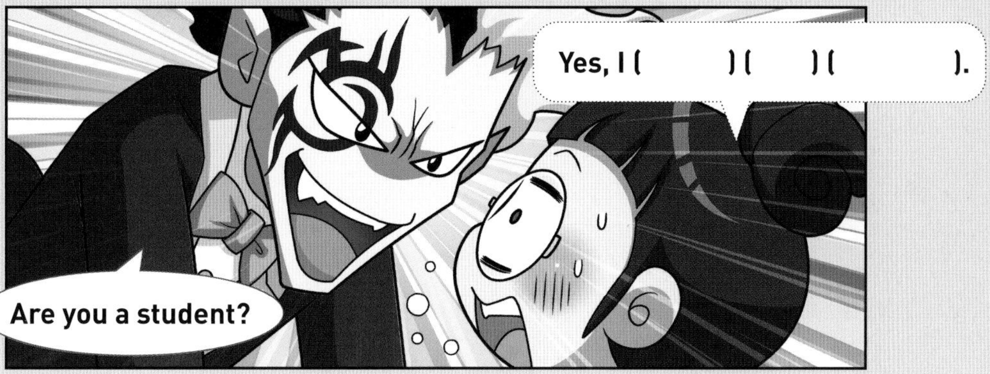
Yes, I ( ) ( ) ( ).
Are you a student?

* 정답은 163쪽에 있습니다.

P 143

• 책	book	• 선생님	teacher
• 연필	pencil	• 학생	student
• 부모님	parents	• 의사	doctor
• 할아버지	grandfather	• 지우개	eraser
• 가방	bag	• 전사	warrior

P 154

❶ I am a mother ⊘

❷ I am a doctor ⊘

❸ We are parents ⊘

❹ He is a teacher ⊘

❺ You are a student ⊘

❻ You are cousins ⊘

❼ They are cooks ⊘

❽ She is a sister ⊘

❾ You are farmers ⊘

❿ I love you ⊘

P 155

❶ Who are you ⊘

❷ Who is he ⊘

❸ Are you a teacher ⊘

❹ Who are they ⊘

❺ Who am I ⊘

❻ Is she a police officer ⊘

❼ Am I a warrior ⊘

❽ Are they nurses ⊘

P 160

1.

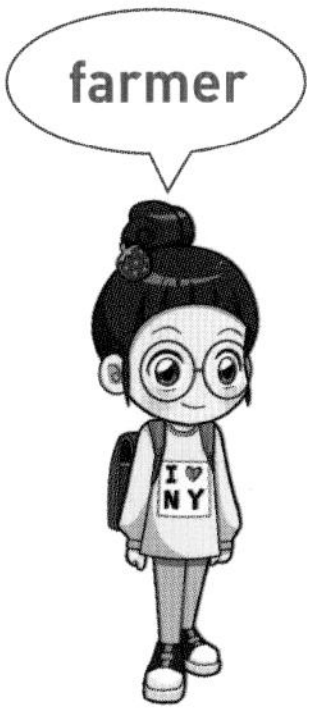
farmer

2.

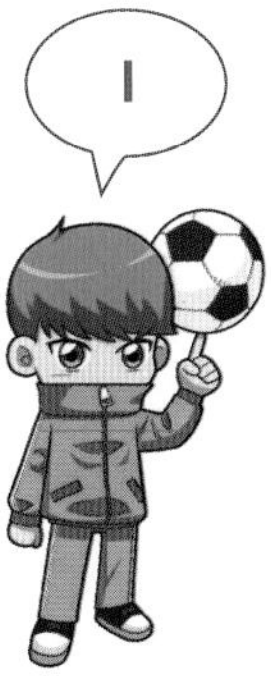
I

3.

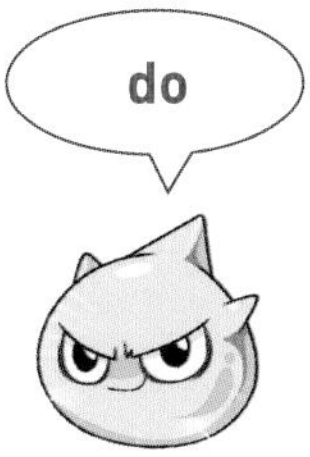
do

4. ②

P 161

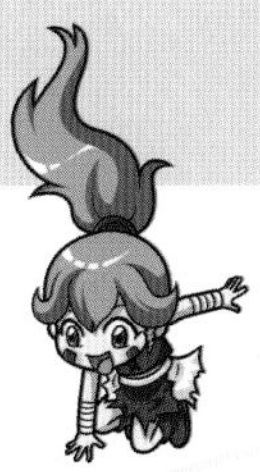

5. ③   6. ①

7. (He) (is)
(We) (are)
(Are) (you)
(Are) (they)

8. (am) (a) (student)

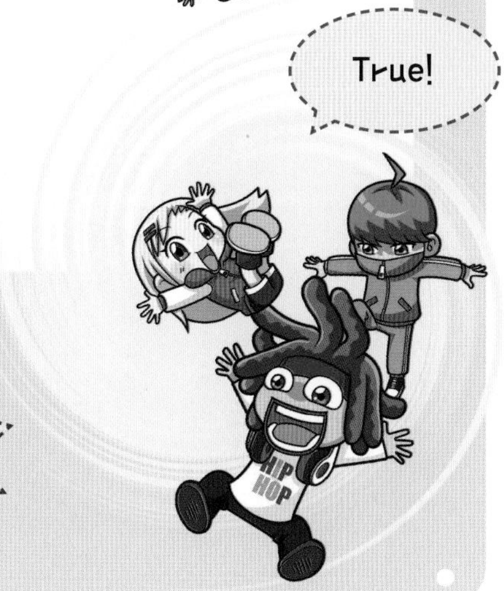
True!

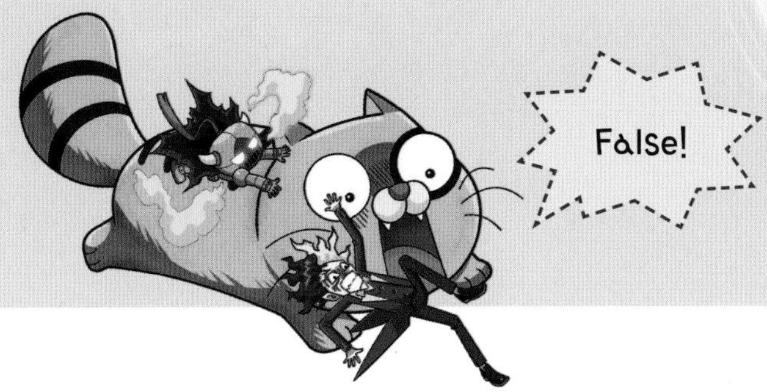
False!

다음 권 미리 보기

지령서

친애하는 트릭커! 당장 떠나라!
다음 목적지는 123 유니버스다!

목적지: 123 유니버스

위치: 우주 끝 가장자리

특징: 매우 한적한 유니버스다.

넓지만 사는 사람은 아주 적다.

보스가 주는 지령

123 유니버스를 텅텅 비워라!
123 유니버스는 아주 넓지만, 거기에 사람은 몇 명밖에 없어.
녀석들만 '그 장소'에서 내쫓는다면
123 유니버스 전체가 우리의 것이 된다.
그것은 곧 영어의 명사를 완전히 파괴할 수 있다는 것을 뜻하지.
그러니 123 유니버스로 곧장 가서 사람들한테 겁을 주어라!
방해하는 자들이 있다면 빌런으로 만들어 버려!

추신: 냥냥라이드가 아니고는 쓸데없는 빅캣!
      이번에도 실패하면 한 달간 쭈루 금지다.
      알았나?

노잉글리시단
Mr. 보스

WARNING

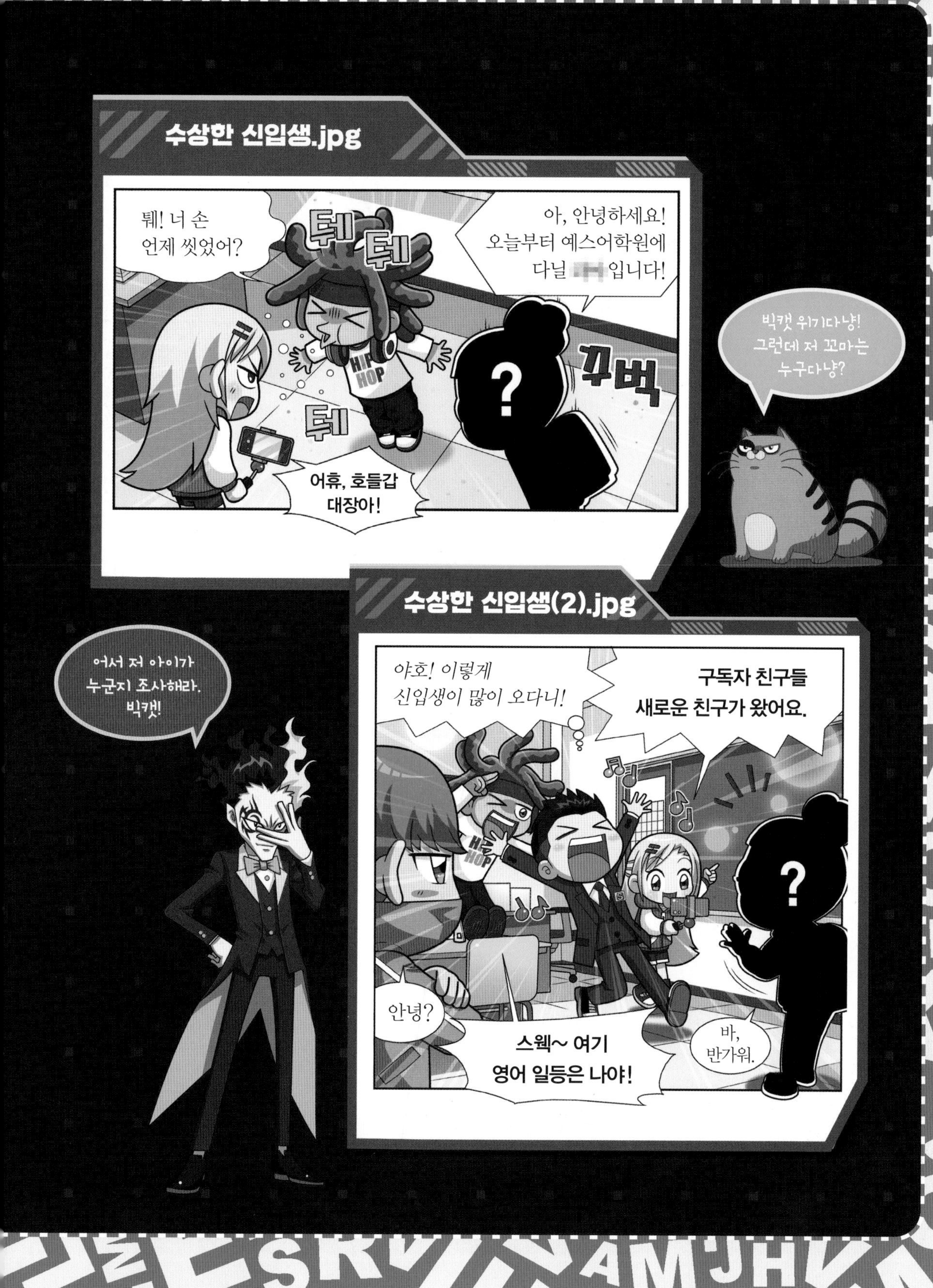
수상한 신입생.jpg
퉤! 너 손 언제 씻었어?
퉤 퉤
아, 안녕하세요! 오늘부터 예스어학원에 다닐 [redacted] 입니다!
꾸벅
퉤
어휴, 호들갑 대장아!
빅캣 위키다냥! 그런데 저 꼬마는 누구다냥?
어서 저 아이가 누군지 조사해라. 빅캣!
수상한 신입생(2).jpg
야호! 이렇게 신입생이 많이 오다니!
구독자 친구들 새로운 친구가 왔어요.
안녕?
스웩~ 여기 영어 일등은 나야!
바, 반가워.

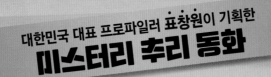

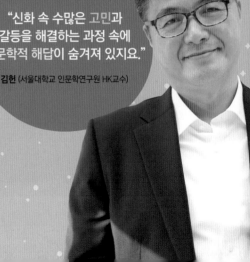

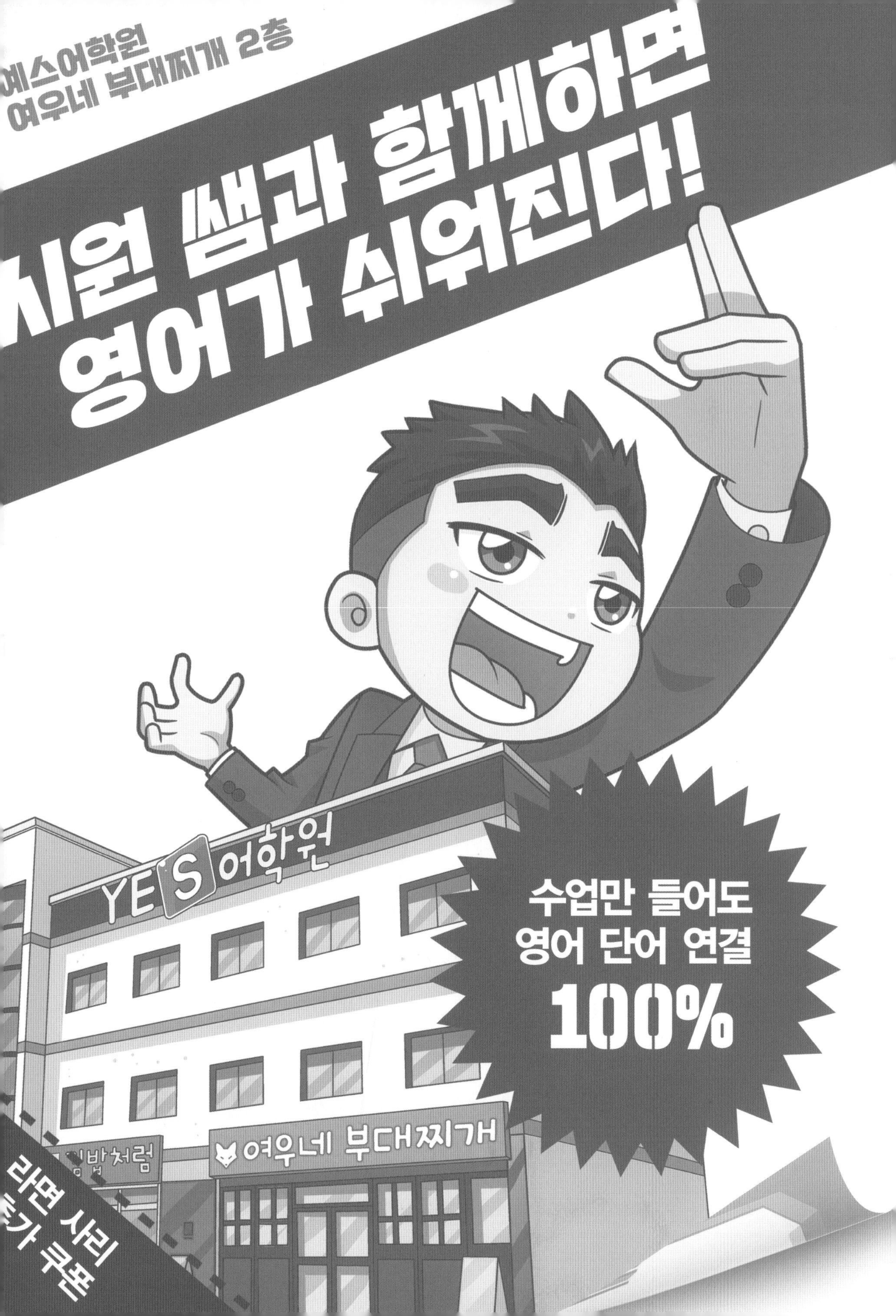

예스어학원
여우네 부대찌개 2층
시원 쌤과 함께하면
영어가 쉬워진다!
YES어학원
수업만 들어도
영어 단어 연결
100%
밥처럼
여우네 부대찌개
라면 사리
가 쿠폰

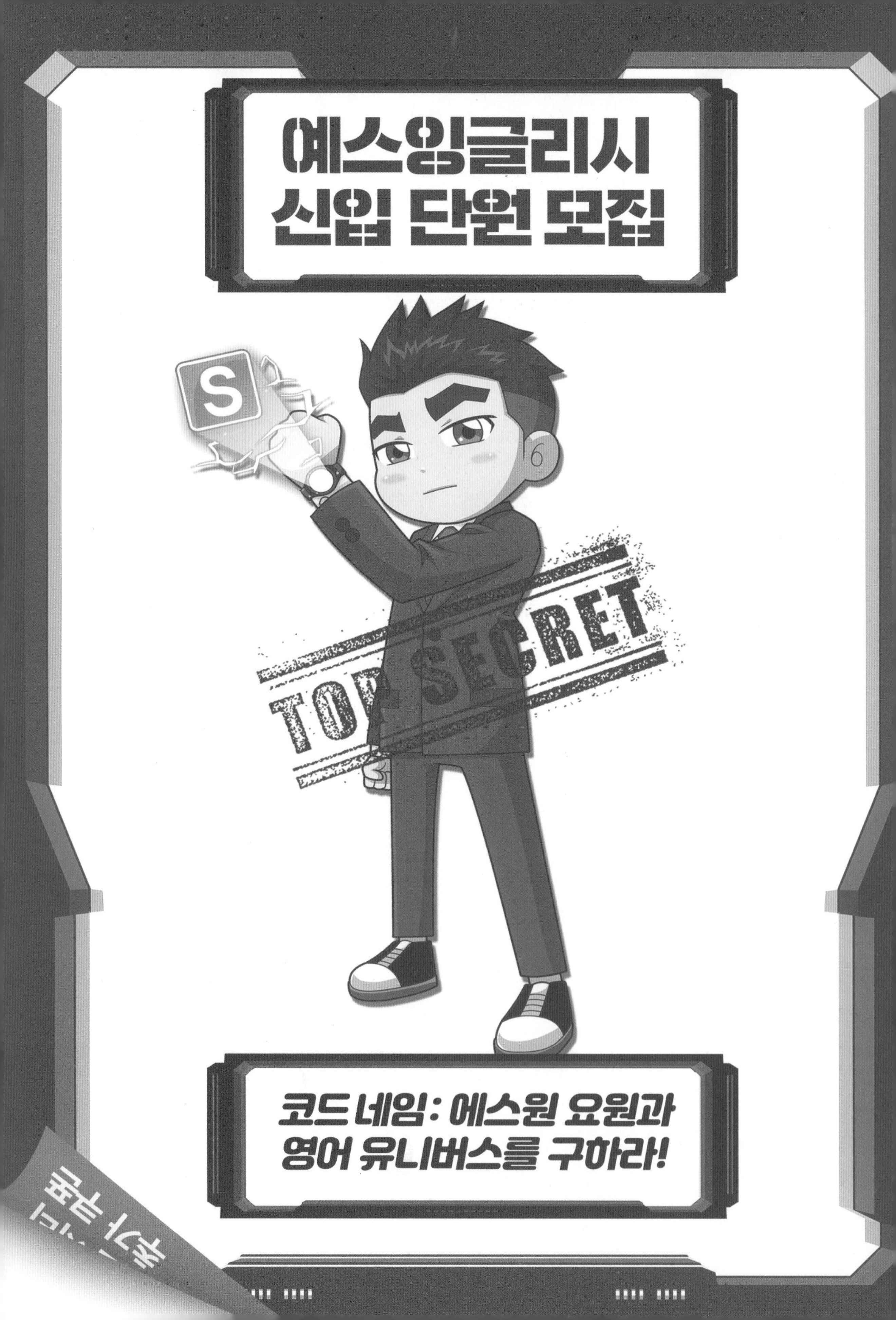
예스잉글리시
신입 단원 모집
S
TOP SECRET
코드 네임 : 에스원 요원과
영어 유니버스를 구하라!